产业文化与职业素养丛书

儒商文化与职业素养

主　编　邵作昌
副主编　高庆殿　钟军凯　张昊龙　李兴志
　　　　邵　帅　陈文天

北京理工大学出版社
BEIJING INSTITUTE OF TECHNOLOGY PRESS

版权专有　侵权必究

图书在版编目（CIP）数据

儒商文化与职业素养 / 邵作昌主编 . —北京：北京理工大学出版社，2020.7（2022.1重印）

ISBN 978-7-5682-5641-4

Ⅰ.①儒… Ⅱ.①邵… Ⅲ.①儒学-商业文化-高等学校-教材 Ⅳ.①F729

中国版本图书馆CIP数据核字（2018）第101209号

出版发行 / 北京理工大学出版社有限责任公司
社　　址 / 北京市海淀区中关村南大街5号
邮　　编 / 100081
电　　话 / （010）68914775（总编室）
　　　　　（010）82562903（教材售后服务热线）
　　　　　（010）68948351（其他图书服务热线）
网　　址 / http：//www.bitpress.com.cn
经　　销 / 全国各地新华书店
印　　刷 / 涿州市新华印刷有限公司
开　　本 / 787毫米×1092毫米　1/16
印　　张 / 14.5　　　　　　　　　　　　　　责任编辑 / 李慧智
字　　数 / 318千字　　　　　　　　　　　　　文案编辑 / 李慧智
版　　次 / 2020年7月第1版　2022年1月第3次印刷　责任校对 / 周瑞红
定　　价 / 45.00元　　　　　　　　　　　　　责任印制 / 施胜娟

图书出现印装质量问题，请拨打售后服务热线，本社负责调换

前言 Preface

中国传统文化源远流长，历史上，儒家思想曾被成功地运用于经济领域，形成了独特的儒商文化。儒商文化以儒家学说的价值观、道德观为取向，体现了中国儒商在日常经营、贸易往来和为人处世时的思维方式和处事准则。现代企业精神的塑造需要从中华优秀传统文化中汲取养分，打造与本土文化相衔接的经营哲学、价值观和管理模式。企业精神是企业员工所具有的共同意志、理想与追求，是企业独特的、积极向上的品格，它能够凝聚企业员工的思想、激发其创造力，是提升企业核心竞争力的重要方面。企业员工是企业精神的载体，他们的理想信念、思想素质，决定企业精神的高度。高职院校培养的技术技能型人才，源源不断地输送到企业一线，他们素质的高低，直接影响着企业精神的塑造。所以，高职院校必须立德树人，走产教互融、文化育人的路子。针对商科学生，在培养他们职业技能的同时，要提高其职业素养，使他们成长为具有新儒商精神的人。

儒商文化的核心是仁者爱人、以义制利、诚实守信、以人为本、以德为重、以和为贵。简言之，就是诚信为本，以义取利。提倡新儒商精神，就是以社会主义核心价值体系为主导，以儒家传统文化精髓为自身品格修为准则，积极进取、义利兼顾、与时俱进，增强社会责任感。儒商文化倡导经商应以"义"字为先。儒家思想肯定人的趋利性，但更强调的是"义"对"利"的决定作用，"富与贵，是人之所欲也；不以其道得之，不处也。贫与贱，是人之所恶也；不以其道得之，不去也"（孔子），"先义而后利者荣，先利而后义者辱"（荀子），正所谓"君子爱财，取之有道"。现代企业要追求利润，但不能在利益面前无所不为、唯利是图，应当使"以义取利"、服务社会成为经营活动的根本宗旨，肩负起经世济民的社会责任。传统儒商早已用实际行动证明了"非义不取""达则兼济天下"的道理。

诚信是儒家思想中重要的价值标准，诚实守信是儒商在经营过程中遵守的基本准则。"与朋友交，言而有信。"（《论语·学而》）"诚者，天之道也；诚之者，人之道也。"（《中庸》）"诚信生神，夸诞生惑。"（《荀子·不苟》）中国儒商讲究的是为人处世的"诚信"，这是他们做人做事的根本守则。我们要传承儒商文化诚信的经商行为理念，将之作为现代企业的根本行为准则。儒商曾在商业领域创造了令世人瞩目的辉煌成就，究其原因，离不开儒商始终坚守的从商之道——诚实守信、信誉至上。置身现代商业浪潮中，市场经济繁荣发展，各行各业竞争激烈，企业要想做到长久发展、稳步前进，就应当以"诚信"作为企业的基本行为准则。只有企业讲诚信，用诚信经营，企业才能以"诚"立足于市场，以"信"获得消费者的青睐。

儒商精神历千百年传承根植于儒商心中，被新时代赋予更强的生命力。大儒商道，追求的是"仁义"之道。以人为本，义利兼顾，追求的是"诚信"之道；以诚立身，以信为重，追求的是"创新"之道；因时而变，变中求进，追求的是"和合"之道；以和为贵，竞争合作，追求的是"规矩"之道；正人正己，遵法守法，追求的是"担当"之道，勇担社会责任。儒商的诚信让产品值得信赖，儒商的厚道让生意做得长久，儒商的开放让企业走向世界，儒商的家国情怀让企业更具使命担当。儒商展现的是企业家精神，更是企业家的情怀。新时代要求企业家有担当、有责任、有诚信、有创新。

本书力求把儒家文化中有价值的东西发掘出来，让中华传统文化中具有普世价值的理念，变成读者的自觉行动。从传统儒商精神中提炼出来的儒商日常经营、生意往来的处事准则和为人处世的思维方式，是每一个有志于在商海大展宏图的青年人树立正确的人生观、价值观重要的参考，是企业管理者运用儒商文化打造先进企业文化、凝练企业精神的工具。本书可作为高职院校文化育人，培养具有新儒商精神和职业人文素养技术技能型人才的教科书。

全书内容分为十章，从儒商文化的产生与发展，到儒商的五种道德意识和社会责任，对儒商的塑造提出要求；然后指出儒商采取什么策略和方法开展经营活动，总结历史上成功的商业组织和个人的经商之道和成功经验；最后就儒商文化创新以及培养商科学生的儒商文化素养加以探究，力图找出一条将传统儒家文化与当代中国经济社会发展特点相结合的道路，继承和发扬儒商文化的核心精髓，塑造当代中国的现代企业精神，使更多商科学生成长为具有新儒商特质的中国特色企业家。

由于相关领域研究成果数量有限，可供参考的文献资料不足，加之作者水平所限，书中难免出现疏漏甚至错误，恳请读者不吝指正。

儒商文化与职业素养编委会

目 录

第一章 儒家文化孕育儒商文化 1
    第一节 儒家文化概述 1
    第二节 优秀文化中的发展内力 5
    第三节 儒商与儒商精神 10
    第四节 儒商文化的现代意义 24

第二章 儒商文化的历史沿革 29
    第一节 儒商产生的历史渊源及其动力 29
    第二节 儒商文化的四个发展阶段 31

第三章 儒商的五种道德意识 42
    第一节 亲民仁爱 大道之行 42
    第二节 义利兼顾 利益丰民 44
    第三节 和而不同 悦客立业 51
    第四节 宁固节俭 欲而不贪 55
    第五节 自强不息 勇者不惧 57

第四章 儒商的社会责任 60
    第一节 强国富民 民族重托 60
    第二节 见义勇为 勇于担当 64
    第三节 节约环保 和谐自然 68
    第四节 博施济众 造福社会 70

第五章 儒商的经营策略 72
    第一节 以义取利 义在利先 72
    第二节 以和为贵 合作共赢 74
    第三节 诚实守信 童叟无欺 76
    第四节 以人为本 德才兼重 88
    第五节 经世济民 内圣外王 91

第六章 儒商的经营之道 … 96

第一节 儒商经营之道概述 … 96
第二节 儒商经营之道与西方经营思想的比较 … 102
第三节 儒商经营之道与现代企业经营 … 106
第四节 儒商经营之道在新时代的运用 … 113

第七章 儒商商帮 … 118

第一节 山西商帮 … 119
第二节 徽州商帮 … 124
第三节 陕西商帮 … 127
第四节 山东商帮 … 128
第五节 浙江的龙游商帮和宁波商帮 … 130
第六节 江右商帮 … 139
第七节 洞庭商帮 … 142
第八节 广东商帮 … 142
第九节 福建商帮 … 145

第八章 中国古今著名儒商 … 148

第一节 先秦时期的儒商 … 148
第二节 古代中后期的儒商 … 157
第三节 现代儒商 … 172

第九章 儒商文化创新 … 180

第一节 市场经济的思想基础和文化根脉 … 180
第二节 儒商文化在现代企业管理中的价值 … 185
第三节 儒商文化与现代企业管理的关系 … 189
第四节 新儒商文化 … 196

第十章 发扬新儒商精神 提升儒商文化素养 … 210

第一节 商科学生儒商文化素养形成 … 210
第二节 商科不同专业学生应具备的职业人文素养 … 211

结束语 … 223

参考文献 … 224

第一章　儒家文化孕育儒商文化

第一节　儒家文化概述

　　文化是我们最熟悉的陌生词。我们天天用，月月用，填表的时候常常有一栏：文化程度。现在不是流行一句话吗？"没文化，真可怕。"那么什么是文化呢？著名作家梁晓声的《老妪》中有个这样的故事：有一天，"我"逛公园，公园里有很多小摊贩。有一个老太太在卖茶叶蛋。可能是因为她太老了，而其他卖家都是花枝招展的少女，所以老太太生意冷清。"我"马上生出了同情心，想帮衬一下这个老太太。买蛋的时候，"我"没有零钱，给了她一张整的，也就多出了两毛钱。"我"因为带着同情来买，于是还没等老太太找钱就走了。"我"在公园逛了两个多小时，出公园门的时候突然被人一把抓住，原来是那个老太太。老太太用皱巴巴的手掏出了皱巴巴的两毛钱，塞在"我"手上。后来"我"才知道，这个老太太已经在这儿等"我"两个小时了。

　　那么，这个老太太究竟有没有文化？这个老太太可能没有受过很好的教育，甚至有可能是文盲。但是，透过老太太这个做法，可以看出她是有文化的。因为这个老太太身上体现的，正是中国文化的精神。什么精神？不吃嗟来之食的精神，人活一口气的精神。气是中国文化的一个重要概念，好莱坞大片《复仇者联盟》《黑客帝国》中"原力觉醒"的"原力"，就来自中国文化的"气"。这个"气"存在于我们的日常生活中，就是我们平时讲的"争口气"。所谓的争气，争的一个是意气，一个是骨气，一个是志气。电影《我不是潘金莲》的主人公争的是意气，不吃嗟来之食争的是骨气。奋发图强，做给人看，不在人前矮三分，争的是志气。20世纪60年代，我们国家在很困难的情况下研究原子弹，毛主席把原子弹叫作"争气弹"。所以小到一个人，大到一个国家，都要争气。那个不吃嗟来之食的老太太，也是在为自己争气。因为她不愿意接受别人的施舍，不愿意在别人的眼里变成弱者。所以说文化不只是知识水平，它更是一个人、一个社会，乃至一个民族的世界观、人生观、价值观。

　　再给大家分享一个故事，一个父亲长时间为家人做早餐。有一次早餐太丰盛了，儿子吃得有点撑。但早餐里还有煮鸡蛋，儿子吃不下这个蛋，就揣在兜里，然后坐公共汽车上班。

路上很堵。汽车停了好一阵。儿子看到马路边树下坐着一个乞丐，就在车窗前不远。就想把鸡蛋给这个乞丐。他准备把鸡蛋从车上丢到这个乞丐面前。但在举起手的那一下，他犹豫了：你要给，你可以好好给，走到乞丐面前给。如果你丢过去，这对他是很不尊重的。乞丐也有自己的尊严，你不能剥夺其尊严。孟子说过一句话，对乞丐来说，一点吃的就可以活命，但假如你一脚把吃的踢过去，乞丐是不会吃的，因为这样会失去了尊严，而尊严比生命更可贵。于是儿子把鸡蛋带到单位自己消化掉，没有丢到那个乞丐面前，成全了乞丐的尊严。

人是有尊严感和价值感的。那么尊严感价值感是文化赋予的，是我们的生活方式和历史传统传承熏陶出来的。当有人送给一个领导干部一大沓钞票，求他办事的时候，这个领导干部可能会本能地暗爽，但假如他不是一个只凭着本能生活的人，会觉得这是一种侮辱：我的尊严是可以随随便便收买的吗？我就值这一点臭钱吗？古人说"渴不饮盗泉水"，所以有的人宁可饿死，也不享用不义之财，不吃嗟来之食。商朝末年，有一个孤竹小国有两个王子，哥哥叫伯夷，弟弟叫叔齐，他们因为反对周武王伐纣，认为这是以暴易暴，冤冤相报何时了，所以就跑到首阳山里。他们不愿意吃周王朝的粮食，于是在山里采摘野菜为食，最终饿死了。朱自清先生作为深受传统文化熏陶的文人，他宁可饿死，也不吃美国救济粮的气节，是传统文化潜移默化的结果。

清代诗人顾贞观为了营救被囚禁在东北宁古塔的朋友吴兆骞，不惜到处奔走，后来通过好朋友纳兰性德的关系，找到了当朝宰相，纳兰性德的父亲明珠，终于救出了吴兆骞。但吴兆骞在冰天雪地里做苦役做了十几年，已经变成了一个忘恩负义又奴颜媚骨的小人。顾贞观很绝望，他的侍女安慰他，说吴兆骞能活着回来，就算是赢了。顾贞观说："活着，还要活着，是呀，可世间万物，谁个不是为了活着？！蜘蛛结网、蚯蚓松土为了活着，缸里的金鱼摆尾、架上的鹦鹉学舌为了活着，密匝匝蚂蚁搬家、乱纷纷苍蝇争血，也是为了活着，满世界蜂忙蝶乱、牛马奔走、狗跳鸡飞，谁个不是为了活着？！可是人呢，人生在世也只是为了活着？！人，万物之灵长，亿万年修炼的形骸，天地间无与伦比的精魂，也只是为了活着？！哈哈哈，活着！读书人悬梁刺股、凿壁囊萤、博古通今、学究天人，也只是为了活着！哈哈哈，活着，活着！我顾贞观为你吴兆骞到处屈膝求人，也只是为了活着？"在话剧《知己》中，顾贞观的这段台词震撼人心。

如果人只是为活着而活着，那么孔子说的"杀身成仁"，孟子说的"舍生取义"，以及无数仁人志士用生命的践行又如何解释呢？生存还是死亡这样的问题，只有拥有了文化生命而不仅仅是自然生命的人才能提出来。人不仅追求生存，还追求有尊严、有品质、有价值的生活。而生活的尊严、品质、价值，来自我们的价值观念和生活方式，也就是来自我们的文化。那么我们首先可以这样说，文化是一种超越本能之上的力量，它是我们的灵魂，它追求的是美好生活，而不只是简单的生存。

一、文化的概念与界定

社会学家曾经做过统计：文化在各类著作中的定义近200种。文化大致包括物质层面、制度层面和精神层面的内容，这三个层面是不可分割的有机整体。精神文化处于核心层，制度文化处于中间层，而物质文化作为精神文化的载体，处于最外层。泰勒最早把文化定义为"包括知识、信仰、艺术、伦理、法律、习俗在内的人类从社会中获得的其他能力和习惯的总和"。哈里斯认为文化是可以学习和获得的，并且是反映思维、情感和行为的方式。克罗伯和帕森认为文化是价值、观念和其他符号意义组成的系统。格利兹认为，文化是一种手段，人们用它"交流、保存和发展自己对于生活态度的认知。文化是人类用来解释自己的经历并指导行动的意义结构"。这些定义都是从实际行为中抽象出来的，但又不是行为本身。文化通过符号来传达，不同的人群形成不同的文化产物，所以文化也可称作"一群人区别于另一群人的集体思维程序"。Hofstede认为价值是文化的核心标志。

对文化的认识存在两方面的分歧：一种基于实体论观点，认为文化是可被认识的，他们侧重于认识论的角度来研究文化，认为文化是在人们形成共同认知的过程中形成的；另一种观点认为文化是在解释影响个人和群体行为的信息时形成的共同感知模式，所以由个人组成的认识组织就形成了基本的文化群体，语言和认知模式会随着空间的改变而发生文化上的变化。由此可以看出，实体论的研究注重从信息认知的过程角度对文化进行分析，这种方法可以发现文化形成和具有独特性的机制。另一种是基于价值论来认识文化，认为文化仅仅是一种价值，既然是价值，就有好坏对错之分，没有绝对的结论。所以必须把文化放置在特定的社会环境或语境中去考察。

众多的文化定义实际上都在讲文化是不同的人或人群产生共同生活方式的社会进化产物，"共享的意义是文化的核心，它是人创造的，它融入一种文化的人群，又超越这一人群。即群体所共享的意义存在于人群之中，并使他们以特殊的方式解释事物，但如果群体希望更有效地解决生存问题时，这意义又是可以改变的"。正因为文化这种既稳定又多变的特性，使其具有了多种多样的表现形式，包括抽象的价值观、信仰、思维方式，也包括能够为人们感知的行为方式、风俗习惯、语言、符号、器物以及各种物质生活方式等。它是人们生活和社会进化的产物。

二、儒家文化、现代企业文化与国外企业文化

（一）儒家文化

儒，从人从需，谓人之需也。需，由"雨"和"而"构成汉字字形，"而"是苗的须根，因"雨"而哺育。儒，是文化，如甘霖焉。杜甫《春夜喜雨》诗曰："好雨知时节，当春乃发生。随风潜入夜，润物细无声。"儒，音乳，哺乳之意。文化如同母亲的乳汁，哺育我们成长。儒，又音柔，谓非刚猛、勇武，而是温柔的教诲，是和风细雨，而不是狂风骤雨。

儒家是先秦时期中国最有影响力的学术流派，汉代以后，儒家文化成为中国的主导文化，影响并统治中国的政治形态和社会意识达两千年之久。儒家文化是古代中国的政治文化，传统政治建构和政治思想是按照儒家的理论建立并运行的；儒家文化又是一种社会文

化，它渗透在古代中国世俗生活的方方面面，影响和左右着人们的思维范式和行为模式。儒家主要代表人物有：孔子、孟子、荀子、董仲舒、程颐、程颢、朱熹、陆九渊、陆九龄、王守仁（阳明）等。儒家经典有四书、五经。五经包括《诗经》《尚书》《礼记》《易经》《春秋》。另外，《乐经》在秦始皇"焚书坑儒"中，经秦火一炬，从此失传。四书包括《大学》《中庸》《论语》《孟子》。

儒家以人为本，重视人际关系。仁学是孔子学说的核心，"仁"字在不同的地方可以表述为不同的含义，但它始终离不开"人"，总是和"人"的问题联系在一起。既然如此，那么处理人际关系的准则是什么呢？是"和"。在儒家看来，"和"是管理活动的最佳境界。儒家之"和"在管理活动中的运用，一是用来协调管理者与被管理者的关系，达到二者之间的团结；二是用来协调最高管理者与各级管理人员的关系，取得二者之间的和谐。儒家认为："礼之用，和为贵。"又认为："君子和而不同，小人同而不和。"总之，"和"是协调一致的意思，如同奏乐时，不同的音调高低相和、错落有致才能合成一首美妙和谐的乐曲。而"同"则是盲目强求一致，如同只有一个音调难以谱成乐章一样。

（二）现代企业文化

广义上讲，现代企业文化是指企业在建设和发展中形成的物质文明和精神文明的总和，包括企业管理中硬件与软件、外显文化与隐形文化两部分。现代企业文化不仅包括非物质文化，而且还包括物质文化。狭义的企业文化，是指企业所创造的独具特色的精神财富，包括思想、道德、价值观念、人际关系、传统风俗、精神风貌，以及与此相适应的组织与活动等。如企业人员的构成、企业干部及职工队伍状况、企业生产资料的状况、企业的物质生产过程和物质成果特色、企业的组织形象等。

企业文化以人为着眼点，是一种以人为中心的管理方式，强调把企业建成一种人人都具有共同使命感和责任心的组织。企业文化的核心是一种共同的价值观，是企业职工共同的信仰，它是指导企业和企业人行为的哲学。

企业文化对企业的长期经营业绩有着重大的作用，企业文化属于现代企业管理理论和管理方式的重要内容，其丰富的内涵、科学的管理思想、开放的管理模式、柔性的管理手段，为企业管理创新开辟了广阔的天地。企业文化对企业生存与发展起到凝聚、激励、协调、约束、塑造形象等重要作用。不同的企业应该有不同的企业文化，不同的企业文化应该有自己的特殊性，但是企业文化也有着共同的内容，按照企业文化的作用范围来划分，企业文化可分为经营性企业文化、管理性企业文化、体制性企业文化三大类内容。

（三）国外企业文化

国外企业文化的发展始于两个明显的事实：一是日本企业的生产效率大大赶超了美国，日本的产品占领了原本属于美国的许多市场。二是美国本土的许多企业在世界激烈的竞争中始终立于不败之地。国外企业文化的本质特征是"以文明取胜"。首先，企业通过生产更好的产品为社会服务，从而提高企业的形象。其次，通过尊重和理解他人来赢得人心，以使得企业能够在竞争中立于不败之地。在为社会服务方面，日本企业家松下幸之助提出"企业应以加速社会繁荣为使命"，认为"经营者不应该凭权势与金钱做恶性竞争，而应该以建设公平、合理的社会为己任"。美国的许多企业家也都相继提出了紧靠用户、顾客至上、竭诚服务等信条。在尊重和理解人方面，主张员工参与管理，培养员工的主人翁精神，甚至提出普通职工比企业主管更伟大，管理者应该对职工怀着尊敬和感谢的心情等。

第二节 优秀文化中的发展内力

一、优秀传统文化中蕴含着做人的道理

著名文化史学者柳诒徵在《论中国近世之病源》一文中说："今日社会国家的重要问题，不在于信不信孔子，而在于成人不成人。那些破坏社会国家者，皆不成人者之所为也。"每个人都有两种属性，自然人和社会人。作为一个自然人，每个人都有自己的七情六欲和喜怒哀乐，但自然属性发生作用的前提就是不能危害别人，不能危害集体，不能危害社会。因此处理好两者之间的关系非常重要。那些因个人私欲而破坏社会国家者，当然不能称之为"成人"，这些人不具备成人的内涵，或者他们的作为是"非人"的，而要改变这种情况，必须先使人人知所以为人，就要做到人人知道如何做人。儒家思想论述的核心问题实际正是所谓"为人之道"或"成人之道"。要解决这个问题，非"孔子之教"莫属。

二、对于传统文化，既要大力弘扬也要正确对待

当今中国一定要大力弘扬传统文化，但同时我们也要正确地对待它，这是习近平总书记对传统文化所持的辩证态度。所谓正确地对待，其实就是一个方法问题。任何一种思想的产生，都有它的时代性、历史性，而一个思想产生以后，后世也会不断发展完善它。对于儒家文化等传统文化的研究，要加大力度，提升水平。而对传统文化的思想深度要有一个正确的评价，这也需要一种科学的方法、严谨的态度。

三、要将传统文化融入时代，形成向上向善的力量

在谈到孔子和儒家思想时，习近平总书记曾表示，要因势利导，深化研究，使其在新的时代条件下发挥积极作用。在传承和弘扬传统文化的过程中，应当注意其"时代融入性"，创造性地进行现代价值转换。儒家文化影响中国社会两千多年，一方面，我们离不开传统，

其中蕴含着当今社会建设所需的正能量，但同时我们要对其进行现代性转换，把儒家内在的积极东西在今天发扬光大，使我们每个人自觉地遵守社会规范，使整个社会真正"形成一种向善的力量，形成一种向上的力量"。

四、儒家思想的当代价值

儒家思想学说的精华是中华5 000年文化的代表，不仅继承了春秋末年以前数千年的文化，而且还经过了此后2 500多年的检验，是一种价值追求，是我国思想文化体系中的璀璨明珠，它经受了历史长河的考验与洗礼，依旧在世界文化之林中熠熠生辉。通过对儒家思想精髓的科学认知与合理借鉴，对于思政教育时效性的提升极具现实意义。我国提出"文化强国"战略以来，党和国家领导人对中国传统文化的重视一再加强。2013年11月，习近平作为国家最高领导人莅临中国孔子研究院视察，说明以儒家为主体的中国传统文化引起国家的高度重视，显示了国家对孔子、儒学与中国传统文化固有价值的理性认知。这向大家传递了一个重要信息，那就是中央高度重视，并将大力弘扬中华优秀传统文化。习主席十分关心传统文化的现代转换，并强调我们应在东亚儒家文化圈中居于主动，在世界儒学传播和研究中保持充分话语权。同时，他希望结合对孔子儒学的研究与传播，讲好中国的故事。

每一个政权建立之后，首先要考虑发展经济，经济基础打好了，才能谈思想。经过改革开放40年，我国的物质水平已经得到提升，并达到了一定的水平，那么社会稳定、长治久安这些问题自然要适时考虑。贫富差距持续扩大、物欲追求奢华无度、个人主义恶性膨胀、社会诚信不断消减、伦理道德每况愈下、人与自然关系日趋紧张等，这些问题也是世界的通病。要解决这些难题，就必须使"人人知所以为人"。即让每个人知道作为一个社会的人应当如何做。不仅是作为一个自然人存在，还需要对社会负责。孔子以及儒家的思想是一种修身学说，为"成人"的过程提供指导。怎么修身做人、怎样为政，是孔子最为强调的部分。

分析儒家思想所蕴含的现代价值，集中体现在如下三个方面：一是基于文化传承性对于儒家思想价值的审视。作为中华民族传统文化的根基所在，儒家思想的文化本性始终未发生改变，即通过文化来实现对人的"统治"。而现代思政教育衍生于中华民族传统文化，深受儒家思想的影响。二是基于历史发展对儒家思想现实发展的审视。儒家思想在时代的变迁中饱受经济、政治、文化的洗礼，在一次次的磨砺中塑造了其鲜明的应变性与融合性，在历史的演进中，儒家思想始终承担着"吐故纳新"的重要作用，可以说儒家思想就是中国传统文化的延伸与精髓所在。三是基于现实性对儒家思想价值的审视。就现实来看，部分企业以传统道德作为指导思想来谋求企业的更好发展，部分地区通过开展传统优秀道德教育和宣讲工作，提升了公民的素质，改善了社会风气。

（一）儒家思想中值得借鉴与发扬的理论

①以人为本的思想。对于人价值的肯定与尊严的重视是儒家思想的重要内容。"天地之

性，人为贵"是孔子的一句名言，他认为人的生命力是这世间上最宝贵和最具价值的。孟子基于孔子的理论，进一步强调了人的内在价值，内在价值即人的良知，是与生俱来的，而道德意识便是这一价值的内在表现。孟子认为人之所以为人，而非禽兽，是因其具备了道德意识与做人的尊严。"所欲有甚于生者""所欲有甚于死者"两句名言便是对孟子"人本思想"的集中表现，第一句的意思是说人格尊严比生命更加的宝贵，第二句的意思是说人格的丧失比死亡更加的可怕，深刻地体现出对于人的价值与尊严的肯定。中华民族在这一优秀传统文化的长期影响下，行为模式与心理结构被赋予了鲜明的独特性，集中表现在两个方面：一是尊重自己，把自己当作一个真正的人，学会自尊、自重和自爱，通过在道德修养上的不断完善，来实现对人的价值的开发与人的尊严的获得；二是尊重他人，将他人看作真正的人，通过对人的尊重、理解与关心，来体现出对他人人格的尊重。而这一思想如能够被现代企业管理者领悟，并运用于企业管理活动当中，便能够形成管理者与被管理者良性的互动，这对于提升企业经营管理水平可谓事半功倍。

②国家为重、民族为重的思想。这一思想是儒家思想整体主义理念的集中体现，其中的"整体"指的是国家与民族，而"整体主义"则指的是个人需要服从国家与民族。正是因为儒家思想中对于"整体主义"的强调，才逐渐形成了中华民族特有的民族精神，即轻小我，重大我，顾全大局，将国家与民族的利益放在首位。贾谊的名句"国而忘家，公而忘私"之所以为世人所广为传颂，便是因为其对"国家为重，民族为重"这一民族精神的深刻解读。正是在"整体主义"的影响下，在中国历史上涌现出了一大批的仁人志士，他们乐于奉献，舍弃小我，而将生命意义体现在国家富强的建设之中，正是因为他们的存在，才使得国家与民族在经受无数次的内忧外患后不断地获得新生。而"整体主义"恰恰也是现代企业经营管理的目标所在，由此能够看出，中国传统文化对于现代企业管理的影响是十分深刻的。所以，对于儒家文化中优秀思想的发扬与传承，就成为历史与现实发展的双重需要。

③重义贵和的思想。在以往的义利之辨当中，重义轻利备受儒家学者推崇，但要想在生活实践中贯彻这一价值观，"贵和"思想就至关重要，能够提供道德层面上的保障。所谓"贵和"，强调的是在矛盾处理中谦忍与恭敬的态度，表现在企业管理中就是在人际关系的协调上将员工利益放在首位。在儒家思想的认知中，"和"并非是无原则地一味调和，而是一种亲和，受到道德制约是其典型特征。儒家思想中讲求的是"和而不同"，即强调的非同一，而是统一，且这种统一是具有差别性的。而"重义贵和"恰恰是儒家思想的价值追求，属于传统文化中的精髓内容，对于现代企业管理的价值取向极具借鉴意义。

（二）挖掘与探索儒家思想的现代价值

上述思想是儒家思想中最主要，也是最基本的内容，作为对庞大儒家思想体系的集中表达，是现代企业管理能够借鉴的理论源头。在对儒家思想现代价值的挖掘与探索过程中，可依靠对儒家思想的理论借鉴，来支持现代企业管理原则的确立。

①立己立人。儒家思想的出发点是道德，核心是仁爱，"亲亲之爱"是其强调的重点内

容，但显然，"亲亲之爱"绝非目的，而是由此作为基础来实现推己及人，"泛爱众"便是对这一思想的集中体现。仁爱不仅体现在"亲亲之爱"，还体现在"立己立人"，即"己欲立而立人，己欲达而达人"。其意思就是人既要爱自己、立自己、达自己，还要爱他人、立他人、达他人，且对于自己厌恶的东西也不要强行施加于他人。对于现代企业管理者来讲，真正领会"立己立人"的含义，并将其作为自身工作的基本原则，带着饱满的热情，积极地投入商业实践当中，必然会取得良好的经济效益和社会效益。总的来讲，将"立己立人"的原则贯彻于现代企业管理当中，有利于企业上下良性互动的形成，对于实现企业发展目标极具现实意义。

②修己安人。"修己"在儒家思想中备受推崇，将其视作是"齐家、治国、平天下"的重要前提。所谓"修己"即修养身性，从本质上说是长期同自己的薄弱意志和恶习进行斗争的过程。古人圣贤，很多都将"修己"奉为一生的事情，为之孜孜不倦。对于现代企业管理者来讲，"修己"同样十分重要，"不能正其身，如正人何？"便讲的是"修己"是"安人"的重要前提。企业管理者作为企业员工的引路人，首先要做的就应该是"正其身"，只有做到这点，才能够形成榜样的力量。而相应的，如果不能做到"正其身"，达到企业发展的目标就基本是不可能的事情。

③讷于言、敏于行。这是极具借鉴价值的儒家思想。儒家思想中"先行其言而后从之"，便是对于"行"重要性的强调，告诫人们做任何事情，都要少说大话、空话，多用实际的行动，这对于现代企业管理来讲亦是如此。在企业经营活动中，管理者言行一致、以身作则，通过与员工的沟通交流，来发挥科学管理的作用。

④儒家思想具有世界意义。儒家的代表人物孔子是和苏格拉底、柏拉图、释迦牟尼等齐名的世界级哲学家。以孔子为代表的儒家文明，是与基督教文明、伊斯兰文明等相对应的基本人类文明。世界著名哲学家、神学家孔汉思在起草《走向全球伦理宣言》时说：全球伦理最基本的两个伦理框架，是中国传统文化中最基本的两点：一个是人道，即孔子说的"仁"；另一个是儒家在人文规则历史中设立的第一个黄金法则："己所不欲，勿施于人。"中华文化走向世界，最重要的标志是以孔子为代表的儒家思想走向世界。

⑤儒家思想是联系全球华商的精神纽带。儒家思想作为中华民族共有的精神家园和"最深沉的精神追求"，最能作为联系全球华商的精神纽带。英国当代著名学者贡布里希在研究世界历史后说："在孔子学说的影响下，伟大的中华民族比世界上别的民族更和睦、更和平地共同生活了几千年。"儒家提出家国同构、以天下为己任，都是全球华夏儿女共同的追求，哺育了一代又一代的华夏子孙。

⑥儒家思想是中国特色社会主义丰厚的文化土壤。马克思主义中国化根植于中华文化的沃土。儒家"大道之行，天下为公"的社会理想等，与马克思主义呈现出高度的一致性。在思维方式与方法上，都主张与时俱进、实事求是、知行合一。中国共产党"理论成果的两次飞跃"，与马克思主义在中国化过程中同中华文化相结合是分不开的。

⑦儒家思想对国家治理和党风廉政建设都有重要价值。儒家的"为政以德""为国以

礼""先富后教""修己安人""修己以安百姓"和"孝悌""慎独""中和"思想，以及"义利观"，今天仍有重要的现实意义。

⑧儒家思想对培育企业员工的道德修养具有重要价值。儒家思想对个人道德修养，尤其对企业员工的是非观、价值观培育具有重要价值。儒家思想就是要把人培养成为有爱心、有情怀、有担当、爱学习、求上进的君子，特别强调修身、齐家、治国、平天下，注重自我修养和道德实践。

儒家思想集中华文化之大成，深刻思索人性和人的价值，希望人们明理修身，循道而行，推延亲情，放大善性，社会主义核心价值体系与此一脉相承。中华文化沉淀为中华民族的精神基因，构成中华民族独特的精神标识，是我们"最突出的文化优势""最深厚的文化软实力"。

五、取长补短、兼收并蓄、吸取精华

中国儒家思想历来不重玄想，而是务求经世致用、知行合一。孔子告诫其弟子："君子欲讷于言而敏于行。"孔子本人对此亦身体力行，到晚年仍周游列国，不遗余力地宣扬儒家学说，甚至达到了"知其不可而为之"的忘我地步。儒家不仅有这种务实进取的事功精神，而且有虚怀若谷的超凡气度。孔子主张"见贤思齐"，又说："三人行，必有我师焉。"儒家崇尚的事功精神和宽宏气度表现于企业管理之上，就形成了一种取长补短、兼收并蓄的实用理性。

日本可以说是世界上最善于吸收外来文化的民族。日本历史上并没有什么重大的发明和发现，本国资源相当匮乏。日本文化对外来文化进行自主性的移植和创新，使自身迅速跨入先进文化的行列。从某种意义上说，日本文化是东方儒教、佛教文化、西方文化的糅合体，除去了外来的、移植的文化，日本就所剩无几了。而正是这样一个国家，成为颇具实力的世界经济强国。取长补短、兼容并蓄，并不意味着儒家伦理在东亚管理中的地位和影响力降低了。恰恰相反，信奉儒家伦理使他们更具广博的胸怀和宽容的心态对待外来文化。

儒家文化对东亚经济的影响主要在于将儒家文化的人本主义、重人际关系的伦理观念注入现代企业管理过程，使社会伦理关系融合在企业管理模式之中，在企业外部塑造了相对安定的经营环境，在企业内部形成了比较和谐的人际关系，从而淡化了劳资对立，促进了生产力的发展。所以，并非只有西方的理性观念和数学公式才是科学，我们两千年来继承并发展的儒家文化同样是人类高超智慧的结晶，是现代企业文化和实践的丰富源泉。

企业文化在一个企业中已经超出了管理手段这一基本的职能，企业文化可以增强企业内部的凝聚力、开拓力和竞争力，可以说企业文化是企业的灵魂和生命线。公元1669年，乐显扬创建了北京同仁堂。从一开始，同仁堂就重视创业的德、诚、信，通过长时间的培育，形成了同仁堂特有的企业文化，而"同仁"一词出自《易经》，意思是和同于人，宽广无私，无论亲疏远近一视同仁。

在一个古老农业文明中成长起来的儒家文化传统，在知识层面上当然无法跟当今的工业文明相提并论；但它在生命智慧的层面上，却未必真的不如工业文明。儒家文化传统"自强不息"的进取精神、"厚德载物"的包容胸襟、"与时俱进"的自我调节，还有原始人道、自然秩序、天然情感和随机应变的生命智慧，毫无疑问都具有某种永恒的魅力。儒家文化是中国人道德构建的传统渊源和出发点，它对协调和整合社会具有特殊的积极作用。

第三节 儒商与儒商精神

儒家本来是一种政治理想和政治学术，其主要的功能在运用道德理想主义行王道之政。其次，它是士大夫所遵行的入世为官的学说。儒家学说因其在社会上的广泛传播，渐渐地为商人所接纳，进而成了传统社会中优秀商人所奉行的经营哲学。儒与商的结合，就成为儒商。

一、儒商

（一）对商的阐释

从商字的甲骨文字形来看，下部是祭祀时所设的灵台，其上置薪，焚烧而祭天。商为国家的象征，商王才有祭天的权利。商字的甲骨文中有的下面有口，有的没有，商尊上也有口。口是言语，是祭祀时的言语祷告。引申为商议、商讨、商量。

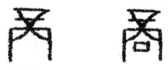

商朝建立以前，本是舜时的一个族，名商，主要以畜牧、贸易为生。商族的祖先王亥，很有才干，发明了牛车，用牛车承载货物四处贸易。王亥在与有易氏部落进行贸易的时候被杀，牛车和财物也被抢走。后来他的后人上甲为他报仇，打败了有易氏，商族继续从事贸易活动。商者，行走贸易也（坐商为贾）。商朝是中国有文字文明史的开端，是中国历史上第一个有历史记载的朝代，今宋、殷、卫、孔、商等姓氏源自商。

山东商业职业技术学院杨秉国副教授认为，商源于交换。当初，人们之间的交往是熟人之间的无偿赠予，后来扩大到不熟悉的人之间的交换，便出现了商人、商品和商业活动。

（二）儒商的含义

儒商，是指具有儒家思想并将其运用到商品经营活动中去的商人，即所谓"以儒术饰贾事"者。用最简明的语言来说，儒商与一般商人最大的区别是儒商非常重视商业道德，不取不义之财。《大学》中说："生财有大道，仁者以财发身，不仁者以身发财。"生财要取之有道，仁者"生财"是用来发展"仁"的事业。"仁"是儒家思想的核心，"生财"是实现"仁"的事业的手段，通过他们以财行仁的活动而得民心。不仁者见利忘义、损人利己，为富不仁，他们把"生财"作为最终目的，为赚钱而赚钱，甚至不惜作奸犯科，以身试法，乃至亡身以获利。儒商则是"以财发身"，是仁者。他们有超功利的最终目标，有对社会发展的崇高责任感，有救世济民的抱负和忧患意识，他们以"天下为己任"，忧国忧民，能以国家、民族以至全人类的整体利益为重。

1. 从不同角度理解儒商

如今，在学术界和对儒商之道越来越感兴趣的企业界，都试图在更深的层次上、从不同角度来界定儒商。概括而言，主要有以下三种观点：

①从文化知识层面界定儒商，认为儒商即是"学者经商"，是亦文亦商者，即"文人型商人"。陈公仲先生在《儒商社会进步的标志》中指出："儒商，可谓亦文亦商者，或商人从文，或文人从商。"新加坡周颖南先生在《儒商的光荣任务》中指出："儒，指文化人。"那么，文化人从商，则称儒商。马来西亚陈春德先生在《漫谈"儒商文学"》中认为：所谓儒商"是指一个人既是文人，亦是商人"。菲律宾林健民先生在《现代儒商的任务》中肯定儒商"就是学者或读书人从事商业活动之称谓"。施忠连在《传统中国商人的精神弘扬》中认为，"儒商是指具有很深的文化素养，有知识分子气质的商人"。这些说法只是"顾名思义"，并未揭示儒商的本质。文化知识是儒商的重要因素之一，并非是它的本质要素。从事商业活动的文化人，可以成为有道德的儒商，也可以成为违法缺德的"奸商"。学者从商不一定就是"儒商"。

②从道德层面界定儒商，认为儒商是具有高尚道德的商人。张岂之先生认为，"以诚信为人生准则的企业家是儒商"。乔羽先生认为"最大的儒商是圣人，是商业上的圣人"。经叔平先生认为"儒商就是义利兼顾的商人"。王柯敬先生认为，"具有儒雅气质和品位的商人"。成中英先生认为"儒商就是君子商人"。陈志良在《中国儒家》中认为"儒商是奉儒家仁义道德之规范来做生意的商人"。这些说法，虽比以文化知识界定儒商的观点较为接近儒商的本质，因而更为深刻一些，但是它只是揭示了儒商的道德内涵，而非儒商的整体内涵，仍有一定的片面性。

③从文化与道德相结合的层面界定儒商，认为儒商既是有较高文化素养的企业家，又是有较强烈的人文关怀的企业家。张岂之先生认为"当代儒商是具有较高道德修养、文化素养，并富有科学创新精神的优秀企业家"，是"有道德、有文化、以诚信为本的企业家"。贺飞雄主编的《儒商时代》一书，认为儒商是"儒"与"商"的有机结合，是智慧与道德的交融，是将做人之道与经营之道完美统一的化身，即具有中国传统人文美德和现代管理意识的商人。简言之，"儒商是东方伦理道德和西方管理意识的嫁接和发展"，其实质就是"仁爱与竞争"。李麟、陶鑫先生认为"以文化兴业的企业主可以称为儒商，以道德兴业的企业主也可以称为儒商"。唐凯麟先生认为，"儒商"指的是那些在商业经营中把儒家文化精神与商品经济法则结合起来的高层次的商人。陈利民先生认为"儒商就是诚信为本、见利思义，

具有一定的文化素养、良好的道德品质，对社会有所贡献的商人"。王致钦先生认为"儒商是具有文化和道德意义的实体，是具有创新精神的企业家"。于江、卢文书先生认为"只有具备现代知识，同时又有道德文化修养，才能成为未来企业家中的精英和中流砥柱，而这样的企业家就是现代新型儒商"。苏勇在《现代儒商论》一文中，把现代儒商规定为"具有较高的社会责任感，具有较高的文化水平和较健全的文化结构"，"并具有较高的文化素质"，在从事商业活动时，"能较好地处理义和利的关系"。

上述三种界说，都从某些层面揭示了儒商的社会内涵和本质规定，具有一定的真理性。可以从更全面、更广阔、更深刻的层面来理解儒商的内涵与特质。但是，对儒商本质内涵的揭示还缺乏一个整体性的理解和掌握，因而仍有一定的片面性。

2.儒商的定义

何谓儒商？在学儒信奉者中，以孔子儒家之道从事经济活动的人士谓之儒商，遵从孔子儒家政治道义的从政者谓之儒官。即使一个文盲，若按照融入老百姓日常生活的儒家做人做事的原则去待人处事、去经商，那他就是儒商；哪怕研究儒学的大学教授，若坑蒙拐骗、不按儒家的原则去经商，那他也不是儒商。

关于儒商的概念，这里有多种说法，其一，有文化修养的商人。国际儒商学会主席潘亚暾教授认为，凡有较高的文化素养，品格高尚、见利思义、对社会有所贡献的成功商人，就可以称为儒商。世界儒商联合会会长汤恩佳博士认为，儒商精神主要体现在"仁者爱人""以义制利"和"诚实守信"这三方面。

其二，由儒士（知识分子）转而经商的人。从历史上看，儒商主要是指明清时期出现的那些"弃儒就贾"或"商而学儒"的商人，即对具有儒家文化精神的传统商人的一种特称。家业儒，而转入经济界的，这样的商人可以称之为"儒商"；他们在内心深处，仍执着地信奉中国传统文化，特别是儒学。基于此，儒商也被称为"士商"。

其三，以传统文化为根基的商人。何谓传统？凡是中国古代的，即为传统的。其中既有儒家的主流思想，也有非主流的其他学术流派和世俗的民间文化。是儒家文化为主体，法家、道家等的综合。

综上所述，儒商应是具有较高文化素养，笃信中国传统思想（主要是儒家思想）的中国人或华裔商人。具体来说可以从以下三个方面理解：

第一，儒商应该是具有知识素养、文化气质的商人。朱熹说："儒，学者之称。"儒商应受过良好的教育或具有相当的知识素养，具备学者的风度。

第二，儒商应该是受中国传统文化、特别是儒家文化的影响，并将这些文化观念渗透到经营活动中去，从而具有独特的经营观念和行为风范的商人。

第三，中国商人未必是儒商，但儒商应该是中国商人或华裔商人。

简言之，儒商可定义为具有德行与文化素养的商人。它是"儒"与"商"的结合，既有儒者的道德和才智，又有商人的财富与成功，是儒者的楷模，商界的精英。

3. 儒商的特征

儒商一般具备如下特征：
①注重个人修养。
②诚信经营。
③有较高的文化素质。
④注重合作。
⑤具有较强责任感。

在中国传统社会中，统治者"重农抑商"，商人地位低下，"士农工商"，商为四民之末，经商被贬为末业。把儒家思想运用到经营活动中，使经济活动带上了浓厚的文化意蕴。"儒商"说明儒家思想强大的影响力，也说明商人并非都是奸伪狡诈、奢靡挥霍，商人也可以有较高的文化素养，而且商业道德与儒家传统道德观念是相通的。把儒家思想融入经营活动的商人，以诚信为主，能够营造重义轻利的浓郁企业文化氛围，使员工积极奉献自己的力量，促进企业快速发展。

4. 儒商的优点

儒商有超功利的最终目标，有对社会发展的崇高责任感，有救世济民的远大抱负和忧患意识，追求达则兼济天下。

5. 儒商的代表人物

古有子贡等知名儒商，后有徽商、晋商、淮商、闽商、郴商等儒商商帮；当代涌现出"立己立人，达己达人"的荣氏家族、邵逸夫、霍英东、邱亚夫等具有新时期儒商精神的商人。

蔡伯元先生认为："儒商在中国乃至在世界上，已成为中华文化孕育出的商人形象。它的比较稳定的内涵大体是：受中国传统文化哺育，有良好的文化教养及职业道德，人际关系和谐，商务活动文明而精明，效益良好。"明代的熊大木与他的出版事业以中国传统文化为精神支柱，可谓一代儒商。

6. 儒商商德

儒家道德是一个大的规范，对于不同的职业类型，有其具体的要求。儒家人格修养先有孔子的智、仁、勇"三达德"，孟子至汉代，又有仁、义、礼、智、信"五常"。《孙子兵法》要求兵家应当智、信、仁、勇、严。曹操将其归纳为将军的"五德"。商人鼻祖白圭将商人道德称作智、勇、仁、强"四德"，这应当是最早的商德提法。儒商商德是基于儒家道德基础上的商人人格修养。

7. 新儒商

新儒商应是立足秉承中国传统人文美德，融汇世界上一切优秀文化成果，具有现代管理意识的商人。新儒商的出现，既是对"官商"的否定，也是对"奸商"的鞭笞；既是对"盲商"（蛮干）的否定，也是对"俗商"（一个单纯地以投入产出来计算一切的商人）的扬弃。新儒商的经营理念是：

① "君子爱财，取之有道"的金钱观。
② "善抓机遇，科学决策"的经营观。
③ "突破现状，推陈出新"的发展观。
④ "求贤若渴，知人善用"的人才观。
⑤ "以人为本，协调人际"的管理观。
⑥ "顾客第一，服务至上"的营销观。

新儒商要从儒家和儒商传统中汲取有益的方面，而摒弃有害的东西。因传统儒商与等级制、官本位、身份制、家族制联系在一起，不能形成独立的商人人格，新儒商是在吸收传统营养的同时，克服传统儒商的这些弊病，而不是走传统的老路。

（三）儒商是具有儒人理念型性格的商人

儒人是服膺于儒家思想价值的人（康有为）。儒商是儒人中的一部分，他们是儒人理念型的商业实践者。

"儒人理念型"是依据儒家传统赋予"君子"一词的特质。组成"儒人理念型"的价值，包括意识模态（即个人的内心状况）和取向模态（道德考虑的倾向）。"君子"一词是关乎道德的东西。其道德意识，主要有下列五个方面：

第一，儒家认为每个人只要肯努力修养品格，在道德上皆可以希贤成圣，止于至善，所以说："人皆可以为尧舜。"此外，儒家又将人的品格喻之为盘（铜镜）、为玉，不断刷新，就会光明可鉴。

第二，道德上的努力，源自内在动机，并非为了"得救"或者"转世轮回"等外在诱因。人之所以为人，便该如此。做人，便要顶天立地、堂堂正正，要做到"人不知而不愠"。

第三，儒家有很强的反省意识，要"反求诸己""三省吾身"，特别是独处的时候，尤须经常保持警惕。

第四，除了反省意识之外，儒家也有浓厚的关怀意识。所谓"内圣外王"，"穷则独善其身，达则兼善天下"。

第五，儒家向来主张义大于利，以义制利。儒家传统讨论义与利的关系，时而将二者对立起来，时而视之为互相依存的一体，万变不离其宗，当义与利有冲突的时候，舍利取义是其一以贯之的立场。

以上这五个方面，是研究儒商行商行为及其"道"的基本立足点。从儒家的取向模态来看，是奉行"中庸之道"的。广义的"中庸"，以《中庸》一书为载体，基本上涵盖了儒家的所有价值和德行。狭义的"中庸"，则是专指人与人交往时的一种模态，与亚里士多德提出的"中道"相近。这里涉及的是取向模态，故采用狭义的"中庸"。作为一种行为取向，中庸具备两个方面：一是指无过与不及，恰到好处，也就是孔子所说的"叩其两端"，"允执其中"。二是一种以社会体系为参照构架的整全观及个体与整体之间要维持和谐与均衡状态。这种既中且和的行为取向,也就是《中庸》一书所畅论的"中和学说",日后成为儒家传统的中流砥柱。

由于人类社会面对很多相同的处境,具备近似的关怀,上述儒家强调的意识和行动取向特征,很难说在其他社会完全找不到踪影。所有价值体系都会标榜义大于利,尽管义的实质内容会有差异。可是从善的内在动机,在儒家之外就很少提及。此外,亚里士多德的中道也发扬"过犹不及,恰到好处"的精神,不过儒家的中庸并未强调行动者对事物和处境的全面界定。

总之,"儒人理念型"的性格,从整体来看,才显示出其独特面貌。儒商与儒家传统思想的关系,就是行为上的利用与思想上的融合。一方面,从概念上讲,儒商就是把儒家传统道德运用在他们的经商活动中,不断地汲取养分,并且通过自己的努力将传统道德发扬光大,甚至随着商人社会影响力的扩大,也对儒家思想的发展发挥作用。另一方面,中国传统文化的内容包括了对"天道"与"人道"关系的探讨,即希望二者能达到一种统一与和谐。其中儒家文化则更强调"人道",即做人的道理,知道了"人道",就能懂得了"天道"。而商人的道德准则,就应该是商人的"人道",也就是"商道"。所以,儒商就是行商与行儒的统一,由于落脚点在"商"字上,可以说是"商"的"儒化",他们从事的是具有以儒家思想文化为代表的中华民族优秀文化传统的商事活动。

二、儒商的内在价值取向

深受儒家思想影响的儒商,在长期的发展过程中,逐渐形成了诸如注重仁爱、讲求诚信、自强不息、勇于创新、严于律己、克勤克俭,以及主张以义制利,贵和、重亲情等内在的价值取向。只有先把握了他们怎样做人,才能更好地理解他们怎样经商。

(一)注重仁爱

"仁"是儒家学说的核心概念。《论语·颜渊》对"仁"解释道:"樊迟问仁,子曰:爱人。"孟子据孔子之意,引申出"仁者爱人"(《孟子·离娄下》)。仁爱集中体现了儒家的人文精神。孔子的"泛爱众而亲仁"(《论语·学而》)、孟子的"老吾老以及人之老,幼吾幼以及人之幼"(《孟子·梁惠王上》)等,都表达了儒家的人文关怀。仁爱精神是儒家的基本思想,它要求人们在实践中,要奉行"一以贯之"的"忠恕之道"(《论语·里仁》),要"己欲立而立人,己欲达而达人"(《论语·雍也》)、"己所不欲,勿施于人"(《论语·颜渊》),要把"人"与"己"视如一体,要懂得尊重人、关心人、爱护人。仁爱精神是儒商最主要、最典型的内质,并贯穿于他们的商事活动中。

(二)讲求诚信

融入儒商本质里的诚信观,是对"诚"的实践。"诚"是儒商对从"人道"到"商道"

的实践，而诚信则是儒商对"商道"这一层次的重要实践，它本身就是儒家贤哲提倡的重要美德，无论是商人，还是其他任何人，都应该把诚信作为自己的行为准则。孔子曾说，"言忠信，行笃敬，虽蛮貊之邦行矣；言不忠信行不笃敬，虽州里行乎哉？"（《论语·卫灵公》）孟子也说过，"万物皆备于我矣，反身而诚"（《孟子·尽心上》）、"朋友有信"（《孟子·滕文公上》）。可以看到，这里的"诚"，是真诚、诚实、虔诚之意；而"信"则是信用、信誉、守信之意。"诚"为体，"信"是用，"诚"偏向于内在的道德自律，"信"偏向于外在的行为表现。诚信是立身之本，儒商将诚信视为为人、从商的一项基本要求。儒商要求自己做生意必须守诚讲信、以诚待人、童叟无欺、货真价实、买卖公平，坚决反对通过买假售假、坑蒙拐骗、敲诈勒索等不道德手段获取个人不正当利益，他们认为这是图一时之利而损害长远利益的行为。儒商在商界和顾客中有着良好的信誉，很少陷于顾客投诉和商业纠纷的旋涡中。

（三）自强不息

《周易》乾卦中有这样的卦辞："天行健，君子以自强不息。"意即天体的运行表现出刚健有为的特性，君子学习这一特性，就要使自己做到奋发向上、永不停息。孔子的"发奋忘食，乐以忘忧，不知老之将至也"（《论语·述而》）、孟子的"苦其心志，劳其筋骨，饿其体肤"（《孟子·告子下》）等，都是"自强不息"精神的生动写照。很多儒商正是靠着这种"自强不息"的精神白手起家，成就大业。晋商王相卿，幼年家贫，为生活所迫，曾做过佣工，当过伙夫，服过杂役，也曾肩挑负贩，拉着骆驼千里走沙漠，几经磨难，终于成就了著名的大盛魁商号；徽商则以"顶风傲雪的自强精神，坚韧不拔的拼搏精神，百折不挠的进取精神"等为核心的"黄山松"精神作为自己经商文化的核心。

（四）勇于创新

"革故鼎新"的创新精神历来为儒家学者所崇尚。如《周易·杂卦传》说："革，去故也，取新也。"强调坚持变革，去旧布新，表达了儒家先哲重视变革的思想要求。《周易·系辞传》也说："穷则变，变则通，通则久。"即事物发展到"穷"即极点的程度时，只有变革，才能打开前进的通道，也才能实现长治久安。变革是事物发展的动力。《周易》中的"日新之谓盛德""生生之谓易""通变之谓事"等，也是崇尚变革创新的重要命题。它们从不同侧面，反映了儒家重视变革、与时俱进的思想追求。儒商大都勇于创新，每到危急关头，儒商一般既不消极忍耐，也不激烈对抗，而是靠着自身的机敏创新，摆脱困境，走向成功。徽商中流传"前世不修，生在徽州，十二三岁，往外一丢"的说法，说明当时的徽州人到十二三岁就背井离乡，既是为生计所迫，也是为了开阔眼界、锻炼求变创新能力。

（五）严于律己

儒家学者认为，道德品质的塑造固然离不开外界的引导，但更依赖于自身的严格要求，所以他们大力提倡严于律己的精神。曾子说过"吾日三省吾身"(《论语·学而》),孔子要求人们应该"见贤思齐焉,见不贤而内自省"(《论语·里仁》)、"躬自厚而薄责于人"(《论语·卫灵公》),孟子也主张"爱人不亲,反其仁;治人不治,反其智;礼人不答,反其敬。行有不得者,皆反求诸己"(《孟子·离娄上》),《中庸》提出了"慎独"的修养方法。这些,都反映了儒家贤哲非常重视以高尚的道德品质为参照,不断反省自己的严于律己的精神。儒商群体的相对高素质是与他们的严于律己分不开的。所以儒商在事业低潮和困难时期,总是能够以身作则、吃苦在前,从不言难和累,带领族人和工人共渡难关;在事业顺利和高峰时期,总是能够要求自己"富贵不能淫",保持清醒头脑、居安思危。

(六)克勤克俭

"克勤克俭"的勤劳俭朴精神由儒家提出后,逐步发展演变成为中华民族的一大传统美德。《尚书·大禹谟》中的"克勤于邦,克俭于家",意即勤劳于国,节俭于家。《左传》提出"民生在勤,勤则不匮",孔子主张"举善而教不能,则勤"(《论语·为政》)。"成由勤俭败由奢"是中华民族一直遵从的古训。儒商继承了这一传统美德,不仅在创业时期能够克勤克俭,即使在事业有成、完全有条件享受生活时也一直保持着克勤克俭的习惯。俗话说"创业容易守业难",而儒商不仅能成功创业,也能守住业,这与他们的克勤克俭是分不开的。

(七)主张以义制利

儒家认为,人们应该奉行"见利思义"的以义制利精神。孔子曾说"见利思义,见危授命,久要不忘平生之言,亦可以为成人矣"(《论语·宪问》)、"富与贵,是人之所欲也,不以其道得之,不处也;贫与贱,是人之所恶也,不以其道得之,则不去也"(《论语·里仁》)、"不义而富且贵,于我如浮云"(《论语·述而》、"君子喻于义,小人喻于利"(《论语·八佾》)。孟子也说"非其道,则一箪食不可受于人"(《孟子·滕文公下》)。孔孟之意,是说见到财利,要以"义"作为衡量取舍的标准,合乎义则取,不合乎义则舍"利"取"义"。其本质在于在强调以义制利,要求人们正确处理道德与金钱的关系。儒商以儒家的以义制利精神为指导,强调社会正义感和社会责任感,主张要以"义"为准绳,对"利"有所取、有所不取,坚决反对"见利忘义""唯财是取"的自私自利行为,提倡"得之于社会,用之于社会",热心社会公益事业。

(八)贵和

儒家力倡贵和的价值观。"和"即和谐,《易传》中的"保合太和,乃利贞"、孔子所谓"君子和而不同,小人同而不和"(《论语·子路》)等,都表明了儒家贵"和"的基本观点。儒商非常重视"和"的思想,并将之作为安身立命和生意兴隆的基本理念,如他们所提倡的"和为贵""和气生财""家和万事兴",等等。

(九)重亲情

"重亲情"是儒家伦理的重要特征。《论语·学而》说"孝弟也者,其为仁之本与";《论语·泰伯》说"君子笃于亲,而民兴于仁";孟子也说"亲亲,仁也"(《孟子·尽心上》)、"仁之实,事亲是也"(《孟子·离娄上》)。可见,在孔孟看来,血亲之爱是仁爱的基本道德规定。孔子还认为,"父为子隐,子为父隐,直在其中矣"(《论语·子路》),意即"父子相隐"是可以理解的,其中包含着率真自然而珍贵的亲情。汉代大儒董仲舒更将孔子的"父子相隐"发展为"亲亲得相首匿"的法律原则,此时"父子相隐"不仅无可指责,而且上升为一项必须履行的法定义务。儒家的道德建构是以"父慈,子孝,兄友,弟恭"的血缘亲情为基点的,然后通过"善推其所为""由己及人",进而"举斯心加诸彼",扩大到整个社会,一步步由内至外加以扩展的。中华民族受此影响极深,"虎毒不食子""可怜天下父母心""打仗亲兄弟,上阵父子兵"等,几乎被认为是不证自明的公理。儒商的重亲情突出表现为他们的家族式企业和家族式管理上。

以上归纳的儒商的价值取向,无不凝聚着中国传统的儒家文化的精髓,也可以说都是他们取得商业上巨大成功的重要原因。这些既是儒商"商道"形成的重要因素,也是其商道的重要体现。

三、儒商精神

(一)什么是儒商精神

儒商精神是一种援儒入商所形成的独特商业人格和行为规范。作为儒商的商人要有儒的精神、儒的气度、儒的道德规范,以儒家的道德理想和道德追求为准则去从商、经商,在商业行为中渗透儒家所倡导和躬行的"仁、义、礼、智、信"。

儒商精神是随着时代的发展而发展的,大体经历了四个发展阶段:

一是"取之有道"阶段。在中国明末清初之际,随着商品经济的发展,有一些儒士逐渐认识到,要想实现儒家伦理及其价值观,即学而优则仕,必须以经济实力为基础,通过经商获利,以商养文,于是弃儒从商。这些儒士从商,提高了商人的整体素质,将儒家伦理用到商业活动中,促进了商品经济的发展。他们奉行"君子爱财,取之有道",标榜经商以诚为本,认为赚钱顾及他人,才能商运亨通,如果一味奸诈、行骗,在商场终究要失败,害人必害自己。

二是崇儒好儒阶段。贾而好儒是儒商的重要特色。具有较高文化素养的徽商,意识到富不敌权,权可致富。他们为在政治上保持崇高地位,强化族众的凝聚力,只得依靠其文化的优势,大兴族学、书院,以猎取科举制下的功名。要博取功名,光宗耀祖,必须由儒而步入仕途。

三是贾儒结合振兴中华民族经济阶段。贾与儒结合,优势互补,产生一种儒商精神,它与西方的商业经营意识结合，形成了一种新的儒商精神，从而产生一种强大的竞争力量。商品竞争主要是商品内在文化含量的竞争，是知识和科技的竞争。20 世纪 70 年代末，我国实行改革开放，在由计划经济转入市场经济之初，儒商精神遭到破坏。一些投机经营的商人搞假冒伪劣、坑蒙拐骗，使消费者利益受到极大损害。然而，国外的华商运用炎黄文化推动经济发展，却取得了成功，获得了辉煌成就。当前，中国儒商再次出现，这是社会的一大进步，是社会新价值取向的胜利，是历史和市场的选择。

四是世界儒商精神形成和发展阶段。这是儒商的概念和范围扩大后，新形成的一种世界性儒商精神。1994 年国际儒商学会的成立和首届世界儒商大会的召开，标志着这一阶段开始。

由此看出，儒商精神是对儒商在形成发展和生产经营中体现出来的一种人文思想、精神的概括，是世界儒商共性的进步商德，和对从事商品生产经营及交换的共性认识与经验相互交融发展形成的一种特有的人文思想、精神。其主要点是整体主义精神、艰苦创业精神。21 世纪的儒商精神，是世界性的，它既包括人道与商道结合和富商强国的爱国精神，也包括为世界和平与发展奋斗的奉献精神。

在农业经济时代，人们对经济的认识水平受到很大限制，往往轻商、贱商，认识不到商业的经济价值。在过去甚至曾高喊割资本主义尾巴、反投机倒把的口号，虽然也有工、农、兵、学、商的排序，但"学"的地位低下，"商"就更不足论，这同中国传统商人居"四民"之末的地位相比有过之无不及。"商品的流通环节并不增加社会财富"，"无商不奸""无奸不商"几乎成为对商人和商业的定论。从商、经商如同犯罪，商人也要以社会所尊崇的儒家行为规范和道德标准来规范要求自己，或是将"贾而儒行""以儒术饰商事"作为提高自身社会地位的手段，在这种情况下儒商应运而生。

流传久远的儒家思想两千多年来深刻影响了国人的思维，形成了独特的行为方式和思维模式。把儒商精神与儒家教义相对照，有助于了解儒商精神的内涵。《论语》有云："富贵而可求也，虽执鞭之士，吾亦为之。"可见儒家并不"罕言利"，但"不义而富且贵，于我如浮云"，要讲"义""利"之辨，要区分什么是合于"义"的"利"，什么是不符合"义"的"利"，前者的求利是属于"取之有道"，后者的求利则是"小人喻于利"的那种求利，为君子所不取。这就直接引发了儒家的"不苟取"理论，而且是"一毫一厘不苟取"，要"取之有道"，而且，儒家学说给"苟取"和"不苟取"有很严肃的道德判断，"苟取"是小人，而"不苟取"应该就算得上是儒商了。儒商精神本质上反对为富不仁，强调利以义取。从儒的"穷"和"达"的主张来说，真正的儒商还需要有益于社会，"穷则独善""达则兼济"，又使真正的儒商具有一种强烈的社会责任感，有一种乐善好施的精神，就是在不"穷"不"达"的情况下，真正的儒商也需要有一种"利他"的精神，起码要考虑"己所不欲，勿施于人"。儒商在从事功利性质的商业的同时，始终存有超功利的道德追求，让经商行为带上浓厚的道德色彩，这是典型的儒商经商理念，是儒商精神对世界商业文明独特的贡献。所以，援儒入商是儒家思想在商业中的实践，是一种贾而好儒的表现。

从儒家的经典教义和传统的商业道德对比中，可以看出儒家思想对传统商德的影响。儒家思想强调"礼之用，和为贵"，传统的商业理念是"和气生财"；儒家强调"己所不欲，勿施于人"，"己欲立而立人，己欲达而达人"，无论是传统还是现代商业道德都强调能站在顾客的立场上考虑问题，强调货真价实、童叟无欺，强调在顾客得到完美服务的同时得到商业利益。儒家讲义利之辨，进步的商业道德也强调商人的利益不能置于社会整体利益之上，强调不能因谋求私利而损害消费者利益甚至国家利益，认为只为个人利欲不择手段谋取利益是不道德的，是一种利欲熏心、恶性膨胀行为。经典儒家教义强调人之为人必须"言必信，行必果"，而诚实守信则在任何时候都是一项基本商业道德。儒家的义，从本质上来讲是宜，就是说要做应该做的事、做符合社会公义的事情，比如说扶危济困、互助、热心社会公益事业等，这些都是人对社会应尽的义务。儒家学说最大的特点是将人置于社会的大背景中考虑人与人之间的关系，规范人与人之间的关系，用道德的力量调节人与人之间的关系，而从来不谈什么自然人，要求一个人在实现私利时不损害公利，不损害他人利益。商业理念也是如此，强调合作，强调不损人利己。儒家思想强调"过犹不及""中庸之道"，传统的商业道德则强调不牟取暴利，不搞掠夺式的经营，注重商业生态，讲究商人之间、商人和顾客之间的协调发展。儒商实际上奉行的是商业道德秩序学，讲究以道德力量维系商业秩序。在从事纯功利的商业活动中，提升自己的精神世界，这就是儒商精神。

因而，儒商精神应该包括恪守信用、诚信为本、诚实不欺、利以义制、以义取财、仗义疏财等商业道德，是把诚、信、义、恕、让等伦理道德原则贯彻到商业经营之中去，尽量用儒家精神去洗涤一味求利的商人习气。或曰：商人经商的目的就在于追求利润，而且要追求利润的最大化。提倡儒商精神不是以牺牲商业效率为代价，这里有一个追求个体利益或是局部利益最大化还是追求社会利益最大化的问题，放在社会大系统中，商人不顾公德、不择手段地求利，以至于追求利润最大化是商业生态恶化的罪魁祸首。"效率"似乎是有了，但社会公平却被抛弃，失去了公平和公正的所谓"效率"对社会是一种灾难。儒商精神的可贵之处在于强调了公平原则，而且，这种公平不是来自一种外在的强制力量，而是来自受儒家思想浸润的商人的道德自觉。儒家经典有"性善"和"性恶"之辨，提倡儒商精神就是要在商业经营中保持一种"性善"，使诚、信、义等人性中美的东西转化成优秀的商业品格，转化成为商人的自觉行为，而不仅仅要靠制度和法律约束。儒商精神实质上是受儒家思想影响的商人在商业行为中的道德"自律"。从宏观上看，提倡儒商精神，可大大降低整个社会管理系统的运作成本。就商人而言，经常性地陷入投诉、商业纠纷的旋涡中，不利于商业活动。随着社会儒商队伍的发展壮大，中国商业秩序将得到根本改善。

儒商精神是用道德自律抵制几乎是人的本能的利欲。这正是儒商精神的精华，古往今来出现的大批商德崇高、业绩不凡的儒商，证明了儒和商是可以集于一身的。儒和法是中国古代思想中重自律和重他律两种不同的理论，儒家的思想是通过提倡道德伦理、唤醒人们的道德自觉来匡扶人心、匡正社会，当然这些伦理道德一旦被固定下来也有一定的强制性，如后世的"理学"和"礼法"就是如此。法家则是用严刑峻法来规范人的行为。儒家强调道德自觉是导之于前，法家则是导之于后。儒家学说从本质上讲是道德秩序学，讲究以道德力量来维系社会秩序，让人追求一种精神自觉。儒家学说只强调人的社会属性，人伦其实就是人与人之间的关系。把人与人之间的关系调整好了，社会的发展就能和谐、稳定。在商品经济时代，儒商精神所提倡的人与自然的协调发展、人与人和谐相处的商业生态文明和义与利、合作与竞争、自强与自律和谐统一的商业伦理精神，具有非常强烈的时代意义。儒商精神是儒商所共有的进步商德，是商人在儒家思想熏陶之下对所从事的生产经营、交换本质的独特认识，是受儒家思想浸润的商人在商业经营中所形成的独特的人文精神和人文思想，是对世界商业文化的独特贡献。

（二）儒商精神的价值

儒商精神自诞生以来就对规范商业行为起着积极作用。中国的商业文明虽然不及美国等西方国家发达，但我们的商业文化精神并不落后。要使经济健康有序、持续稳定地发展，必须大力弘扬儒商精神，提倡进步的商德。

商业行为从来都具有两面性。一方面促进了商品的流通，激发了商品生产，带来了社会繁荣；另一方面，商人的趋利又有不择手段、唯利是图的自发倾向。儒商精神能够纠正商人唯利是图之偏，这种精神在整个商品社会中起到历久弥新的重要作用。

荣氏企业创办人之一的荣德生曾说："古之圣贤，其言行不外《大学》之明德，《中庸》之明诚，整心修身，终至国治而天下平。吾辈办事业，亦犹是也，必先正心诚意，实事求是，庶几有成。若一味唯利是图，小人在位，则虽有王阳明，亦何补哉？"从这段话中，我们不难看出儒商的一些追求。首先，荣德生先生作为一代儒商，他有这样一种意识：做一名好的商人，同时要做一名有道德的高尚人，两者必须统一于商业行为之中，否则就会"一味唯利是图"，只能是"小人在位"。其次，既要做一名好的商人，又要做一名高尚的人，实现的途径是向"古之圣贤"和儒家思想汲取营养，要"明德""明诚""整心修身"，实事求是，而不能见利忘义，这样，"吾辈办事业"才"庶几有成"。这正如明代大思想家王阳明在《大学问》中所指出的"商贾虽终日作买卖，不害其为圣贤""其归要在有益于生人之道"，只要他们在商业行为中能"致良知"，能恪守儒家教义就行。

儒商精神有益于世用。一般商人都非经济方面的理论家，他们在从商方面的宗旨和理念，都是建立在某种文化底蕴基础上的意识和潜意识的产物。儒家思想有益于世用，在于它既崇高又平凡，寻常商人都能在不同程度上去实践，这样一种优秀的本土文化能为我们的商人提供精神源泉。有一位深谙儒商精神的银行家曾说："古人日常道德之训，永远是真。盖道德非他，乃维持团体合作的必要条件。忠、诚、廉、让四字，余觉其特与商业团体有关。"在社会转型期间，道德危机严重，进而引发大规模的商业危机。商业领域欺诈之风日盛，极端功利主义和极端利己主义盛行，十几年前清理"三角债"几成运动，信用缺失如今成为一种很严重的社会问题；"打假"更是一本难念的经，在商业行为中，损人利己，坑蒙拐骗，敲诈勒索现象严重。这反映出从商者的素质亟待提高。我们的经济秩序、道德秩序都面临重建的问题。当然，加强法制建设，是使市场经济健康发展的一个重要方面，但是，努力提升商人的思想道德水平，利用本土文化，发掘儒商精神，并把它作为一种现代精神来提倡和弘扬，不失为一条有效的途径。哈佛大学教授杜维明曾说："世纪之交，我们的地球上贫富悬殊越来越强烈，有钱又有权的人如果没有文化担当，没有一种为人类进步的责任感，地球就不会有和平与发展。可以说，在商人中提倡儒家精神是使商人逐步有'文化担当'的伟大事业，是进步商德的客观要求。"我们认为，儒商精神的现代价值，就是要通过对儒商精神的弘扬，为现实的经济发展服务。

儒商精神将成为全球华商的一面旗帜。儒家文化是影响了中国两千多年的本土文明，儒商精神也是根植于本土的优秀商业文化。儒家思想深刻地影响着国人的思想方式和行为方式。全球华商有同一种文化思想背景，那就是儒家精神和儒商文化。实践证明，儒家文化已经推动了"亚洲四小龙"的经济腾飞，也使得世界华商在全球经济格局中扮演着越来越重要的角色。儒商精神作为一种进步商德，将对经济秩序的稳定、经济繁荣和发展起到越来越重要的作用。

儒商精神是海内外儒商经过多年努力而共同创造的一种宝贵的精神财富。儒商商业精神的现代价值，是指它对振兴民族经济、弘扬中华文化所起的积极作用；是指对当今世界商业活动和经济运行以及对整个世界和平与发展、对人类文明和进步所起的积极作用，它是世界和人类发展的一种精神和文化的推动力。具体来讲，儒商精神的现代价值，表现在以下几个方面：

①引导和规范商业行为，促进商业和整个经济运行健康发展。中国市场经济中存在许多不规范、不文明的现象，在竞争中出现一些商人的败德行为。弘扬儒商精神，提高道德水准，可对症下药，将引导市场经济向着健康方向发展。儒商精神的一些原则，将成为更多商人共同遵守的准则，使市场竞争公平化、有序化。同时随着竞争机制的完善和竞争规则的强化，人们的道德水准也会不断提升，儒商精神也会不断丰富和发展。

②协调经济效益和社会效益，物质文明和精神文明共同发展。在中国，贾儒相通，"士商异术而同志"。儒商精神是儒与商结合的精神，儒商以自己的行动实现了经济效益和社会效益双丰收，为物质文明和精神文明建设做出了贡献。当今，市场伦理化已成为全球范围内市场经济发展的大趋势，西方市场经济国家经过300年之久的前市场经济阶段之后，正在苦苦寻求经济发展的道德支撑，他们已把目光投向博大精深的中国文化，投向了儒商精神。随着儒商精神的发展，人类命运共同体将逐渐形成，呈现良性循环，将更符合人类文明共同发展的要求，符合人类的共同利益。

③增强民族的文化科技意识，促进文化科技、教育发展和人才成长。历史上的儒商，不仅自身具有悠久的文化传统，而且十分重视对教育和文化的投资。明清时徽商积极参与并支持"振兴文教"，曾一度创造了徽商文化的辉煌。弘扬传播儒商精神，将有利于整个社会崇文好儒风气的形成，许多儒商自身刻苦努力，著书立说，成为精通商务和经济工作的专家学者，成为商儒。儒商投资助学，兴办文教，有利于全民文化素质的提高，有利于人才的成长，

也使科教兴国战略真正得到落实。

④缩小贫富差别，缓和社会矛盾。中国儒商一方面从维护自己经济利益和个人名声出发，另一方面受儒家思想熏陶，有一种仁义博爱的胸怀，往往对一些社会公益事业和贫困地区较为关心，他们常捐赠扶贫资金和赈灾救济，这在客观上缓和了一些社会矛盾，有利于社会秩序安定，也有利于实现人类共同富裕和社会长治久安目标的实现。

⑤有利于反腐倡廉和干部队伍建设，有利于净化社会风气。弘扬儒商精神，能够推动企业家和商人克己自律，在决策举措上，既要合"礼"，亦要合"理"，要尽量不犯错误，如果有了错误，要勇于改正。弘扬儒商精神，就要将儒家以信与义处世做人的准则运用于商事，并作为理想人格和完善处世接物的准则，这对净化社会风气、推动廉政建设极为有益。

⑥推动世界和平与发展。21世纪将是物质极大丰富、科技高度发达、人们的生活更加安乐的时代。但是，把物质作为衡量价值唯一标准的价值观会带来不幸的结局。人类在第一次、第二次世界大战时，居然用自己所发明的最厉害的武器，去残杀同类。为避免这种结局再次发生，必须恢复以"仁"为中心的价值观，建立和平共生共存的世界。孔子提出"君子和而不同"的主张，孔子学说中，"仁"是人与人之间的一种和谐关系。"和"的境界使人活得舒畅，"和"的世界更臻完善，"和"的机制更富有生机活力。"礼之用，和为贵""和气生财""天时不如地利，地利不如人和"，可以看出，"和"在人们心目中的重要地位。如果各个人、各个民族和各个国家都能和谐相处，人类生活的这个世界就会变得幸福、美满、繁荣了。

儒商有着中国文化的人文思想，既尊重人的地位、肯定人生的价值，也重视人伦常道、崇尚德化政治，主张"以德服人"和爱物、惜物，维护生态平衡，希望实现"天下为公，世界大同"的理想。当今世界，文化的发展正向着人文的道路前进，向着统一性和多样性并存的道路前进。世界各个国家、各个民族，一方面要有独立的民族文化，因为独立的民族文化是振兴国家和民族的根本；另一方面又要互利、互惠、互补、互助，从而推动世界和平与发展，达到共同繁荣和共同富裕的目的。

（三）儒商精神是全球华商的一面旗帜

从"天道"到"人道"再到"商道"，贯穿在实践中的重要德行，即"诚"。在儒人的理念中，"诚"是"君子"德行的实质内容与精髓，表达的是一种行为的过程与态度，也是儒人，当然包括儒商要奉行的一种融入骨髓的道德要求与行为规范。在《礼记·中庸》篇中，我们可以看到这样的解释："诚者，天之道也。"《孟子》中也有这样的命题，在《孟子》中的"诚"，既是自然化的，也是道德化的。自然界的一切都按规律运行，这是"诚"。天道不偏不私、光明磊落、表里如一。《说文》给出了更为精练的定义："诚，信也。"而对"人道"的解释在《中庸》和《孟子》中也都有涉及。他们说："诚之者，人之道也。"大意是，向"诚"学习，使"诚"成为人的行为准则，使"诚"得以实现，这就是"人道"。"人道"大体上有以下四方面的内容：

第一，天按照规则运行，人按照规矩办事，不能随心所欲。规矩包括法规和道德规范。

第二，天道不息，相应于此，人道应该自强不息。

第三，人要讲"诚信"，不欺人，不自欺、自尊、自信、自爱。

第四，人不但要爱人，还要爱万物，既所谓的"仁民而爱物"。这里的"物"指万物，包含了大自然里的一切。

这些包含了儒商应该具备的为人处世的态度。而作为"诚"在商业上的实践者，儒商产生了其特有的"儒商精神"，它的价值核心是强调经济行为的群体和合，即任何商事活动都只能在人际关系中进行。如果当事人只关心自己的利益，而不顾及他人的利益，商事关系则会中断。群体和合，恰是体现了自己获利、也让别人得利的均衡原则。只有实现双赢，社会财富才能增值。因此，道德调节，也是商业社会中自我产生与遵循的调节机制。而这种道德约束较之外在约束，成本最低、效益最高。所以，"儒商精神"的精华体现于道德观、价值观和智谋、思维方式两大方面，这是东方的、中国式的经营智慧。

第四节　儒商文化的现代意义

当我们进入中国特色社会主义新时代，市场经济体制已经确立的今天，弘扬儒商文化具有十分重要的意义。

一、儒商文化是公民道德建设的有机组成部分

中共中央印发的《公民道德建设实施纲要》确立了"爱国守法、明礼诚信、团结友善、勤俭自强、敬业奉献"二十字基本道德规范，与儒家思想一脉相承，是对几千年中华民族传统美德的继承和发扬。植根于儒家思想沃土，又融合当代经济发展经验形成的"儒商"文化，与《公民道德建设实施纲要》互相印证，可以说是《公民道德建设实施纲要》的商业版本。我们要把两者有机结合起来，重铸道德长城，推动经济和社会全面发展，推动民族素质的全面提高。

二、儒商文化是社会主义市场经济体制的必要补充

一般说来，市场经济体制是由市场对资源配置发挥基础性作用。但是，市场这只"看不见的手"也有失灵的时候，它不能彻底解决市场中的垄断、收入分配不公及盲目性、滞后性等问题。当前，我们的市场经济仍处在起步阶段，再加上以往的"斗争哲学"对传统道德的冲击，市场经济秩序混乱：从假冒伪劣商品的泛滥成灾，到上市公司的财务造假等，无不昭示着重振道德"纲常"的必要性。可以说，市场经济的道德伦理是市场经济列车的铁轨。

脱离了道德之轨，市场之车就会寸步难行。党和政府始终强调，必须大力整顿和规范市场经济秩序，逐步在全社会形成以诚信为本、操守为重的良好风尚。由此可见，提倡"儒商"文化可谓切中时弊、恰逢其时。

三、儒商文化是加强企业管理和企业文化建设的重要手段

"儒商"文化是经过历代"儒商"的成功实践不断总结出来的，它本身就是一种企业经营管理之道。"儒商"文化的诸多内容在今天的企业发展中仍有十分积极的作用，诸如"诚信"，就是重视产品质量，信守合同，不逃废债务；"重义"，就是守法经营，在创造经济效益的同时，创造社会效益；"仁爱"，就是关心职工的切身利益，实行人本管理；"人和"，就是对内铸造团队精神，对外树立"顾客至上"的观念，建立良好的客户关系。事实上，西方的诸多管理法则也往往体现了这种管理中的道德诉求和人文关怀。如美国企业的创新精神、德国企业的质量标准、日本企业的团队意识等，与中国"儒商"的管理理念可谓异曲同工、殊途同归。在孔孟之乡，企业经营者充分汲取传统文化的丰厚营养，并根据企业实际不断进行创新，涌现出一大批在国际国内市场上崭露头角的企业，如太阳纸业集团的"太阳每天都是新的"的创新思想，山东矿山机械集团的"两本（即人本、成本）管理"法则，鲁抗集团的"如临深渊、如履薄冰"的忧患意识，心声集团的"奉忠孝诚爱心，走人间真情路"的亲情管理理念，等等，都深得儒家文化的精髓而又独具特色，成为企业管理的核心要素和企业文化的重要内容，极大地促进了企业的发展，也为经济社会发展做出了卓越贡献。

四、弘扬儒商文化是实现中华民族复兴中国梦的必由之路

中华民族是一个拥有灿烂文化的民族。五千年的古国文化是中华民族的最大财富，也是中华民族最深厚的生存根基与振兴根基。中华民族的哲学是以儒学为主体的传统文化，中国人的价值观和方法论是以"仁"为核心的忠恕之道和中庸之道。从康有为借孔改制、实行维新变法开始，到20世纪新儒家学说的兴起，历代儒家学者都抱定"为往圣继绝学，为万世开太平"的理想，孜孜不倦地探索儒家文化的复兴之路。

作为新儒家理论的代表，贺麟认为，中国社会的现代化首先是道德观念的现代化，而道德观念的现代化就是对儒学、礼教进行现代化改造，由此培养造就更多的有学问、有修养的"儒工""儒商"，使他们真正成为社会的栋梁和柱石。

杨子彬教授则在《儒学与中国文化的复兴》中明确提出："复兴儒学、振兴中华，要走子贡亦商亦政、既富且仁的道路。具体地说，就是联合学者、政治家和儒商，做集体的子贡。"

中国社会科学学院章建刚在《儒家伦理、市场伦理和普遍伦理》中提出了儒学发展的"三条道路说"：

第一条是政治化的儒学即礼教，儒学只是一种过分夸张的家族伦理，否认平等的权利、个体的自由和社会的公正，五四新文化运动所"打倒"的正是这样一种礼教。

第二条是道德化的儒学，强调加强个人修养、回到道德之心的自觉行为，有其积极的意义，但它否认市场经济的制度建设，无法满足今日中国市场化改革的基本需要，使儒学在社会生活中处于一个边缘化的位置，难以真正促成儒学的复兴。

第三条道路即经济伦理化的儒学，是使个人道德修养与经济秩序、法制建设结合在一起的儒学。章建刚极力呼吁："不要以为道德是在市场之外的，要看到市场内在的伦理学。如果有了这样的儒学，传统的儒学就可能对今日中国的社会转型发挥更大的积极作用，才有可能在普遍接受、普遍共识的意义上达到复兴。"

儒学的第三条道路（即"经济伦理化的儒学""市场内在的伦理"）就是"儒"与"商"的有机结合，就是我们所倡导的"儒商"文化。"儒商"文化将担纲在市场经济体制下重振儒家文化、复兴中华传统文化的重任。

五、儒商文化是凝聚海内外华商、儒商的"磁石"

据资料显示，居住在海外的华人华侨达5 500多万人，包括中国香港、中国台湾在内的华人资产高达2万亿美元。可以说，绝大多数海外华商、儒商都有一颗"中国心"。从康梁的改良运动到孙中山的资产阶级革命，从抗日战争、解放战争，再到改革开放，都得到了海外华人华侨的鼎力支持。儒商文化以孔孟儒家思想为核心，也是海内外华商、儒商恪守的经商做人之本。他们或心系桑梓、赤心报国，或认祖归宗、心有所依，或扬名立万、光耀门楣，无论出于何种目的，儒商文化都会在海内外华商、儒商中产生强烈的共鸣，激发他们的故国情怀和道德归属感，从而产生在祖国大陆特别是孔孟之乡投资发展的愿望和信心。

六、儒商文化是推动亚洲经济一体化的"孵化器"

东亚现代化成为西方文明最强有力的挑战者。但是，亚洲在贸易自由化方面最为落后，大大制约了本地区经济一体化的发展。要实现亚洲经济一体化，就需要拥有正式规则的自由贸易区。自由贸易区被视为一个超国家层次的制度建设，它有助于节约各国之间的交易成本，降低各国之间的市场风险，减少各国之间的贸易摩擦，以制度化方式建立公平、公正、公开的市场竞争规则，处理贸易冲突和争端解决机制。从亚太经合组织、亚洲开发银行到APEC会议再到博鳌亚洲论坛，从政府到民间，都在探讨亚洲经济一体化的道路。然而，国际上贸易保护主义抬头，亚洲国家政治制度不同，经济发展水平悬殊，民族矛盾根深蒂固，使得亚洲国家走欧盟、北美自由贸易区的一体化之路困难重重。以儒家思想为内核的儒商文化可以在亚洲经济贸易一体化的进程中发挥积极的推动作用。一是儒商文化是亚洲国家特别是东亚、东南亚国家都能接受的文化，是亚洲少有的"共同点"。以此为纽带，可以通过思想文化领域的交流来推动经贸领域的合作和经济体制的融合。二是儒商文化是一种讲究"诚信""中庸""仁爱""立人""达人"的"双赢""多赢"哲学，能够照顾各方面的利益，获得各方面的支持，从而真正担当起促进亚洲共同繁荣的发展重任。三是中国可以在亚洲经济一体化的进程中发挥更加积极的作用。目前，日本、中国、印度都在积极争夺亚洲盟主的地位，美国也想在亚洲谋求更大的利益。如果能以儒商文化来促进亚洲经济一体化，那么，中国的作用和地位将无可替代。

七、儒商文化是与世界文明合作与对话的平台

随着中国的对外开放，尤其是加入 WTO 后，中国正在迅速地融入经济全球化体系。在这个过程中，西方发达国家以其经济、军事和科技上的优势，试图把他们的文化观念、价值标准、生活方式强加于发展中国家。发展中国家的民族文化和价值观念面临着来自西方优势文化的冲击和挤压，面临着丧失自我、沦为发达国家附庸的危险。如果处置不当，最终将葬送自身的经济现代化。因此，儒家智慧在经济全球化的今天仍然有其现代价值。

（一）儒商文化一些观念与全球化伦理遥相呼应

一是义利之辨。这是儒家思想的一个重要特色。孔子说"见利思义，见危授命""义然后取"。孟子主张先义而后利。义利关系引申来说也是义务和权利的关系问题。义务高于权利，整体高于个体，这是儒家思想也是东方文化的一个重要特点。西方许多有识之士已经发现强调个人权利、忽视社会义务的弊端，并力图加以纠正。美国已故的肯尼迪总统曾向美国青年呼吁："不要问国家能为你们做什么，而要想想你们能为国家做什么。"这也说明儒家思想中的义务原则更能适应当今全球化的需要。

二是"己所不欲，勿施于人"。孔子说"仁者爱人""己所不欲，勿施于人"。在世界上许多不同的文化宗教中，都包含着与孔子上述说法大致相同的训条。所以，"己所不欲，勿施于人"又被称作全人类伦理的"黄金法则"。

三是诚信观念。孔子提出了"讲信修睦"的口号，认为在人与人的交往中要讲信义，做到以诚相见、言而有信。西方"二十二条商规"中的第十一条就是"坦诚相见的法则"，认为诚实是最好的策略。美国经济学家米尔顿·费里德曼把诚信看作是资本主义发展的文化前提之一，认为"诚实可信能最大限度地降低交易成本"。

四是宽容妥协。孔子做事总是留有余地，从不过头。当他的学生问他有没有可以终生信守不渝的一句话时，孔子回答："那大概就是宽恕罢。"彼此宽容和相互妥协是人类不可缺少的美德，也是人类社会文明和进步的标志。《世界人类义务宣言》把诚实与宽恕列为人类最重要的义务和责任，指出"应当促进人类之间的宽容和尊重，而不应当煽动仇恨"。

（二）继承儒家道德准则，用儒家思想智慧应对全球化挑战

一是中庸之道。就是恰到好处地掌握分寸和火候，既不太过也无不及。孔孟都反对走极端，主张在对立的两极之间保持某种平衡。在对待全球化的问题上，我们既要反对全盘接受、完全认同的观点，也要防止根本否定、完全拒绝的观点，而应该积极学习、为我所用。

二是和而不同。"和"是求同存异，"同"则是为同而灭异。"和而不同"就是在保持差

别和个性的前提下达到和谐一致,是多样性的统一。"和而不同"承认多元化,认为不同的国家和民族可以有不同的路径选择。所谓"条条大路通罗马",也是同样的道理。

三是通权达变。就是强调灵活性。孔子说过:"可与立,未可与权。"(《子罕》)这是一种思想方法,更是一种人生智慧。善于通权达变的人往往能走出"山重水复疑无路"的绝境,开创"柳暗花明又一村"的新局面。

八、儒商文化是地方经济与世界接轨的桥梁

山东厚道鲁商促进会的会长,如意集团董事局主席邱亚夫说:"山东是孔孟之乡,山东企业家们承载着善良的文化,厚重的文化,德行的文化,但是缺乏国际视野,缺乏竞争文化。"以国际眼光、国际视野参与竞争,抢抓机遇,整合全球时尚品牌的资源,才形成了今天的时尚如意,使如意集团脱颖而出,成为中国纺织界的后起之秀。邱亚夫还说:"作为山东企业家,坚守厚道鲁商的文化追求理念显得尤为重要,儒家文化深深的积淀是企业长治久安的思想基础,发展和兴旺的理论保障,只有真正理解儒家文化的精髓,以德行为载体的精髓,企业才能更好地发展。"

儒商的诚信让产品值得信赖,儒商的厚道让生意做得长久,儒商的开放让企业走向世界,儒商的家国情怀让企业更具使命担当。2018年9月,首届山东儒商大会在济南举办。大会汇聚了来自国内外工商界、教科文卫界、金融界、海外社团及侨界、新生代和青年创业者等众多嘉宾,他们交流着增进友谊、加深情感的共同话题,共商发展经济大计,通过儒商文化架起地方经济与世界接轨的桥梁。

第二章 儒商文化的历史沿革

儒商、儒商文化以及儒商行商之道，在现代社会仍然具有不可忽视的重要价值。在企业经营方面，它们传承下来的智慧与德行，可以与当今西方主流管理思想和经营理念共同发挥作用。我国的本土企业要实现更快、更持续的发展，并且具有明显的中国特色，完全可以从儒商之道中，寻求传统的"新鲜血液"。儒商是具有儒家思想并将其运用到商品经营活动中去的商人，是"以儒术饰贾事"者。儒商是一种历史现象，是"儒人理念型"的商业实践者。"诚"，是儒商思想的精髓，它是贯穿在从"天道"到"人道"再到"商道"实践中的重要德行。而儒商的内在价值取向又成为其"商道"的形成因素和重要体现。"商道"就是对儒商经商活动的经营理念、管理思想等方面的总结，也是儒商取得成功的经验总结，它具有内在的层次性，并且各层次都具有各自的价值功能。将西方经营理念与儒商之道做比较，可以看到二者在管理基点、管理手段和管理组织方式上存在明显的差别，需要现代企业灵活运用。儒商之道对现代企业经营具有指导作用，主要体现在企业基本经营理念、经营管理的基本方式、管理的根本手段以及企业家的成功之道上。

第一节 儒商产生的历史渊源及其动力

儒商是一种历史现象。任何社会现象，包括儒商在内，都不可能凭空而出，因此，社会学强调要有历史意识，借此鉴往知来，高瞻远瞩。根据司马迁在《史记·货殖列传》中所载，孔子的门生子贡是个结驷连骑、与列国诸侯分庭抗礼的商人，可以算是儒商的鼻祖。有些人推得更早，譬如将郑国的弦高、越国的范蠡等视为儒商。不过那时的孔子还未出世，儒学尚未建立，但他们算是具有儒商特征的商人。儒商虽然古已有之，但是作为一种引人注目的社会现象，大体始于明代中叶。就在那个时候，中国社会首次出现大规模的"弃儒就贾"运动。正如人口迁移现象一样，中国历史上这次职业转向浪潮，也是拉力与推力相互作用的结果。

一、商业活动对读书人形成拉力

拉力是指从商的机会和吸引力。明代中叶以后,中国的商业发展已大大地超越了以前的历史水平。除了社会生产力的自行累积外,还有两个重要的促进因素:一是南北大运河的开通,使物流便利;二是当时中国的经济活动已经进入世界市场。江南生产的丝绸布匹,远销西欧、美国、拉丁美洲、印度、南洋及日本等地,从而刺激了这个地区的商品生产和贸易的发展,推动了市镇的进一步扩大。商业活动对于立志考取功名的读书人,也具有拉力。读书人与文字为伍,不习惯粗重的农作生涯,加上从商可以大幅度提高物质生活水平,所以明代中叶之后,面对仕途壅塞,他们很自然地会想到在商场一展抱负。以清代乾隆年间徽州婺源人洪胜为例,他"少时实贫力穑……稍长,遂慨然曰:'大丈夫即不扬镳皇路,一展生平之志,胡郁郁久居田舍为?'乃挟赀斧以经营广丰。务农无法有出头之日,而事实证明经商很快可以致富"。

二、贫穷和读书人仕途不畅形成推力

在贫瘠地区,推的力量较为迫切。以徽商和晋商这两个明清时期的主要商帮为例,都是由于山多田少,粮食不能自给而相继出外经商谋生的。当然,中国贫瘠的地方还有很多,徽州、山西以及毗邻的陕西之所以能够崛起成为主要商人出产地,还须配合拉的因素。徽州靠近苏浙地区,这里的商品经济自明代中叶以来就很发达,为徽州商人开辟了一条经商谋生之路。至于晋陕商人,也因为临近边关,靠供应守军粮饷,换取"盐银"而获利致富。正当商品经济快速扩展,从商机会大大增加的时候,对于读书人来说,科举制度并没有随着人口的增加相应地增加录取名额,竞争日趋激烈,仕途显得越来越窄。读书人苦于无出路,自然积聚了推的动力。明清时代士人从商的推拉因素,不排除商人社会地位低贱与商业活动的可观回报的纠结,他们在荣誉与物质利益之间角力、挣扎,当决定投笔从商之前,读书人内心必然经过一番又一番博弈。而为势所逼不得不弃儒就贾。黄梅原"独为双亲故,行贾以为养";畲文义"家素贫,弱冠行贾";洪辑五"幼习举子业……旋以家贫亲老,遂弃而就商",等等,都是实例。

三、"新四民论"是商贾渴望改变自身地位的心声

王阳明在《传习录拾遗》中说:"虽终日作买卖,不害其为圣为贤。"此说被称为"新四民论"。明清时期,很多商贾已经积累下了雄厚财产,他们越来越不甘于自己卑贱的社会地位,于是他们重新诠释了四民关系,试图将商人地位提高,甚至与士人相提并论,如"四民异业而同道"。余英时认为,这个说法的新颖之处,在于肯定士、农、工、商在"道"的面前处于平等地位,只是分工不同,不复有高下之别,故誉之为划时代的文献。"新四民论"不只尝试模糊士与商的界限,而且将二者相提并论,譬如徽州商人汪道昆的"良贾何负于闳

儒"和《汪氏统宗谱》中的"贾何后于士"。当时的商人为了提高自己的社会地位，还不惜买官鬻爵。买回来的官衔，毕竟不够馨香，所以"贾服儒行"就成为明清商人解决"地位失衡"而向儒士趋近的主要方向。也就是说，所从事的职业虽是商贾，却以儒士的价值和风格相尚，譬如程得鲁"虽服贾，其操行入诸儒"，许思恭"治贾不暇给，而恂恂如儒生"，等等。许多商人本来就是儒生出身，很自然将儒生的价值观和生活方式带到商界，形成了划时代的"视域交融"。

第二节　儒商文化的四个发展阶段

一、先秦时期为儒商文化奠基

（一）工商食官

工商食官是西周春秋时期工商业发展的基本制度。手工业者和商贾都是官府管的奴仆，他们必须按照官府的规定和要求从事生产和贸易。"工商食官"按三国时韦昭的解释是："工，百工；商，官贾也。《周礼》曰府藏皆有贾人，以知物价。食官，官禀之。"工商食官是商、周时期农村公社制度存在的前提下工商业的一种发展模式，也是国家对工商业的一种管理制度。既有"公"的性质，又有"私"的特点。它是社会分工尚不发达的产物；夏商时期出现，周代达到鼎盛，春秋末期遭到破坏，战国时期解体；官营工商业占据绝对优势；是农村公社制度下的产物。

（二）自由商人崛起

先秦时期的生产力水平低下，商业活动规模小。到了春秋战国时期，随着社会生产力的发展，农业、手工业不断发展，自耕农、私营手工业者和家庭手工业者大量出现，社会的发展需要商业活动的自由发展，自由商人应运而生。自由商人的崛起使"工商食官"的局面被打破。在这一时期，商人不再是那种小规模的经营。如果说殷商商人是在摆地摊，那么，这个时候的商人就是在开商城了！

商人最早主要活跃在殷商故地宋、卫、齐等国。后来，社会的大变革、大动乱给了商人更多机会。商人被诸侯们看作信息传递的载体，使臣出使别国往往带很多特产，商人们就会伴随左右，来往于列国之间。外交谈判的成功，会带来两国边境之间频繁的贸易商机。而谈判失败，就会把注意力转移向其他更多的国家。在这种外交战争中，商人的生存能力得到历练。

春秋战国的纷争格局，使诸侯列国放松了对商人的管控，而且大多数诸侯国都看到发展商业的好处，大力支持商业和自由贸易的发展。齐国、宋国这些国家自开国以来就在推崇商业，逐渐发展成为这个时代最富裕的国家。齐桓公称霸诸侯之时，曾经与列国签订盟约，规定"无忘客旅"，以保护来往于列国的客商们，"无遏籴"就是要保护粮食的自由贸易，数年之后还通过降低关税、市税来保护列国商人的利益，这种政策流行于诸侯列国。

管仲把商人们派驻到各地的商贸市场，"察其四时而监其乡之货，以知其市之价，负任担荷，服牛辂马以周四方，料多少，求贵贱，以其所有易其所无，买贱卖贵。"就是商人们是监督和管理市场的重要媒介，看到市场的价格变化，就能看到人民的生活状态。这是管仲从经商之中获得的启迪。齐国经管仲推行的商业政策，发展成为当时相当富庶的国家，后世很多商人将管仲视作祖师爷。管仲指出，"仓廪实而知礼节，衣食足而知荣辱"，商人们最有体会，他们低买高卖，资金流的运用是最为娴熟的，经过数百年的努力耕耘和奋斗，商人步入社会主流。在列国贵族眼中，商人的重要性不同于过去。

对待商人的态度变得较好的还有郑国。当年秦国偷袭郑国的时候，郑国有个商人凭借一己之力骗得秦军撤退，郑国因此转变对待商人的态度。郑国对商人甚至有"世有盟誓，以相信也"的承诺。

晋国的晋文公"轻关易道，通商惠农"，推进商业与农业的融合发展，就是要大力招商引资，把外国的繁荣商业引入晋国，以发展晋国的农业生产。晋国的经济政策得益于此。晋文公为晋国带来经济腾飞的根基，此后百年之间，晋国"国无滞积、公无禁利"，商品贸易的快速发展推动了晋国的强大。

孔子在鲁国执政的时候，对商业非常重视。他积极整顿商贸秩序，打击伪劣产品。商人的地位在有识之士心中得到提升，商业成为振兴国家的重要产业。

从春秋后期到战国时代，生产力水平的提高促进了工商业的发展，出现了专门从事经营的商人。孔子的弟子子贡术善学明，转货致富，积累千金，乐善好施，品德高尚，为儒商文化的发展起到至关重要的作用。范蠡不仅是一位政治家、军事家，还是一位实业家，他"累十九年三致金，财聚巨万"。他是春秋末期崛起的杰出商人，被后人尊称"商圣"。战国时期的著名商人白圭，善于预测市场行情，善于用人，薄利多销，抓住时机经营。不仅取得了经营的主动权，还获得了丰厚的利润。其商业经营思想，对后世影响深远。

（三）士商合流

先秦时期，孔子及其弟子子贡是士商契合的典范。子贡亦儒亦商，不仅是孔门德行、言语、政事、文学"四科"中屈指可数的学有所长者，而且善于预测行情，及时买卖货物，因而家累千金，富比陶朱。更为突出的是，子贡的经商谋利与孔子的游说传道相互结合，相得益彰，将士商契合引入最佳状态："子贡结驷连骑，束帛之币以聘享诸侯，所至，国君无不分庭与之抗礼。夫使孔子名布扬于天下者，子贡先后之也。此所谓得势而益彰者乎？"由于孔子及子贡等人的努力，在早期儒学中孕育出"义以生利，利以平民"的儒商精神。

范蠡集士商于一体，居家则至千金，居官则至卿相。早年在越国跟勾践打江山，立下赫赫战功，官至上将军。后来隐姓埋名到了齐国发展经济，然后被重用为宰相。他善于急流勇退，最终又辞官到陶邑经商而致富。他乐善好施，乐于帮助别人，留下富而行其德的美名。但由于后期经商，尚有商人穿鞋必须着一黑一白之劣规，故范蠡一生虽有辉煌业绩，然终因弃官经商的经历使他无缘与历史名人共同载入史册。

二、中古时期是儒商文化的成型阶段

在漫长的中古时期，儒家和商人地位不断变化。虽然一定时期商人地位有所提高，但总体来看商人地位相对低下的事实一直没有发生根本性改变。

在战末秦初，吕不韦是一位著名的商人、政治家和思想家。此人多才多艺，不仅会赚钱，而且还会做官，并撰写了著名的《吕氏春秋》一书。他用一本生意经赚到了一人之下万人之上的地位，对于一个社会地位低下的商人来说，能做到这一步很不容易。他虽然生活上不检点，没能真正运用儒家思想从事商品经营活动，但不能不算是秦朝最成功的商人。而且是秦朝士商一体的典型代表。

吕不韦本来是一个普通商人，却因为一个机遇彻底改变了他的命运。秦昭王四十年，秦国太子病逝后，立安国君为太子。安国君的儿子子楚被派到赵国当人质。吕不韦在赵国做生意时结识了子楚。吕不韦怂恿子楚一定要争夺君位，他分析了子楚的不利地位，并资助子楚贿赂安国君的正室华阳夫人，然后收买华阳夫人和安国君身边的宾客。子楚也比较会办事，最终顺利登上了君位。成为历史上的庄襄王。庄襄王死后，太子嬴政即位。吕不韦因和太后私通，被驱逐出了京城。吕不韦感到自己处境日渐窘迫，便喝下毒酒自尽。

官商结合者很少有得善终者，一旦商人与政治牵扯在一起，其下场大多是很悲惨的。

（一）重农轻商与榷沽制

重农轻商是中古时期历代封建王朝最基本的经济指导思想，其主张是重视农业、以农为本，轻视甚至限制工商业的发展。从战国时期的李悝变法，把农业看成是财富产生的唯一源泉，"农伤则国贫"，主张禁止奢侈品的生产；到商鞅变法，把农业视为"本"，把奢侈品的生产和流通称为"末"，规定奖励耕战，认为重农必须抑商和禁末。韩非子"富国以农"的经济管理思想，认为农业即国民经济，国民经济即农业，否定工商业，"仓廪之所以实者，耕农之本务也，而綦组、锦绣、刻划为末作者富。"他把工商之民视为社会"五蠹"之一，把工商贬为末。西汉时出现"重农抑商""重本抑末"等观念。汉文帝采取一系列重农措施。汉武帝时代，儒家思想占据上风，但商业活动受到抑制。推行的政策是：迁富商大贾于茂陵，不诛而害除；鼓励告发隐匿财产行为；征收重税；以商治商；商人买爵买官，拜爵入仕；国家垄断，官僚经商。

榷酤制是汉代以后政府所实行的酒专卖制度；也泛指一切管制酒业取得酒利的措施。天汉三年（公元前98年），始榷酒酤，垄断酒的产销。后历代沿之，或由政府设店专卖；或对酤户及酤肆加征酒税；或将榷酒钱匀配，按亩征收，等等，用以增加政府财政收入。宋代周煇《清波杂志》卷六："榷酤创始于汉，至今赖以佐国用。"《元典章·户部八·私造酒曲依匿税科断》："榷酤之法既已废，酒醋课程散入民间。"直到清初恢复经济时调整政策，都存在重农轻商倾向。

（二）达官显贵与民争利

唐代宽松的商业政策被官员、贵族和外商所利用，这些人成为商业活动的主角。几乎无官不商，涉足所有能赚钱的商业领域，如碾硙（niǎn wèi，利用水力启动的石磨）业、买卖奴婢、放高利贷、邸店（供客商堆货、交易、寓居的行栈）业、房屋租赁、长途贩运、丝织、边疆贸易、海外贸易等。另外，各级官府、僧人、道士、波斯商人的商业活动盛行，而中小商人的生存与发展则很成问题。

（三）儒、商的分野

唐朝在法律上就贬抑商人地位。士农工商，儒者为四民之首，商人为四民之末。唐太宗直接发号施令："工商杂色之流，不得与贤士君子比肩而立，不得与士大夫同坐而食。"朝廷规定工商不得入仕为官。儒与商分野，儒商几乎消失。

（四）与士大夫共治天下

宋朝是以文人治国，科举考试录用庞大的进士队伍，中举者为官从政，失利者为士从学、从教，他们都是儒者。士大夫受到尊崇，成为皇帝的合作伙伴。这时的社会是一个官社会，在朝有科举功名的大儒和在野的普通士人为社会精英。一至九品的官员之家可免除徭役和一定的赋税，其子孙以恩荫入仕，通过出钱或纳粟买官入仕者，则正七品以上。各级官员享有朝廷颁赐的俸禄。他们一般都是官僚地主，很多官员兼营商业，集地主、官僚和商人的身份于一体。

士人没有官员的政治权力以扩张其利益，可以豁免差役，但要缴纳赋税，是地方官依赖的精英力量。他们作为官府与民众沟通的桥梁，发挥政府与民众矛盾调节器的作用。官员掌控政治，士大夫掌控社会，儒士成为政治和社会的主流。

（五）商人地位发生微妙变化

在宋代，儒者仍是主流，商人地位卑微，儒者与商人悬隔。后来，恤商政策促进了商业的发展，商人地位得到提升。到北宋中期，商人获得科举考试资格，但重农抑商，排斥商人的局面依然没有根本改变，儒者仅仅通过商业富民强国。官府与民争利，王安石变法将国家垄断推向巅峰。南宋以后，反对重农轻商的思想家相继出现。大量从土地中解放出来的农民投入商业手工业中，民间经济得到突飞猛进的发展。宋朝推行的政策使商业兴旺，商贸高速发展，钱庄业迅猛崛起，出现了世上最早的制造工厂和加工工厂。一些私办的工厂也相继大量地出现与繁荣。宋代的货币形式与种类丰富。铜钱、银锭是宋朝的本位货币。在这一时期，出现了世界上最早的纸币"交子"，这为商业的高速发展起到了推动作用。

宋代调整了历代立法中重刑轻民的传统做法，义利并重，重视经济立法。注意到了国家与经济活动者之间的利益分配关系，顺应了商品经济规律。国家财政收入的主体由农业转向工商业。宋朝是中国社会市民阶级正式产生的年代，大批的手工业者、商人、小业主构成了宋朝的中产阶级。他们经济富足，又有自己独立的价值追求。市民富裕闲暇的生活及审美趣味和生活情趣促成了宋代文化的高度繁荣。宋代开始大规模地实现城市化，首次出现了以商业为中心的大城市。新兴市民阶层的诞生、富庶安逸的生活使宋人消费意识增强，从而极大地刺激了茶坊酒肆、娱乐业等第三产业的繁荣发展，夜晚的城市里灯火通明，叫卖声到天明。

虽然如此，商人地位还是很低，因为这一时期"重农轻商"的政策还在延续，商人为"士农工商"四民之末，"社会贱商人，商人已富贵矣"。商人通过与官员联姻来提升自己的地位。在自给自足小农经济占主导地位的社会背景下，商人的地位是不会太高的。

（六）儒士的优势逐步沦丧

元代的儒户政策上接唐宋遗规，但给予的优惠待遇与明清时期并无二致，其纳税政策如同其他民户，但其享有的免徭役、丁赋特权则高于民户，儒士的政治地位失坠。因元代施行"诸色户计"制度，按照职业将公民分为十等，在南宋遗民谢枋得与郑思肖笔下，所谓七匠八娼、九儒十丐。代表知识分子的儒户低于娼妓，位列第九，仅高于乞丐。民间便盛传"九儒十丐"之说，随后演变为今日所见之"臭老九"，用以贬低读书人。但是，谢枋得承认，自己写下的"九儒十丐"之说，不过是句玩笑，并非真实反映元代读书人的境况。只是民间流传，以讹传讹成为贬低读书人的词汇。

事实上，元代的读书人是受到元王朝一定优待的。儒户是元代出现的词汇。为了招纳那些在战乱中流离失所的儒士，给予他们免除赋税、劳役的特权，同时也为元朝积累一定的人才，起到为国储才的作用。所以元代设置的"儒户"，是一个保护儒士，给予儒士特权的政策。关于马匹的使用问题，元代严令民间不得拥有和骑乘马匹。而儒士却不受此管束，只要办理相关手续，即可骑乘甚至拥有马匹，足可见元王朝对读书人的重视。

元代科举考试参与竞争者空前之多，儒士与医生、商人等群体竞争，录取数量少。儒者失去往日风光。尽管读书人地位相比宋代有所下降，但不至于沦落到"九儒十丐"的地步，更不是"臭老九"。

（七）商人地位空前提升

元代的重商主义惠商政策使商人地位大幅提升。惠商政策包括保护商贾安全，救济商贾困难，减轻商税、鼓励经商，选拔商人为官。而儒者政治地位的降低，使二者拉近距离，变得彼此熟悉。儒者为了谋生做起生意，成为儒中之商；商人中出现读书之人，成为商中之儒。

（八）世俗化的儒者

明初，朱元璋给儒士入仕为官提供了更多机会，然而，他们薪俸微薄，受到严格看管，稍不留神，便遭革职查办，甚至性命难保。这一时期，只有少数读书人享有国家补贴，多数生员要为生计奔波。商人凭借经济实力获得生员资格，贴上儒者招牌。真正的地方精英是有功名、有势力者。读书人为了生计，即使做了大官，也要通过舞文弄墨换取薪酬，或者做生意赚取利润，使儒士陷入了世俗的泥潭。

（九）商人的高雅化

朱元璋依靠士大夫和商人缔造了大明伟业。开国之初推出惠商政策，但后来商人遭到严厉打击。然而，商人毕竟有利于社会和政治经济的发展，在社会中扮演着重要角色。他们肩负了更多的道义和责任。商人向上提升，儒者向下降落，二者被陶冶熔铸到共同的社会中。儒者世俗化，而世俗的商贾却变得高雅了。儒商因此全面崛起。

（十）开中法与折色制

从14世纪到18世纪的400年间，中国北部边疆的国防，需要通过商业补充军需物质，这就促进了商帮和儒商的崛起。在北部长城沿线，在军需物资方面，明太祖推行军屯自给，同时，通过市场运作解决自给不足。这一时期实行的开中法，是政府以盐、茶等商品为中介，召募商人输纳军粮、马匹等物资的方法。明洪武三年（1370年），因山西等边地急需军粮，政府募商人输粮换取盐引，凭引领盐运销于指定地区，称为开中。四年（1371年），制定中盐则例。计道路远近，运粮多寡，考虑中纳商人能否获利等因素，以确定粮引兑换额。以后，政府根据需要，陆续实行纳钞中盐法、纳马中盐法、纳铁中盐法及纳米中茶法、中茶易马法等，从而动员盐商输转粮饷等军需物资。例如盐商输米数斗至数石到边塞，户部允许贩盐1引，每引200斤，以盐价抵米价。这实质上就是物与物的商品交换。

明弘治五年（1492年），户部尚书叶淇用折色制代替了开中法：将粮、盐折合成白银，盐商只要用白银购买盐引，即可支盐销售，政府用出卖盐引收入，从商人手中购买粮食。这种做法拓展到所有军需物资。用货币取代实物交易，银本位确立。这就具备了商品货币经济的特征。商人由盐商、军需商转化为边贸商。同时，商人还充当敌我双方沟通的中介。这种政策为清政府所继承。

三、近代儒商文化的发展

清朝后半叶，政府推行重农抑商、闭关锁国政策，儒商文化的发展陷入低谷，但其内涵仍不断发展。

（一）鸦片战争把中国推到陌生的世界

鸦片战争使中国变成主权概念上的民族国家。国家需要与其他民族国家激烈竞争，重新进入战国时代。农耕文明，受到欧美海洋工商文明的强有力挑战。由儒学外化出的中国式典章制度及文物器具，渐渐不合时宜。旧的务外儒学，已不符合新时代的需求。传统的典章制度，与西式器物工具的生产与使用格格不入。

康有为的《新学伪经考》为清算旧的典章制度做了理论上的铺垫。他学习董仲舒更化改制，强调安学习西方，使中国不断向前进步，以实现西方式的富强。他站在今文学派立场上，斥责古文经书都是"伪经"。他在《孔子改制考》中，把孔子塑造成了一个为救世而"托古改制"的教主。"六经"乃孔子为推行自己的政治主张而创作的宣传品。他用进化论观点，看待历史的发展，将历史的进化分为据乱世、升平世、太平世三个阶段。在未来，从短期看也有三世：治世、衰世、乱世，一治一衰一乱三世循环。他认为清朝末季，最糟糕也最光明。衰世已降，而乱世已露端倪，正处在一个由升平世而入太平世的门槛上。如积极更化改制，拯救乱世，中国就会步入太平世，最后由乱世致小康，由小康致大同。

康有为为今文经学张目，妄自尊大，又受王守仁心学末流的影响，既要乱学，也要变道。他所崇的孔子是他为了自己的政治理想而想象出来的一个道具。其学说本质上是否定孔子之学、否定六经、否定整个儒学道统。其目的是为了摆脱传统的强大惯性，由自己根据时代的需要，遵循儒家的基本原则，再造一个新的康氏儒家，以应对西方的挑战。康有为并没有成为新儒家的圣人，他推动的"维新变法"也未成功。

如果遵照黄宗羲的路子，改造务外儒学以维新，或许成功的概率要高许多。黄宗羲本欲维护儒学不坠，明学术而正人心；但却因他而学术分歧更大，人心迷惑更重。其学说成了"新文化运动"的重要思想资源，孕育出两大恶果：一是全盘否定以儒家为核心的传统文化，二是全面怀疑中国的典籍与古史。

清末民初时期，自然经济仍然在社会经济中处于统治地位。但外资经济、洋务经济和民族资本主义经济相继出现，中国经济结构、产业结构都发生变化。洋务运动使中国迈出了工业化步伐。自然经济的逐步瓦解，外资经济、洋务经济以及后来的官办企业、民族资本主义经济的出现，使资本主义生产关系代替了封建的自给自足的生产关系。经济结构的转变对中国的经济社会造成巨大的影响，推动了政治的变革。清王朝的覆灭，中华民国的成立，和经济结构的变化密切相关。

（二）晚清时期三大著名商人

胡雪岩，安徽绩溪人，名光墉，字雪岩，生于1823年，因依靠左宗棠，力助其西征及开办洋务，其所办的阜康银行由此左右逢源，一时威风无二。后由左宗棠出奏保荐，受二品顶戴，赏穿黄马褂、赐紫禁城骑马之殊荣，成为名噪一时的红顶商人。

盛宣怀，字杏荪、幼勖、杏生等，江苏武进人，1844年生人。在中国近代工商业发展史上，占有极其重要的位置。中国近代的轮船、矿山、电报、铁路、纺织等产业的建立和发展，无一不是在他的直接控制或参与下完成的，此外，他还是上海交通大学、天津大学以及张裕葡萄酒公司的创办者。

王炽，1836年出生，云南弥勒县（今为弥勒市）虹溪人，字兴斋，年轻时因斗殴杀死表兄后逃至重庆，与旅渝滇商合营"天顺祥"商号，来往川滇互贸。随后又与席茂之在昆明合资开设"同庆丰"商号。清廷先后赐他四品道员职衔，恩赏荣禄大夫二品顶戴，诰封"三代一品"封典，成为中国封建社会唯一的一品红顶商人。

四、现代儒商文化的创新

从19世纪末至20世纪40年代，是儒商文化向现代化发展的时期。这一时期的商人都是怀着"实业救国"的共同信念，在发展民族工商业的同时兴办学校，发展教育事业，同时努力传播爱国思想。他们虽然是资本家，但无不怀着崇高的爱国精神担起了挽救与振兴民族工商业的重担，承担起了企业家的社会责任。

在中国工商业振兴的这段黄金时期，曾经活跃着一批代表了中国前所未有的新式工业和精神面貌的民营企业家，如南通大生集团创始人张謇、无锡的"面粉和纺织大王"荣宗敬和荣德生兄弟、上海"棉纱大王"穆藕初、中国"重化工之父"范旭东、民生公司创始人卢作孚和"火柴、煤业和企业大王"刘鸿生等。那时，中国战争不断，民不聊生，生灵涂炭，直接影响民营企业的正常生产。但是他们的出现，造就了中国民族资本主义发展的短暂春天。"吾观于此，乃知勤勉、节俭、任劳耐苦诸美德，为成功之不二法门。"张謇曾这样说。他把企业很多利润都投入了公共事业上，以至于南通这个曾经不为人知的小县城，作为"南通模式"的载体一跃享誉全国。

（一）实业救国，教育救国

作为中国20世纪初民族工商业创业家的一代巨子，张謇以实业、教育、宪政为三个主要支点，开中国近代社会现代化风气之先河。虽然在规模和深度上无法与19世纪英国维多利亚时期的企业家相比，但在开启中国商人特有的企业家精神上他们并无二致。

除了冒险、创新和牺牲精神外，中国近代企业家把他们个人的成功和时代的需求紧紧结合在一起，在那样一个积贫积弱、数百年来处处落后的情境下，他们深信实业能够拯救一个国家和民族。

重庆人卢作孚思想进步，早年参加同盟会，积极投身辛亥革命运动。而卢作孚先生在"教育救国""实业救国"上是少数真正付诸实践而取得成功的人。他办学校、办图书馆又致力于教育事业，在泸州进行新教育试验、于成都创办"成都通俗教育馆"，建起了中国西部科学院，将教育与实业融为一体。

范旭东是范仲淹的后裔，曾留学日本，在京都帝国大学攻读应用化学，立下"科学救国""工业救国"之志。他受"实业救国"思潮的影响，"先天下之忧而忧"，毅然投身商界。

荣氏家族在我国是一个传奇的家族。荣氏兄弟是商业界一对最佳组合。

哥哥荣宗敬(1873—1938)和弟弟荣德生(1875—1952)

荣氏兄弟是江苏无锡荣巷人，他们早年在钱庄当学徒，后走上创业道路。1896年，荣氏兄弟开设广生银庄，业务兴旺，但他们认为"钱庄放账，博取微利"，不如投资实业。当时，他们目睹免税的外国面粉大量进口，销路甚畅，漏卮日盛，遂决定筹办面粉厂。1900年10月，他们以6 000元钱庄盈利作为资本，与人合伙创办了第一个面粉厂——保兴面粉厂，产品极受欢迎。荣氏兄弟之后又创办多家企业，是著名的民族企业家。

荣德生创建了江南大学，进一步发展了教育事业。从造桥修路到捐资助学，或兴办学校，民国时代企业家对公益事业的热忱始终受到社会舆论的肯定和历届政府的鼓励。他们的做法早已超越一般做善事、关心公益层面，而是体现了近代企业家群体在推动工业化的同时，推动城市化和整个国家现代化的用意。他们重视人才培养，致力于发展文化教育和科研。

荣氏兄弟在无锡的"劳工自治区"给职工提供各种福利，如免费医疗，带薪休假（服务一年者经主管同意休两周，满10年者可休3周）。

（二）不耻言利，争取经济自由

民国时期的商人不耻言利，在商言商，理直气壮地争取经济自由。中国的文化传统重义利之辨，耻于言利，孟子叫"何必曰利"。中国民办企业发展很快，这与清末的新政、"一战"造成的外国资本暂时性收缩，与军阀混战期间的地方自治和中央政府干预减少、全国性的官商垄断势力减弱有关系。

在兵荒马乱的年代，商人的经济自由更多一些，类似于思想文化，也是在这种时期更为活跃更为丰富多彩。他们共生共赢，劳资两利，明智地处理己与人、近利与远功的关系。"如果一个社会的经济发展成果不能真正分流到大众手中，那么它在道义上将是不得人心的，而且是有风险的，因为它注定要威胁社会稳定。"（亚当·斯密）。

（三）一人发财，不能让别人倒霉

"企业大王"刘鸿生在他早年"跑街"推销煤炭时就认识到"一人享福，万人受苦的日子不太平""最愚蠢的人，就是想一个人发财，叫别人都倒霉"。刘鸿生在经济困难时期不裁员，而是办各种补习班、训练班，甚至送员工到国外培训，或请外国专家来厂传授技术，让码头公司职员学习英语。

民生公司规定，每年从盈利中提 3.5% 用于职工文化事业费。他为职工提供的福利待遇甚至比如今的一些国企做得还要好。

"上海银行"的创办人陈光甫，第一个推出"一元起存"、零存整取、整存零取、不弃贫民的服务方式，他的口号是"人争近利，我图远功；人嫌细微，我宁烦琐"。正是这样的理念，才使他的私营银行立住了脚，并且越做越大。

这些现代企业家注重诚信，有强烈的质量和品牌意识。这与他们的爱国心、服务社会的责任感有关，也与当时对外、对内激烈的市场竞争环境有关。他们是把企业当千秋事业来办。冠生园创办人冼冠生的经营理念是"本心，本领，本钱"，要求"一切产品，卫生第一"，绝不容许用劣质或变质的原料做食品。偶有一批果酱出货后发现有发酵变质的现象，他自请处分，并率公司人员上门各店号致歉，包退包赔。

（四）民国企业家敢于承担社会责任

民国时代，中国的企业家阶层担负起了他们能够承担的社会责任，奠定了中国民族工商业的基础。民国企业家的社会责任不仅要在当代商人身上传承，更要不断地传承下去，支撑起中国工商业的振兴富强之路。

（五）新儒商文化的创新与形成

1. 什么是新儒商

具有现代人文道德、有社会责任感，又具有现代管理能力、有创新意识的企业家，就是现代新儒商。他们有以下特点：

①以德为立身之本。
②坚持实践"利"与"义"相统一的价值观。
③勇于竞争和善于竞争。
④实施以人为本的管理。
⑤具有开拓创新的意识和能力。

同时，这些特点也是现代新儒商必须具备的最基本的素质。

2. 新儒商文化的特征

新儒商文化吸收了旧儒商文化的现代价值，传统儒商的"仁爱""民本""民生"思想，强烈的爱国主义和民族实业精神，"自强不息"的忧患、改革、创新、竞争精神，"反求诸己"的精神，这是中国现代儒商文化的思想源泉。

旧儒商文化中儒商道德"以义取利""诚敬待人""言信贷实""和睦谐调""勤俭廉洁"的合理内核，成为新儒商文化道德的重要内容。此外，传统儒商精神还是现代儒商经营管理的智慧宝库和企业形象设计的根据。

新儒商文化摒弃了旧儒商文化的地域性、宗法性、行会性，克服了家族经营、以官为本、忍让等缺陷，既具有现代生产力和现代经济活动的有关知识、智慧、眼光和文化素养，又具备同市场经济相适应的伦理道德意识。新儒商文化有如下的特征：

①新儒商文化的政治价值观体现为爱国主义精神与维护国家和民族统一的民族大义。

②新儒商文化的商业价值观体现为"经世济民"的商业理想、"创家立业"的功业意识和"治生裕后"的功利追求。

③新儒商文化的管理思想体现为以人为本，把人当作经营中最根本的、能动的因素，崇尚"贤主劳于求贤，逸于治事""人君崇明不贵察"等，通过对人的精神上和物质上的关心和激励，调动员工的积极性，实现对物的有效利用，创造出优秀的经营业绩。

④新儒商文化的工作伦理精神体现为具有勤勉敬业的工作态度、节俭寡欲的自律准则、百折不挠的奋斗精神和重群克己的合作意识。

⑤新儒商文化的职业道德规范体现为以义驭利的经营原则、诚信为本的行为规范、买卖公平的交易准则以及和气生财的处事方式。

⑥新儒商文化的经营之道体现为开明的家族本位经营组织方式、契约与人情相结合的交换方式、薄利多销的经营方针、因名求实的经营艺术、以和济争的经营方法和趋时应变的经营策略。

⑦新儒商文化的处事风格体现为稳健求实的办事作风、亦贾亦儒的生活方式和君子商人的人格理想。

第三章　儒商的五种道德意识

古代儒家思想在经济领域的具体应用，形成、积淀成为一套成熟的商业道德伦理，为华夏民族世代认同。特别是明、清时期出现的一些地域性商帮，在一些从商儒士感召下，秉承传统优秀儒家思想，在商业领域实践了"仁爱和谐、博济众施、义利兼顾"的传统伦理，被后世推崇，并冠之以"儒商"称号。许多人富甲一方，带动、发展了地域经济，有的举办公益事业，有的支持国家政治以及军事活动，体现了儒商的赤子之心和爱国情怀。从古代的端木赐，到近代的浙商胡雪岩、晋商乔致庸、鲁商孟洛川等，他们在中国历史的文化长河中产生了较大影响，受到后人褒扬。"仁爱善良、以义取利、欲而不贪、谦和为贵、自强不息"的道德意识根植于他们心中。

第一节　亲民仁爱　大道之行

"克己复礼，为仁"（《论语·颜渊》），"格物、致知、诚意、正心、修身、齐家、治国、平天下"（《礼记·大学》）。这些儒学思想在两千多年的社会发展历程中渗透、根植于中华民族世世代代内心。无论国家治理，还是国民治学、理财谋生，都受儒学博大精深思想的影响。"商"成为"儒者"修身、齐家、治国、平天下的一种手段。近现代儒商实际上就是传承传统儒家文化的"文化商人"的代称，他们从商秉承着"仁爱善良、仁者爱人"的儒家伦理，从而成就一番事业。

孔子的得意门生端木赐（即子贡）是十哲中"受业身通"的弟子。他以言语闻名，利口巧辞，善于雄辩，且有干济才，办事通达，曾任鲁国、卫国之相。他经商于曹、鲁两国之间，富致千金，有"君子爱财，取之有道"之风。"端木遗风"的诚信经商风气，为后世商界所推崇。后人称其为华夏儒商鼻祖，成为中国民间信奉的财神。汉代史学家司马迁在《史记》中对其评价颇高。唐开元二十七年追封为"黎侯"，宋大中祥符二年加封为"黎公"，明嘉靖九年改称"先贤端木子"。

端木赐遵循的是儒家的仁爱精神。儒家"仁爱"思想主要体现在"为己"和"成人"

两个方面。"为己"表现儒家的内修观，成人则是成就他人。儒家关于"仁"言论主要表现出对人的重视，充分表达了人文精神、对自己的价值追求以及对别人的道德要求。"仁者人也，亲亲为大；义者宜也，尊贤为大。"（《礼记·中庸》）。儒家文献中的"仁义"表现出了儒家爱亲重贤的思想。"厩焚，子退朝，曰：伤人乎？不问马。"（《论语·乡党》）。孔子的"仁爱思想"不是空洞的说教，而是现实生活中体现出的对人的关爱。

孔子主张的仁爱思想和"有教无类""诲人不倦"等教育思想都充分体现了对人的重视。所以，儒家的仁爱思想在当今时代仍具有超越时代的价值。

"仁"作为一种价值目标，是孔子设立的圣人所达到的境界。所以，宋朝朱熹说"孔子安仁，颜渊守仁，子路不违仁"。对于一般人来说，需要经过一番努力才能够达到"仁"的要求。"仁远乎哉？我欲仁，斯仁至矣。""求仁而得仁，又何怨？"（《论语·述而》）"仁者先难而后获，可谓仁矣。"（《论语·雍也》）因此，孔子要求人要时刻保持谦虚上进的心态。

孔子对人道德修养的要求在《论语》中体现颇多，如：

"子夏曰：'博学而笃志，切问而近思，仁在其中矣。'"（《论语·子张》）

"巧言令色，鲜矣仁。"（《论语·学而》）

"刚毅木讷，近仁。"（《论语·宪问》）

"人而不仁，如礼何？人而不仁，如乐何？"（《论语·八佾》）

"唯仁者能好人，能恶人。"（《论语·里仁》）

"当仁，不让于师。"（《论语·卫灵公》）

这些内容都是对人修身过程中的道德修养提出的要求。

儒家主张遵守秩序，各尽其责，以其公正之心评价别人；坚守正道，不畏强权。如，"克己复礼为仁，一日克己复礼，天下归仁焉。为仁由己，而由人乎哉？"（《论语·颜渊》）

"仁者以财发身，不仁者以身发财。"（《大学》）

人要控制私欲，节制感情，坚持中和之道：做人要率性而为，真诚为上，树立正确的财利观，不可有机巧之心。

"克、伐、怨、欲不行焉，可以为仁矣？子曰：'可以为难矣，仁则吾不知也。'"（《论语·宪问》）

"苟志于仁矣，无恶也。"（《论语·里仁》）

孔子要求人要从善去恶。"仁"作为孔子思想的核心，对人的道德要求从各方面进行了约束，归根到底，还是教人提高自身素质，做一个正直、真诚的人，能够做到"老者安之，朋友信之，少者怀之"，实现人生的价值。

儒家关于"仁"的言论，主要表现为对人们提出拥有仁爱思想的要求，即"仁者爱人"思想。"仁者爱人"是"仁"表现在人与人交往中最重要的一个价值观念，是众德之首。通过"仁者爱人"思想，影响和提高自身的修养，进而惠及众人。从《论语》中孔子与弟子们的对话就能得到证明。

"樊迟问仁，子曰：'爱人。'"（《论语·颜渊》）

子贡曰:"如有博施于民而能济众,何如?可谓仁乎?"

子曰:"何事于仁?必也圣乎!尧舜其犹病诸。"(《论语·雍也》)

"夫仁者,己欲立而立人,己欲达而达人,能近取譬,其为仁之方也已。"(《论语·雍也》)

历史上许多儒商人物在修身立德、为人处世以及经商实践中,做到了"仁爱""中和""正道",这从诚信经营、博施济众的各项活动中体现出来。

"仁德"作为儒家的核心思想,其根本在于"孝德"。孝悌之道在《论语》中有多处记载。如"君子务本,本立而道生,孝悌也者,其为仁之本与""弟子入则孝,出则悌,谨而信,泛爱众而亲仁,行有余力,则以学文"(《论语·学而》)。

孔子所提倡的仁爱,在家庭中就是对父母的孝、兄弟间的友爱、夫妇间的和气。只有家里相安无事,才能够去爱天下的人。所以说,孔子的"仁者爱人"就是从自己最亲近的人开始,随着自身修养的提高,有一个逐渐扩大的过程。所以,后世的儒士,包括儒商在内,一般都遵从孔子仁爱、孝悌思想,履行其孝悌义务,"家和万事兴""和气生财"。儒商的经营实践中实行仁义至上,有许多商人、商业组织、行会,以至于商业行业之间,做到了尽心奉献,忠于国家和民族大义。清朝末年红顶商人胡雪岩、东方商人孟洛川就是典型的例证。

儒家的仁爱思想对企业的文化再造和企业精神培育具有重要的现实价值。当代商业企业必须重视伦理道德意识的提升,积极从优秀传统文化思想中汲取营养,开办至仁至善的企业,用社会大众认同的价值观丰富企业文化,提升企业软实力,凝聚员工向心力,扩大企业影响力、增强商品市场吸引力。

仁爱思想作为一个普适性理念,适用于古今中外。"一带一路"作为国家在新时代的国际性多边合作倡议,通过国际共享的中国理念,共同打造世界命运共同体,实现国家、地区之间共建、共商、共享、共赢。在实现民心互通的基础上实现多方面的合作与文化交流。在中国企业不断涌进"一带一路"现实合作项目的建设进程中,要体现大国风范,让儒家思想根植于企业文化建设之中,让企业的人文关怀、大众认同的道德伦理、爱国敬业精神在企业发展中起到重要作用。

第二节 义利兼顾 利益丰民

儒家"义利观"是中国传统儒商文化的核心,最根本的主张是"以义统利"。孔子主张"见利思义"和正当致富,"富与贵是人之所欲也,不以其道得之,不处也"。孟子也"先义后利",把"义"作为重要的价值取向。在"义利之辨"文化思想影响下,特别是宋明以后,构成了中国传统文化中"贸易不欺三尺子,公平义取四方财"的商业道德。在中国历史上最为人所称道的晋商更是提出了"利以义修,名以清修"的诚信观。

商人在任何时期都应秉承一定的"取财之道"致富赚钱,以求得经济上的富裕、地位上的提升、荣誉上的认可。儒商也是凭经商而取利。无论是儒而好贾，还是贾而好儒，都是以儒家的人文道德伦理观念指导自己的经营实践，把儒家思想与经商实践密切联系起来。"见利思义""仁中取利、义内求财""以义生礼"成为传统儒商经营的义利统一观念，这也是儒商的生意经。明朝儒商吕坤说："买卖只求安分利，经营休挣哄人钱。"中国古代典籍中的"义""利"内涵具有不确定性和多义性。

一、"义"与"利"的内涵

（一）什么是"义"

古代社会"义"字的繁体为"義"。其形由"羊""我"二字会意而成。上古时代决狱（审判案件的推理方式）时，作为"聪明正直、公正无私、极有理智的动物"的"羊"，常常被用来"决嫌疑、别善恶、明是非"。因此，古人就以"羊"作为美誉吉祥的象征。"我"字的甲骨文本是一种戈形兵器的象形，后来文字假借为表示第一人称代词。据此，"义"的本义：以"我"的力量捍卫正直公平、善良美好的事物及其所代表的价值。后来，词义又被引申为"己之威仪也"。

"威仪"在古典文献中解释为在君臣、上下、父子、内外、大小等一定的伦理道德关系中，言论、行动与道德容止所表现出来的一种令人敬畏、引人效法的威严。古代君子具有了这种威严，就能成为人们的表率。由此，"义"就具有了一种道德威慑力，具备了道德的内涵。所以，先秦儒家思想中的"四维：仁、义、礼、智"和汉朝以后的"五常：仁、义、礼、智、信"都把"义"作为儒家基本道德的重要内容，其地位仅次于"仁"。"敬长""从兄"，表达了"义"，含有"敬其所当敬"的意思，即行仁有一定的范围、边界和分寸感。义是行走的正路，是行仁德的人实现"仁"的道路。

孟子认为，不该由自己所得的东西，却去取过来，是不义的。每个人都有不应当做的事，把他扩充到所肯干的事上，不做一切不应当做的事，就是"义"。孟子所说的"义"，含有尊重别人的所有权、不侵犯别人的利益、尊重别人的社会地位和遵守一定的社会规范的意思，尊重别人就等于尊重自己，守住了自己的本分。

综上所述，"义"是对事情"应当"与否的判断及由此而引发的行为。包含"公正""正当""正义"之意。无论是"君子义以为上"（见《论语·阳货》）"不义而富且贵，于我如浮云"（见《论语·述而》）等，还是孟子的相关论述，都是对"公正、正义、正当"的肯定。这就是人们通常讲的"道义"。所以，"义"含有社会公正性与正义性、行为正当性的要求。特别是在权益与义务、奉献与索取的矛盾中，作为做人标准、道德原则的"义"要求我们尊重别人的权利和利益，克己、正己，不获取不应当获取的东西，把道义、公正放在首位，行其所当行，处其所当处，以公正之心，行公正之事。

"义"有两大基本特征：第一，行为只求是否应该，毫不考虑能否对自己产生利害。第二，行为只求尽心尽力，不求能否成功。从主体角度看，义有群体之义和个人之义两种形态。

群体之义称为公义,是指为了集体、国家、社会以至全人类都追求的崇高理想而奋斗不息的精神和行为。个人之义可称为私义,是指为了个人的理想、愿望,为了维护人之所以为人的尊严,将成败得失以至个人安危置之度外,百折不挠、奋斗不止的精神与行为。公义的社会地位和社会作用要高于私义,是私义的发展和升华,是大义的体现;私义是公义的基础和源泉,没有私义就没有公义。

在当代社会,经济发展的同时,商业伦理出现滑坡,公民个人道德养成也亟待提升。2008年出现的三鹿"毒奶粉"事件,缺失基本的仁爱关怀和公德之心,商业伦理败坏,造成严重的后果和不良的社会影响,是违背公义的行为。一些民营企业的"污染问题"、金融担保机构的融资跑路现象,一些不法分子的坑蒙拐骗问题,电信诈骗、校园贷、套路贷等黑痞诈骗问题等,造成恶劣的后果和不良社会影响。这些问题和现象,背离了群体之义,应该受到道德的谴责和法律的制裁。

(二)"利"的含义

会意字"利"的字形从"禾"、从"刂"。显然,"利"字本义应该是"以刀割禾",即运用农具从事农业生产,采集自然果实或收割成熟的庄稼。甲骨卜辞中,"利"已有"吉利"用例,指特定活动获得成功,达到预期目的。中国古代文化中,"利"又通常被用来指称"物质财富"。

中国古代伦理思想史上的"利"有三种意思:一是泛言"有利";二是"众人之利";三是"一己之利"。三者都表示"利益、功利"。广义的"利"不仅指物质利益,也包括可以转化为物质利益的其他因素,如名声、地位、权利,等等。狭义的"利"仅指有实体形态的物质利益。从主体上看,"利"也有"公利"(阶级、政党、民族、国家乃至人类之利)与"私利"(个人利益)之分。"纯粹真实、完全彻底的公利反映和代表着全民全社会乃至全人类的根本利益",公利趋近于"义",具有"义"的属性,但其根本内容是物质之"利"。"私利"是"利"的最直观、最直接、最易于把握的形态,常常被当作"利"的主要形态甚至唯一形态。孔子对利的论述一般限于个人利益,即私利。"君子喻于义,小人喻于利""放于利而行,多怨"(《论语·里仁》)。

冯友兰认为,行义之人,无所为而为,其行为不能以求自己的利为目的。仁义道德是古代社会的道德基础。

二、儒家"义利"观

对于"义"与"利"的关系,西周初年就有"利者,义之和也"(《易》)的认识。春秋时期齐国大夫晏婴曾说"义,利之本也";但是,作为一种明确的道德规范体系的义利观是由孔子最早提出的。

"以义为上、以义制利"是先秦儒家义利观的主旨,儒家主张"义"重于"利",但其主导思想更倾向于"以义取利"。儒家并不排斥求"利"的行为,主张在"道义"的指导下实现"义利统一"。

子曰:"富而可求也,虽执鞭之士,吾亦为之。"(《论语》)孔子在其论述中谈"利"不多。但是,他是在真心肯定人民的富庶,即人民之"利"。如果财富可得的话,让他做个市场的守门卒他也是愿意的。孔子不光不反对获得私利,他还支持自己的学生子贡经商赚钱。孔子希望人们面对利益,看它是否符合道义,然后再决定取舍,提出了"见利思义"(《论语·宪问》篇)和"见得思义"(《论语·季氏》篇)的原则。在取舍之际,主张以"义"为标准,强调求之有道,对于不符合"义"的"富贵",他视之如"浮云"。孔子不但不反对老百姓的私与富,也不反对社会上层人士的私与富,更加倡导国家的富裕。孔子强调得之以道、取之以礼。子贡"赐不受命,而货殖焉,亿则屡中"(《论语·先进》)。"邦有道,贫且贱焉,耻也"(《论语·泰伯》);"富与贵,是人之所欲也""贫与贱,是人之所恶也"(《论语·里仁》)。

在对待"义利"关系上,孟子是既有分寸感又有灵活性,在公私、利义兼济统一上,颇具辩证智慧。孟子对魏惠王说:"王何必曰利,亦有仁义而已矣"(《孟子·梁惠王上》)。他表面上把"利益"和"仁义"对立起来,但实际上并非如此。"何必曰利"实际上是针对梁惠王、齐宣王等君主,而且是针对时弊而言的。

孟子提倡"制民之产",让每家有百亩之地,有"五亩之宅,树之以桑,五十者可以衣帛矣。鸡豚狗彘之畜,无失其时,七十者可以食肉矣"。他希望人主多考虑百姓的利益,痛斥王公大人标榜的利国,其实是只顾一己私欲的满足,不顾百姓死活。他说:"庖有肥肉,厩有肥马,民有饥色,野有饿莩。"孟子希望人们有恒产,当政者有义务使得百姓富足,省刑罚,薄赋敛,并救济弱者。这种老百姓的"利",在他看来是符合道义的。行仁义,就该让人民得利。

儒家强调的义利统一思想包含三层意思:第一,求利当以道义为标准;第二,坚持道义与谋求公利,即坚持百姓之利与社会整体长远的利益是统一的;第三,义与人主、人臣或君子之正当利益也是一致的;因为只有这样才能得到百姓的拥护,也才能保证自己正当利益的获得。"义"能"聚民、丰民、得民",与统治者长治久安的长远利益也并不矛盾。

百年老字号"瑞蚨祥"掌门人,近代儒商孟洛川的善举,彰显了其店训内涵所蕴含的仁爱与道义,义与利的统一。由此,在国际上产生了深远影响。

享有"义商"美誉的中华老字号"瑞蚨祥",百年奉行以德经商的"生意经"。其经营理念直接影响到美国零售业巨头沃尔玛公司创始人山姆·沃尔顿,使沃尔玛公司取得经营上的成功。瑞蚨祥商标的"青蚨"预示着瑞蚨祥的待客之道。瑞蚨祥绸布店老掌柜孟鸿升创店伊始立下店训:"诚信筑基,悦客立业""至诚至上,货真价实,言不二价,童叟无欺"。清光绪二十六年(1900年),八国联军攻进北京,瑞蚨祥北京店遭受大火之灾,店内所有账目物品化为灰烬。其掌门不因灾难推脱责任,并郑重承诺:凡瑞蚨祥所欠客户的款项一律奉还;凡客户所欠瑞蚨祥的钱物一笔勾销。从此,北京瑞蚨祥名震近代商坛,位居北京"八大祥"之首。沃尔玛世界连锁经营就借鉴了瑞蚨祥全国连锁店的经营模式。

三、儒家"义利观"的现代意义

（一）"义利统一观"是儒家思想的精髓

儒家思想中的"以义统利""见利思义""先义后利"，都把"义"作为重要的价值取向。"义利之辨"文化思想到宋明以后构成了中国传统文化中"贸易不欺三尺子，公平义取四方财"的商业道德。

商人强调生财有大道，利己不损人。孔子曰："富与贵是人之所欲也，不以其道得之，不处也。"孔子主张正当致富。儒家所谓的"利"，并不是狭义的金钱财富的"利"，而是广义的"利"、长远的"利"。儒家认为"仁义"是"利"，"道德"也是"利"。

"见利思义""见得思义""义然后取""不义而富且贵，于我如浮云""见义不为非勇也"等都是孔子关于"义"的论述。"义"既是一项重要的道德规范，也是"君子"应该具备的一种道德品质，所谓"君子喻于义，小人喻于利""君子义以为上"，"君子义以为质"。君子仁人要知晓大义，使自己的思想和行为符合"义"的要求。

（二）"义利统一"是市场经济发展的必要条件

儒家思想在义利关系上主张"仓廪实，然后知荣辱；衣食足，然后礼义兴"，以这种观点看待在市场经济发展中每个人追求个人利益，每个企业追求利润，从而形成一种促进经济发展的内在动力。儒家的"义"指整体的利益，民族与国家的利益。

追求利益，在实践中强调"义"，把追求利润与服务社会结合起来，以达到"以义统利"，有利于经济发展和企业壮大。当前，企业偷排污物、污染环境、偷税漏税等违法现象频出，就是没有正确处理"义利关系"所致。现代社会中任何人、任何企业都不能回避利与义的选择问题。古典经济学家亚当·斯密早就说过对自身利益的追求是人的本性，也是促进经济发展的内在动力。因为从一定意义上讲，利益上的竞争，有利于激活企业，焕发经济活力。在市场经济条件下，企业作为理性的"经济人"，开展激烈竞争的主要目的就在于追求利润最大化。

儒家文化特别强调生财致富要有道，告诫人们要"以义统利""见利思义""先义后利"的价值取向，不取不义之财。在现代市场经济条件下，强调"义"就是强调应该把整体的"大利"放在首位。从长远利益看，以义为先，可能会使商人暂时损失一定的利益，但其公益行为必能为企业营造一个良好的舆论环境和经济环境，从而开辟广阔的发展前景，这于商人实在是有百利而无一害。反之，若商人局限于短期利益，制造伪劣商品，做虚假广告，可能使商人获取暴利，但这种破坏公共利益的行为必会使商人的声誉和形象一落千丈，到头来只能被消费者冷落，被市场淘汰，甚至受到法律的惩处。

商人应该依靠科学管理、先进技术和优质服务在竞争中取胜，应把追求自身利益与对社会的贡献紧密结合起来，积极为发展公共事业做贡献，树立良好的企业形象，讲求"诚实""守信"的商业道德，力求利己又利人，至少是利己不损人。

（三）"义利统一"有利于处理各种利益关系

1. "义利统一"是构建和谐企业的基础

企业是从事物质生产和流通的部门，获取利益是其存在的基本前提。一个企业没有利润，或利润很少，说明这个企业对社会没有贡献，或贡献很少。企业必须要获得利润，因为它是对社会的贡献，是国民福祉的保证，也是社会繁荣的基础；同时，企业追求的利润是"合理的、道义基础上的利润"，这包含着"义"的成分，是为了维持整个社会的协调。"义利统一"有利于企业与社会的和谐、企业与市场的和谐，企业内部员工之间的和谐。所以说，"义利统一"是构建和维系企业的基础和保障。

2. "以义生利"是处理好企业与社会、国家之间关系的关键

任何企业在处理企业与社会公众利益的关系上，都应把"利他"作为立足点。从"利他"、利于社会大众出发就是"义"。唯有"利他"才能自利，这就是事物的客观辩证法。如果只从自利出发，就不可能利他，最终也不能自利。世上的各种利益关系错综复杂，人与人之间的利益，企业与社会公众之间的利益，企业与国家之间的利益，企业与企业之间的利益，是一个环环相扣的锁链。只有你给予他人、给予社会以利益，你才有可能获得利益。你创造的价值越大，对社会大众的贡献越大，你获得的利益也就越大，贡献和收获总是成正比的，这就是义而后取、义以生利的经营哲学。所以，企业把"利他"作为立足点是一种很高的思想境界。

成都恩威集团总公司总裁、著名企业家薛永新的"利他"观认为，"现代企业的立业之道"，必须要把"业""立在人们利益的需要上，立在人们最普遍、最实际、最迫切、最不可缺少的利益上"。企业的利益"在公众和社会里，就像水与万物的关系一样，利益是在万物，而不在水"。成都恩威集团是以"利他"为出发点的，始终关心企业生产的药物是否能真正有利于民众的身体健康。

企业的真正利益在消费者之中，在社会公众之中，在整个社会利益之中，"消费者用药后，药到病除，保全了健康的生命，这才是真正的利益之所在，或者说，这才是利益的人文发生点"。如果公众不能从消费行为中使身心获得受益，就根本谈不上什么利益。"真正的利益，只能在消费公众的身心生活领域中实现。消费公众是否受益，是判断是否有真正利益发生的人文判别点"。"公众生存有所受益，才能算是有了真正的利益"，这种利益观真正体现出儒家的仁爱、义利观。

3. 新时代企业的"义利观"

儒家"义利观"的精华应该继承和弘扬，树立正确的"义利观"，促进新时代社会主义市场经济全面健康发展。

一是见利思义，先义后利，义然后取。市场主体经济活动的目的是追求经济利益。但求利方式正当与否则关系到合义与否的问题。在市场经济发育不完备、法制不健全的情况下，有些个人、企业为了求利而见利忘义，可能会以坑、蒙、骗等方式不择手段地去获取经济利益，以违法手段去获取不正当的利益。不过，市场经济也是一种法治经济，是一种规范经济，企业、个人的生产经营活动只有符合法律、规范，其所追求的经济利益才能受到保护、得到保障，否则只会损人又不利己。"义然后取"才是获利之正道。

马克思指出："劳动产品一旦作为商品来生产，就带上拜物教性质，因此拜物教是同商品生产分不开的。"这就揭示了商品经济社会容易滋生拜金主义。在市场经济条件下，随着改革开放的不断深入和扩大，市场经济自身的一些消极方面如拜金主义、个人主义、享乐主义、见利忘义等，也会趁机显露出来。为克服这些消极方面的影响，必须大力弘扬儒家"见利思义""先义后利""义然后取"的精神，在遵循"义"的规则的前提下追求"利"。力求在现代文明社会指导下实现义与利的统一。

二是公利大于私利。儒家主张的"大道之行，天下为公"（《礼记·礼运》）实质上是在强调当个人利益与集体、国家利益发生矛盾时，应当放弃甚至牺牲个人私利而成就集体、国家公利。虽然，古代所说的公利与现代所说的集体、国家、人民的利益性质上不同，但强调"公权至上"的原则对于当今处理个体与整体、公与私等关系具有指导意义。

立足新时代的社会主义市场经济，继承儒家"重公利"的思想成果，当个人利益与集体利益、国家利益、社会利益发生冲突时，应坚持以集体利益、国家利益、社会利益为重，克服市场经济中的利己主义、小团体主义以及地方保护主义等不良倾向。就像邓小平同志指出的那样："每个人都应该有他一定的物质利益，但是，这绝不是提倡抛开国家、集体和别人，专门为自己的物质利益而奋斗。"社会主义社会整体利益离不开每个社会成员的个人利益，相应地，每个社会成员的个人利益也离不开社会整体利益。

深入发掘儒家"义利观"的积极因素。一方面要充分肯定人们的正当利益需求，还要求人们要有所节制地追求利益，严格遵循社会主义伦理道德规范，做到"先义后利"。

4."以义为上"有利于处理"一带一路"发展过程中各种利益关系

"义"是一种向"善"的道德价值，反映了人们正当、合理的行为或观念，是处理人与人、人与自然、人与社会利害关系的准绳。一般说来，"义"应该维护和肯定反映人民群众的整体利益、根本利益和长远利益；维护和肯定并尊重个人的正当利益不受侵犯；维护并发扬中国传统"仁爱"精神、忠恕之道和贵和观念。在合作建设"一带一路"的国际环境中，中国商人应该把国家和人民的利益放在首位，充分体现国家和民族大义；在双边合作、多边合作的国际环境下，充分彰显大国情怀，秉承"以义为上"的重义传统，维护国家、民族大义和民族气节，处理好各种复杂的国际关系。

合理的利益追求成为人们改造自然、利用自然的内驱力；保护人类赖以生存的自然生态环境是十分必要的。自然环境好坏、生态系统平衡，涉及每个社会成员的现实利益，关系子孙万代的幸福。自古以来，由于"义利关系"处理不当，过分贪欲和急功近利造成自然生态环境破坏的教训显而易见。随着高科技的迅速发展，人类生存环境遭到严重破坏，全世界环境问题日益突出，生态环境日益恶化，构成对人类社会可持续发展的严重威胁。所以，随着"一带一路"建设的深入与发展，人们应该以高度的责任感和危机感，从人类全局利益和长远利益出发，合理地开发利用资源，发展、维护生态平衡，实现自然与社会的协调发展。

第三节 和而不同 悦客立业

儒家文化"和"的思想要求"致中和"（《中庸》），主张"礼之用，和为贵"（《论语·学而》），以发自内心的和谐与宽容的态度协调人际关系，实现"和则众"的目标。儒商将这种"和气"的伦理用于商业经营实践，作为处置商家内外关系，和谐老板与店员、店员与顾客、店员与店员之间关系的基本准则，保证了商业活动的顺利进行。

"和而不同"思想是中华传统文化中对人与外部世界及人自身关系认知的总结，蕴含着深刻的辩证思想和智慧哲理，展示了一种在处理社会关系、解决社会问题时将各种矛盾蕴于一体的"和谐"之美。这种精神用于经济能促进生产发展、经济繁荣，在经商中能起到调节作用，使各方矛盾达到中和状态，对现代企业的经营与管理有着十分宝贵的启示意义。

"利，和也。"（《子夏传》），"利者，义之和也。……利物足以和义。义者，正义、合理、适宜之谓也"（《周易·乾·文言传》）。商业、企业的经营，在法律上是以营利为最终目的的，而"以和为贵"的价值取向奠定了儒家"和气生财"的经济伦理观念。经营生意，"和气才能生财"。

"和"与"同"在儒家文化中含义不同。"和"的基本含义是矛盾双方的均衡与和谐，"同"是取消矛盾的简单同一。儒商具有"贵和"的本质特征。孔子提出"和而不同"的观点，认为"君子和而不同，小人同而不和"，即君子能汲取别人的有益思想，纠正其错误认识以求公允正确，绝不盲从；而小人只会随声附和，从不提出自己的独立见解。

儒商和谐商业伦理思想源于儒家"仁爱"基础上的和谐观念，这种观念是在中国先秦时期逐渐发展起来的基于礼治社会、先秦儒家主张的社会成员各安其分、各尽其责的思想。基于当前努力构建"和谐社会"的形势，我们应当继承儒家和谐观念，倡导构建法治社会的和谐企业，构建中国法治和谐社会，从优秀传统文化中吸取精华，弘扬传统文化的人文价值。

一、"贵和"思想的现实价值

中国传统文化十分重视人与人和睦相处，待人诚恳宽厚，互相关心理解，与人为善、推己及人，团结、互助、友爱、求同存异，以达到人际关系的和谐。孟子提出"天时不如地利，地利不如人和"，把"人和"置于天时地利之上，更集中表达了对人与人和谐关系的追求。

追求人与人关系的和谐也是所有民族和文化的共同理想，但中国传统和谐处世思想又有其独特之处。一方面，中国处世观特别重视人与人关系的处理；另一方面，对人与人关系的和谐有着独特的理解。

"贵和"思想分为四个层次：

一是商家为顾客提供和蔼可亲、细致周到的服务，建立互惠互利的社会关系。商品的质量可靠、品种齐全、价格合理，商家的经营合法、言语和气，是买卖双方达到相应之和的基本前提。谦和可以赢得人心，人心即市场。生意不成人情在。否则，言语失和，就会适得其反、事与愿违。

二是同道之间要合作共济，构建企业之间竞争合作的伙伴关系，为企业之间公平竞争创造良好的社会环境，取得双赢。目前，有些行业竞争异常激烈，比如家电市场的价格竞争拼得你死我活，结果是商家损失惨重，不利于企业的可持续发展。因此，应倡导企业之间的良性竞争与合作，反对"商场如战场"等过激口号。竞争中应"化敌为友""化对手为协作伙伴"，建立起广泛联系、彼此协作的关系网。这种关系网就是财富之源，就是儒家思想以和为贵所揭示的共存性和开放性的道德价值所在。

三是企业内部建立和谐稳定的人际关系，创造充满和睦亲情的家庭式的温暖内环境；提升企业的亲和力、感染力和吸引力，避免员工过激或对抗行为的产生，减少人际摩擦和"组织内耗"，促进组织健康发展。

四是善用资源，广交朋友。"徽商一家得业，不独一家食焉而已，其大都能活千家百家，下亦至数十家。"出于应对市场竞争的需要，徽商十分注意强化同乡情谊，善于利用官府乃至皇家的特权和资源，处理好同宗、异地商家以及与官府大家的关系，遇事"做退一步想"，因而其能够在封建官府乃至朝廷上左右逢源，上下通达，生意场上如鱼得水，游刃有余。

儒商奉行的"和而不同"之道，在日本得到了成功的运用。日本企业非常重视企业内部的"和"，注重运用"和"来调节各方关系，通过团队精神的培育，以及终身雇佣制的实行，企业上下像家庭一样组成了一个同舟共济的命运共同体，员工对企业有一种强烈的归属感、认同感和荣誉感。在很多日本企业内部，员工之间、员工和企业主之间平等相处、忍让通达、真诚相待，在下级对上级非常服从的同时，也十分重视民主决策、广开言路，很多企业都实行了自上而下传达意见、全体沟通协商的"禀议制"。这些做法都极大地增强了企业的凝聚力、向心力和竞争力，促进了企业团队精神的形成。正因为认识到了"和"的特殊价值，有很多日本学者写了《和拢经营革命》《和拢经营哲学》等书，论述"和谐""靠拢"对于企业发展的重要性，强调一个企业内部，和谐能凝聚企业，使企业紧密团结在一起，从而结成一个牢不可破的整体。从某种程度上来说，正是在这种浸润着儒家"和而不同"思想的企业精神支撑下，"二战"后的日本才迅速从战败后的废墟上崛起，创造了短时期内成为世界第二大经济强国的经济奇迹。

二、"和同"思想的内蕴价值

儒商之道中的"和而不同"以及其所蕴含的"尚和""执中""共赢"的价值理念,正是高度契合了时代需求,成为一种正在为越来越多企业家所接受的卓越管理智慧。

"尚和"就是要把企业内外关系的一种和谐状态作为企业经营管理的最高目标,而不是单纯用经济指标来衡量经营管理效率的高低。企业管理中"尚和"是一种着眼于长远、持久和可持续发展的管理思维。从内部来说,各方关系的和谐不仅能够增强企业的凝聚力和效力,而且能够充分激发和调动起全体企业员工的潜能,为企业管理效率的提高奠定良好的基础。正如我国经济学家厉以宁所言,企业效率的产生实际上有两个基础,一个是物质技术基础,一个是道德基础。只具备效率的物质基础,只能产生常规效率,而有了效率的道德基础,就能产生超常规的效率。从外部来说,和谐的社会关系能大大减少企业的交易成本,为企业的可持续发展创造一个良好的外部环境。儒商普遍奉行的"和气生财"的理念,讲的就是这个道理。

"执中"是在处理企业内外各种矛盾关系时,要在求同存异的基础上把握好度,不使矛盾激化,不破坏"和"的状态。"中"与"和"有着密切的关系,"中"是手段,"和"是目的。"执中"并不是一种无原则的折中主义,而是在矛盾双方不存在根本性冲突的情况下,为了求"和"所采取的一种中庸之道。因此,对于企业经营管理来说,只有始终秉持"执中"原则,才能真正达到"和"的状态。

"多赢"就是要通过"执中",把"和"的状态巧妙地控制在一种对矛盾各方都有利的利益格局之中。儒商追求"天地人和"的终极目的是为了实现其"天下大同,惠及万民"的政治理想,在这种理想的社会图景之下,天下人"老有所终、壮有所用、幼有所长、矜、寡、孤、独、废疾者皆有所养"。从管理学的角度讲,这种利益共享的组织不仅在结构上最稳定,而且在系统运转上最顺畅。同样,企业经营管理中的"多赢"局面无疑是最有利的。所以,坚持"多赢"或者"共赢"才能够确保企业取得长期的、稳定的、丰厚的利润回报。

儒家"和谐观"在明清的晋商经营实践中得到广泛验证,所以,山西商人称雄国内商界五个多世纪。"生意兴隆通四海,财源茂盛达三江。"晋商成功并名扬四海依赖于一种特殊的精神灵魂,即"晋商之魂"或者"晋商精神"。"晋商精神"包括进取精神、敬业精神、群体精神。晋商精神是儒家思想的真实写照,诚信经营、团结协作实践了儒家的诚信、和谐与仁爱的人本思想,贯穿于晋商的经营意识、组织管理和心智素养之中。乔致庸就是晋商的优秀代表。

晋商在为人之道上也表现了诚实忠厚,"和气生财","和为贵"。孟县(今为孟州市)商人张静轩说:"(经商)结交务存吃亏心,酬酢务存退让心,日用务存节俭心,操持务存含忍心。愿使人鄙我疾,勿使人防我诈也。……前人之愚,断非后人之智所可及,忠厚留有余。"洪洞人王谦光经营山东盐时,不少商人"率辄心计,尚诈伪,由是术辄倍息,独君异其趣,……人咸谓君长者,多倚为重",后"累致万金"。由于山西商人主张行商不欺诈,为人诚恳忠厚,故人皆愿与之共事。

三、儒家"仁民"思想及社会价值

儒家思想继承者孟子在人性方面主张性善论。他认为人生来就具备"仁、义、礼、智"四种品德,称作四维,人可以通过内省保持和扩充,否则将会丧失这些善的品质。因而他要求人们重视内省的作用。在社会政治观点方面,孟子突出仁政、王道的理论。仁政就是对人民"省刑罚,薄税敛"。在社会关系上,孟子主张"亲亲而仁民","老吾老以及人之老,幼吾幼以及人之幼"。

孟子发扬了孔子的仁爱理论,认为"仁"即"人心"。《孟子》将"仁"概括为:第一,亲民。主张统治者要"与百姓同之","与民同乐"。第二,用贤良。"为天下得人者谓之仁"(《滕文公上》),"尊贤使能,俊杰在位"(《公孙丑》上),"贤者在位,能者在职;明其政刑"。第三,尊人权(《孟子传》)。"王如施仁政于民,省刑罚,薄税敛,深耕易耨,壮者以暇日,修其孝悌忠信"(《孟子·梁惠王上》),强调发展农业,体恤民众,关注民生。"七十者衣帛食肉,黎民不饥不寒,然而不王者,未之有也"(《孟子·寡人之于国也》)。提出民贵君轻的主张,认为君主必须重视人民。"诸侯之宝三,土地、人民、政事。""民为贵,社稷次之,君为轻。是故得乎丘民而为天子,得乎天子为诸侯,得乎诸侯为大夫。诸侯危社稷,则变置。牺牲既成,粢盛既洁,祭祀以时,然而旱干水溢,则变置社稷。"(《孟子·尽心下》),孟子提倡反对霸权主义,主张实行仁政,争取民心的归附,主张不战而服,即"仁者无敌"。

孟子公开宣扬"民为贵""君为轻",提倡在一定的范围调和统治者和劳动人民的关系。孟子曰:"君子之于物也,爱之而弗仁;于民也,仁之而弗亲。亲亲而仁民,仁民而爱物。"(《孟子·尽心章句上》)。亲爱亲人而仁爱百姓,仁爱百姓而爱惜万物。

由亲到民,由民到物。其中,由亲到民,是爱人;由亲、民到物,是爱物。三个层次构成了一个完整的人伦、人文和生态生存系统。爱贯穿其中,仁才能实现。"亲亲"是"仁爱"内核;孝是"亲亲"之本。所以,"仁爱"先由孝始。

"夫孝,德之本也,教之所由生也。"(《孝经》)即一个人的品德如何,孝为根本,全凭教育培养。孟子更是把孝提高到仁的高度,"仁之实,事亲是也。"孝敬父母就是做到了仁。并认为一贯推崇备至的"尧舜之道,孝悌而已矣"。由此可见,孟子认为孝道是做人的根本。

儒家认为"人者,天地之心也",重视人的价值、特殊化和可能的道德发展,肯定人的主观能动性的作用,肯定了人是社会根本的要素。"以人为本"是企业文化的精髓,人是企业的主体,企业文化要将人这一生产力中最活跃、起决定作用的因素作为管理的着眼点,自觉确立人在企业中的主体地位,关心人、尊重人、理解人、信任人、爱护人,重视人的价值,调动人的积极性、主动性和创造性,最大限度地发挥员工的价值。儒家文化以人为中心的思想与今天企业文化建设"以人为本"的核心含义一致。

第四节　宁固节俭　欲而不贪

一、溪壑无厌，必以贿死

"静以修身，俭以养德"（诸葛亮《诫子书》），"俭节则昌，淫佚则亡"（墨子《节葬》）。古代许多圣贤名家在其名篇中告诫人们提倡节俭，反对浪费，珍惜劳动成果，创造财富。人们只有加强修身，养成节俭美德，才能够持家致富。对于商业企业更应该提倡"俭节则昌"，促进企业发展。历史上也有"贿、诈、贪"的故事，造成"溪壑无厌，必以贿死"的结果。

《国语·晋语八》记载：春秋时期晋国大夫叔鱼出生时长相怪异，其母见后分析他：眼如狼虎，嘴形似猪，臂膀如鹰，腹腔似牛，如沟壑之欲难以满足，必因受贿而死。

叔鱼出生贵族，父兄地位显赫。少年叔鱼即仗势不学无术、游手好闲。晋昭公即位后，重用权臣韩宣子，叔鱼凭借父兄力量，受韩宣子重用。叔鱼担任代理司寇后，处理一桩土地纠纷积案。当事者为邢侯和雍子，地位显赫。邢侯与雍子封地毗邻，雍子侵占了邢侯封地，引发相互间不断争夺。雍子得知叔鱼理案，便将女儿许给叔鱼。

叔鱼既得雍女，便不问曲直，判雍子无罪。强行把邢侯田产划与雍子。叔鱼依权制造错案，坚持错判，邢侯怒杀叔鱼与雍子。

叔鱼死后，韩宣子召其兄叔向以询，叔向提出：三人皆应定罪，施生戮死。韩宣子存疑，叔向曰：雍子为贪占邢侯土地，贿赂以"买直"，叔鱼"鬻狱"以循私，邢侯"专杀"，三人等罪。

叔向引夏典曰"己恶而掠美为'昏'，贪以败官为'墨'，杀人不忌为'贼'。《夏书》曰'昏、墨、贼，杀'皋陶之刑也。请从之。"

韩宣子采纳叔向主张，杀邢侯，暴叔鱼与雍子尸于市。

叔鱼官居代理司寇以贪坏法、卖法纵贪，以"墨"罪处，其名被钉在贪官污吏的耻辱柱上。

孔子闻之，赞叔向"治国制刑，不隐于亲"，惩贪诛墨，"以正刑书，晋不为颇"。同时，痛斥叔鱼"贿也""诈也""贪也"，集"三恶"于一身，死有余辜！

人不在相而在思。思者行之导，行者思之果。内心贪欲必动于行，行贪欲之实必食恶果。在现代社会市场经济条件下，无论是国营企业，还是民营企业，都应该常思大众，行为民之实，弃小欲为大公，方能青史留名！

几年前，上海福喜食品大量采用过期肉问题，凸显了商业领域的道德败坏。上海福喜食品有限公司存在大量采用过期变质肉类原料的行为，在网上吵得沸沸扬扬。该公司通过过期食品回锅重做、更改保质期标印等手段加工过期劣质肉类，再将生产的麦乐鸡块、牛排、汉堡肉等售给肯德基、麦当劳、必胜客等大部分快餐连锁店。有工作人员甚至侃言："过期也吃不死人。"2014年6月18日，该公司将18吨过期半个月的冰鲜鸡皮和鸡胸肉掺入原料当中，制成黄灿灿的"麦乐鸡"。这些过期鸡肉原料被优先安排在中国使用。另外，肯德基的烟熏肉饼同样使用了过期近一个月的原料。2014年6月11日和12日，该公司加工的迷你小牛排使用了10吨过期的半成品，这些材料原本都应该作为垃圾处理掉。但是，经过处理，重新打上喷码，保质期延长了一年。

对于媒体报道的麦当劳个别供应商存在的问题，麦当劳方面表示，已第一时间通知全国所有餐厅，立即停用并封存由上海福喜提供的所有肉类食品。同时，公司成立调查小组，对上海福喜及其关联企业展开全面调查。

二、心怀善念，宁固节俭

"中人之情，有余则侈，不足则俭，无禁则淫，无度则失，纵欲则败。"（《说苑》）一般来说，人一旦手里钱多了，就会奢侈挥霍；没有禁令就放纵，没有节度就逸乐，放纵欲望就败亡。

"饮食有量，衣服有节，宫室有度，畜聚有数，车器有限，以防乱之源也。故夫度量不可不明也，善欲不可不听也。"（《说苑》）饮食要定量，衣服要节制，住宅要限度，聚敛要常数，车辆器物要限额，此为杜绝祸乱的根源。所以法度不能不明，教育的话不能不听。"度量"和"善欲"体现了以法治国和以德治国并重的原则。人由好变坏是一个渐进过程，是由细微的变化慢慢积累起来的。"千里之堤，溃于蚁穴"，只有平时注意防微杜渐，才能防止由量到质的变化。

"奢则不孙，俭则固。与其不孙也，宁固"（《论语·述而》）。"奢则不孙"——花费大量钱财去追求过分的享受，就会显得傲慢不逊，一定不会给方方面面带来顺利。大到国家，小到家庭，钱财的根本目的首先就是能够保证足用，保证其正常的生活所需，用于必要的生活开支，其余的存储起来，以备急需之用，这才是真正的长久生活之道。

"俭则固"——节省和俭约一定会显得生活简陋。"宁固"宁可因为节省和俭约而造成生活简陋及寒酸，也要坚持这样做。孔子的节俭思想是放之四海而皆准的真理，无论对于民族、国家和个人都是如此。这种"勤俭节约，度量善欲"对于我们当今的生活而言，仍旧具有指导意义，历久弥新。节俭是一种美德。浙商认为：吃不穷，穿不穷，不会算计一世穷。节俭是一种美德，节俭是一种创造财富的手段，节俭是穷人成为富翁的武器。节俭不仅能积累财富，还能培养人的艰苦创业的精神、奋发向上的品质。节俭的目的就是积累财富，用于改善人们的物质文化生活。节俭不是所谓的不舍得吃、不舍得穿地过日子，正常消费可以提高人们的生活水平，该花的钱一定要花。因此，节俭与消费并不矛盾。

子张问于孔子曰："何如斯可以从政矣？"子曰："尊五美，屏四恶，斯可以从政矣。"子张曰："何谓五美？"曰："君子惠而不费，劳而不怨，欲而不贪，泰而不骄，威而不猛。"（《论语·尧曰》）孔子认为，一个从政的人要有五种美德：一是使百姓或下属得到好处，自己却无所耗费；二是安排工作得体得力，百姓和下属没有抱怨；三是有上进心，却不贪图财利;四是安详舒泰、平易近人,而不骄傲放肆;五是要庄重威严,而不凶猛彪悍。

飞跃集团董事长邱继宝认为:"年轻时为了赚钱糊口,我用自行车送客,还在东北补了3年鞋。而现在呢?钱对于我来说只是一个符号,一个数字,没有任何其他的意义。我将自己所有的心思放在了早日建成世界级优秀缝纫机制造企业上,根本没时间去想什么物质享受。吃饭只不过是为了填饱肚子,睡觉也不过是为了补充精力。在这点上,穷人富人都一样。"

在中华五千年文化历史中,华夏民族历经仁德文化的滋养,形成勤劳朴素的民族性格。在商儒结合的儒商文化中,勤俭朴实、勤奋进取的品格在儒商的人生与创业经历中得到了充分的体现。"一生之计在于勤,备尝辛苦方为福""祖宗家业勤中来"。世界著名大富豪、台湾著名儒商王永庆,一生克勤克俭,其节俭风格成为现代管理的重要法则之一。他在许多场合反复强调:"节省一元钱就等于净赚一元钱。"这句话被台湾塑料工业股份有限公司员工奉为经典,也被国内外企业管理者称为"王永庆法则"。王永庆在其女儿王雪龄14岁远渡英国求学时,严格控制其零花钱,以致使王雪龄产生"错生豪门"的怨言。

第五节 自强不息 勇者不惧

1914年,梁启超到清华大学给清华学子以《论君子》为题进行演讲。希望清华学子们都能继承中华传统美德,并引用了《易经》上的"自强不息""厚德载物"等话语来激励学生。此后,清华便把"自强不息,厚德载物"8个字写进了清华校规,后来又逐渐演变成为清华校训。

2013年9月26日,习近平主席在会见第四届全国道德模范及提名奖获得者时的讲话中这样说过:"中华文明源远流长,孕育了中华民族的宝贵精神品格,培育了中国人民的崇高价值追求。自强不息、厚德载物的思想,支撑着中华民族生生不息、薪火相传,今天依然是我们推进改革开放和社会主义现代化建设的强大精神力量。"

一、修身需自强不息

"天行健,君子以自强不息;地势坤,君子以厚德载物。"意思是"天(自然)的运动刚强劲健,相应于此,君子处世,应像天一样,自我力求进步,刚毅坚卓,发奋图强,永不停息;大地的气势厚实和顺,君子应增厚美德,容载万物。"从历史与现实来看,儒家的"自强不息"具有鲜明的时代内涵和伦理精神。中国古代认为"自强不息"侧重于个体的自强修养,把自强不息精神与个体的治学之道相结合。孔子则是自强不息精神的典范。"发愤乃孔子自发愤,学乃孔子自学,忘食不厌,即孔子之自强不息。"孔子喜读《易经》,以至于韦编三绝,他认为"假我数年，五十以学易，可以无大过矣"（《论语·述而》）。

曾国藩在《曾国藩文集·修身篇》中说："从古代帝王将相，无人不由自立自强做出。即为圣贤者，亦各有自立自强之道，故能独立不俱。"无论是学生，还是政要乃至企业家在个人修身方面当须自强不息。只有个体做到自强不息，才能立足于社会，并为他人和社会做出应有的贡献。

陆九渊在文献《语录》中这样记载："人生天地间，为人自当尽人道。学者所以为学，学为人而已，非有为也。"

周敦颐在《通书》中这样说："道义者，身有之，则贵且尊。"又说："君子以道充为贵，身安为富，故常泰无不足；而铢视轩冕，尘视金玉，其重无加焉尔。"

儒家认为具有独立人格的人，能充分体现"人之所以为人者"，也就是一个对他人与社会有价值的人；人格价值远远高于世间物质财富的价值。儒家强调独立的人格价值，彰显了以人为本的价值取向。坚持独立人格意志，是儒家自强不息的特有内容和基本要求。

当今大学生应当立足于新时代国家建设、富强的需要，从我做起，树立远大理想，为中华民族的复兴梦想勤奋努力，修身正心，践行《周易》当中"天行健，君子以自强不息；地势坤，君子以厚德载物"的精神，传承儒家君子精神，培育君子品格。

二、民族需自强不息

自强不息是中华民族的精神品格。张岱年把中华民族精神用"自强不息""厚德载物"做出了精辟的概括。"自强不息"是指中华民族为一定的理想和目标而奋发拼搏的精神。中国近现代的自强不息则更多地侧重于国家和民族自强。1840年鸦片战争以后，由于民族、国家出现重大危机，出现了维新革命、变法图强，出现了洋务运动、实业救国，出现了浙商、晋商、鲁商等重要的地域性商业会馆以及重要的儒商群体。曾国藩、左宗棠等以洋务运动实业救国，发展经济、强化军事，提升国力；光绪皇帝、康有为、梁启超等通过维新变法以求国家自强；晋商金融大亨雷履泰、诚信儒商乔致庸，徽商红顶商人胡雪岩，鲁商孟大善人孟洛川，清末状元实业救国的张謇等，都为民族的兴旺从不同的领域探索救国自强。他们有的从政，短暂时间提升了军力；有的倡导了思想启蒙、提倡科学文化，促进了思想进步，促进了私人经济的发展；有的造就地方经济发展和惠及民众生活。总之，近代的自强不息精神与近现代"救亡图存"主题相结合，践行了追求民族自强、国家富强的梦想。

张岱年认为，在民族关系方面，"自强不息，就是要坚持民族独立性，决不向外力屈服，对外来侵略一定要抵抗，保持民族主权和独立"。可见，儒家自强不息内含鲜明的爱国主义精神取向。近现代中国，民族危机日益严重，无数志士仁人为了"救亡图存"，不断地探索救国救民真理，进行了艰苦卓绝、顽强不屈的抗争。历史证明，从洋务运动，到戊戌变法与辛亥革命，再到五四新文化运动，以致到中国共产党领导的新民主主义革命、现代的改革开放和中华民族复兴伟大梦想的奋斗，都充分说明自强不息才会有民族自强和国家的壮大。

"天行健，君子以自强不息"反映了中华民族精神。儒商是中华民族"自强不息"精神的践行者,自强不息是他们共同的精神品格,是儒商进取的道德精神支柱和动力源泉。

清末民初的实业家、政治家、教育家张謇积极投身实业救国,经过实践印证了中国近代实业家的自强不息精神。随着"西学东渐"、社会变迁所引发的"重商思潮"兴起,当时的"商战"强调仿效列强"以商立国""以商强国",走重商救国道路。张謇集官、士、商、绅于一身,1896年在通州创设大生纱厂,陆续开办其他企业大小共约20余家,涉及的行业包括纺纱、面粉、榨油、轮船、渔盐、水利、地产等领域,成为清末民初享有盛誉的"实业领袖""状元实业家","言商仍向儒"。他以状元身份办实业,力矫宋儒只说不做的积弊。"做一点成绩,替书生争气","既念书生为世轻久矣,病在空言……今求国之强,当先教育……"。

三、儒商"勇者不惧"

"知者不惑,仁者不忧,勇者不惧"(《论语·子罕》),意思是"聪明人不会迷惑,有仁义的人不会忧愁,勇敢的人不会畏惧"。这里孔子说"知者不惑"的"知"同智慧的"智"。是指真正有智慧的人,对于什么事情都不会感到迷惑。

孔子告诉我们,一个人要达成完美的人格修养,重要的有三点,缺一不可。"不断地求取知识,以减少自己对世界事物而产生的困惑。真诚地待人如己,不再为个人得失而忧愁。勇敢地实践前行,不再畏惧任何困难。"

一次,孔子的弟子司马牛请教孔子如何做一个君子,孔子回答说:"君子不忧愁,不恐惧。"司马牛不大明白,接着又问:"不忧愁不恐惧,这样就可以称作君子了吗?"孔子的回答是:"内省不疚,夫何忧何惧?"也就是说,如果自己问心无愧,那有什么可以忧愁和恐惧的呢?当然,君子坦荡荡,不仅是一个行为端正的问题,同时也来自人的内在品德。古人认为,君子有三种基本品德——仁爱、智慧和勇敢。孔子曰"仁者不忧,智者不惑,勇者不惧",也就是说,人如果有着一颗博爱之心,有着高远的人生智慧,有着勇敢坚强的意志,那么他就必然会具有良好的心理和精神状态,从而心底宽广、胸怀坦荡。

人生的路有起有落,总会遭遇逆境和挫折,人生虽然痛苦压抑,但对一个有作为、有修养的人来讲,能够在磨砺中锻炼自己的意志,做到不忧、不惑、不惧,从而由逆至顺扭转命运的走向,就是一个了不起的人。君子对修行的要求很高,要想成为世人学习的榜样就应该做到最基本的不忧、不惑、不惧。

第四章 儒商的社会责任

社会责任是指一个机构、企业、商人等，通过一种有利于社会的方式进行经营和管理，而为社会承担的高于组织自己目标的社会义务。"一带一路"的倡议，是中国在国际事务中承担的社会责任，符合当今的国际形势和中国的发展目标。党中央高瞻远瞩，未雨绸缪，通过倡导"一带一路"，实现双边以至多边共赢局面，有利于地区和平和世界和平，也有利于地区间的共同发展，有利于提升中华民族的世界地位。构建和谐社会以至和谐的国际双边、多边关系是一个国家走向繁荣富强昌盛的必由之路。国家发展、壮大与富强才能够屹立于世界强国之林，中华民族复兴的伟大梦想才能够实现。工业、农业、商业经济的相互联系，共同融合成国家的宏观经济综合体。商业肩负着国家和民族经济发展的重任。作为贸易主体的商人，其知识、文化、素养、价值观念等决定了它们的社会价值，特别是民营企业作为非公有制经济实体，对国家经济的发展起着十分重要的作用。

第一节 强国富民 民族重托

古往今来，"强国富民"都是一个国家、民族追求的目标，中国改革开放 40 多年的目标也是强国富民、复兴中华民族。

一、责任重于泰山

市场经济体制的建立和发展需要中国能够产生大批儒商。儒商群体能够构成中国社会的中坚阶层。当前，学术界人士把现代的儒商称为新儒商。新儒商有文化、有抱负，秉承传统优秀的儒家伦理，将为民族经济做出卓越贡献。处于新时代的现代儒商主要表现为一些为国家、民族、地区等做出卓越贡献的民营企业家。随着中国经济体制改革的不断深化，民营经济成为中国经济体制建设中的重要组成部分，并且在中国经济改革和建设中发挥着重要作用。多年来，许多的优秀企业家在不断致富的同时，不忘地区经济的发展，做出许多善举，有的获得"诚信儒商"的荣誉称号。

诚信是中华民族的传统美德。做人和企业经营一样，以诚信为本。君子爱财，取之有道，决不能失信。企业家要有强烈的社会责任感，不能唯利是图，应该具有"达则兼济天下，穷则独善其身"的仁爱之心。

一个有作为的现代商人，要想真正成为现代儒商，需要对传统社会伦理和商业伦理以及现代法治透彻地了解，能够把传统儒学"仁者爱人"的胸怀和法治社会"人人平等"的观念有机融合为一体，并在商业实践中加以应用。

多年来，习近平总书记一直强调，希望民营企业法人"致富思源、富而思进，做到爱国、敬业、创新、守法、诚信、贡献"。

2004—2006年，习近平总书记在浙商大会上多次要求，民营企业家应增强大局意识和责任意识，把企业的发展与全社会的发展紧密联系在一起，把实现个人价值和体现社会价值紧密联系在一起，继续担当改革开放和发展经济的先锋，切实做到"以诚实守信为荣，以见利忘义为耻"。

"把个人的富裕与全体劳动者的共同富裕结合起来，把遵循市场运行法则与发扬社会主义道德结合起来，致富不忘国家，致富不忘人民，更加关注民生、关注社会进步，不断探索回报社会的方式。"

"广大企业家继续发扬'敢为天下先、爱拼才会赢'的闯劲，进一步解放思想，改革创新，敢于担当，勇于作为，不断做大做强，促进联合发展，实现互利共赢，为国家经济社会持续健康发展发挥更大作用。"

2016年3月4日，习近平总书记在看望参加政协会议的民建工商联委员时强调，民营企业家要洁身自好、走正道，遵纪守法办企业、光明正大搞经营；并希望浙商要有诚信的价值观。诚信是和谐社会的基石和重要特征，也是企业的立身之本。人无信不立，商以诚待人。

现代儒商要继承、改造、创新传统的文化伦理道德资源，通过发掘和扬弃，赋予本土伦理观念以新的内涵，使其与法治社会融合为一体，实现优秀传统伦理的现代转化。现代儒商需要继承传统儒学中的"仁"，真正做到以人为本，同时又需要改造传统儒学中的"礼"，消除等级差异，建设对等关系中的契约文明。以"仁者爱人""己所不欲，勿施于人"等伦理道德规范约束市场经济下的交易行为，形成社会公认的"儒商"标准，以尊重公民权利的内涵对传统伦理进行相应的改造，实现社会的平等公正。

一个有作为的现代商人，要想真正成为现代儒商，需要对传统伦理和现代法治有透彻的了解，能够把传统儒学"仁者爱人"的胸怀和法治社会"人人平等"的观念有机融合为一体，才能够切实承担起现代社会法制环境下的伦理责任，以身作则，树立良好的道德风范，才能使中国的市场经济发扬光大。

二、儒商"强国富民"观

"足食，足兵，民信之矣"（《论语·颜渊》）。"强国富民"既是儒家仁政的目的，也是儒家经济伦理的目的。儒商不同于一般商人之处，在于他们深受儒家文化的影响。虽然身在逐利之所，却心怀天下忧乐，有着儒家修齐治平、达则兼济天下的人生理想。当他们经商事业取得一定的成就后，就会把社会价值追求提到议事日程，经商谋利与"强国富民"的高尚追求完美结合，通过世俗的经商事业来达到超越性的理想目的，借财富与金钱来实现自己的社会价值。

儒家把"经济"视为"经世济民"的事业，是其"外王"即治国平天下的主要任务。治国平天下就是要达到儒家"强国富民"的目的。儒家把是否能够强国富民作为评判一个人仁义与否的标准之一。孔子曾经这样评价管仲："管仲相桓公，霸诸侯，一匡天下，民至于今受其赐，微管仲，吾其被发左衽矣"，"桓公九合诸侯，不以兵车，管仲之力也！如其仁！如其仁！"这就是说，只要把国家治理好，国家强大、人民富有、外敌不敢侵略，国家得到统一，就是给国家和人民造福，是最大的"仁"。

司马迁说："通货积财，富国强兵。"在儒家强国富民的价值中，强国和富民是相互依存的。"发奋为雄，乘时报国"，建设经济上的"强国"，历来是爱国主义的重要内容。古今儒商的爱国主义情怀是激发其经济上锐意进取的强大动因。在国家危难时期，中国古代商人总是能牺牲自己的利益，保全国家的利益。早在春秋时期，郑国商人弦高就曾以"弦高犒师"的行为救国于危难之际。在近代，许多民族企业家实业救国，许多商家专卖国货，抵制洋货，写下了可歌可泣的历史篇章。

三、"一带一路"与强国富民

新时代市场经济条件下十分需要儒家"强国富民"的爱国主义精神，尤其是我国正处于社会主义初级阶段，在经济上仍然落后于世界发达国家。为实现中华民族复兴的伟大梦想就必须成为经济强国，更应以"强国富民"为动力。现代企业家只要抱着"强国富民"的目的，发挥中华民族儿女的聪明才智，就一定能够取得举世瞩目的成绩。

"十三五"期间，"一带一路"倡议由理念转化为行动，从远景转变为现实，成果丰硕。100多个国家和地区成为共建、共商、共享、共赢的国际经济合作伙伴。并且，中国展现华夏民族的精神，分享中国智慧，共同打造世界命运共同体，受到世界上众多国家的广泛赞誉。

2015年3月28日，国家发展改革委、外交部、商务部联合发布了《推动共建丝绸之路经济带和21世纪海上丝绸之路的愿景与行动》。

2015—2017年，"一带一路"经济区开放，中国企业承包工程项目突破3 000个。2015年，中国企业共对"一带一路"相关的49个国家进行了直接投资，投资额同比增长18.2%，承接"一带一路"相关国家服务外包合同金额178.3亿美元，执行金额121.5亿美元，同比分别增长42.6%和23.45%。

"一带一路"国际间的交流合作既包括基础设施互联互通，也包括贸易投资和产业合作以及人文交流和人员往来。各类合作项目和合作方式，都旨在将政治互信、地缘毗邻、经济互补的优势转化为务实合作、持续增长的优势，目标是物畅其流，政通人和，互利互惠，共同发展。

在共建"一带一路"过程中，中国将坚持正确的义利观，道义为先、义利并举，向发展中国家和友好邻国提供力所能及的帮助，真心实意帮助发展中国家加快发展。中国将不断增大对周边的投入，积极推进周边互联互通，探索搭建地区基础设施投融资平台。中国不仅要打造中国经济的升级版，也要通过"一带一路"等途径打造中国对外开放的升级版，不断拓展同世界各国特别是周边国家的互利合作。

截至2016年6月底，中欧班列累计开行1 881列，其中回程502列，实现进出口贸易总额170亿美元。2017年5月14—15日，"一带一路"国际合作高峰论坛在北京举行，习近平主席出席高峰论坛开幕式，并主持领导人圆桌峰会。

习近平总书记在"一带一路"国际合作高峰论坛开幕式上的演讲中再一次讲道："一带一路"国际共建与合作的基本原则是和平合作、开放包容、互学互鉴、互利互赢。在这种原则下，四年来，实现了一带一路国家、地区之间政策沟通不断深化、设施联动不断加强，贸易畅通不断提升，资金融通不断扩大，民心相通不断促进。

党的十八大以来，国家提出一系列政治、经济、文化政策，充分运用中央财力加强全局性、战略性、公益性投入，加强国家发展保障能力和战略空间拓展能力建设，加强国家创新能力建设，培育发展战略性新兴产业，提升我国文化的软实力和国际影响力，实现强国富民。通过加大财政转移支付力度，完善发展社会保障制度，切实改善民生，促进富民，保障社会和谐稳定。与此同时，通过财税制度改革，增强地方政府财力，规范地方政府融资行为，防范和化解地方政府财政风险。

四、强国富民与民族复兴

中共十八大以来，国内外形势更加稳定，国家人心凝聚，民族呈现大团结盛世的良好局面，综合国力明显增强。面对新形势、新任务，每一位公民都应当努力践行社会主义核心价值观，深入贯彻落实科学发展观，为中华民族复兴梦想的实现继续解放思想，坚持改革开放，推动科学发展，促进社会和谐，继续全面建设小康社会，加快推进社会主义现代化。

空谈误国，实干兴邦。中国共产党带领全国人民承前启后、继往开来，朝着中华民族伟大复兴的目标奋勇前进。"长风破浪会有时，直挂云帆济沧海"。鸦片战争之后，实现民族复兴便成为近代以来最伟大的"中国梦"，几代中国人前赴后继、持续奋斗了170多年。如今，中华民族伟大复兴已经展现出光明前景。今天的中国人比历史上任何时期都更接近这个"中国梦"，也比历史上任何时期都更有信心、有能力实现这个目标。在这样的历史当口，习近平讲"空谈误国，实干兴邦"，深思熟虑、意味深长，让"中国梦"前景光明。

目前，中国仍处在重要战略机遇期，面临的挑战和机遇空前绝后。中共十八届四中全会为中国的未来描绘出美好的蓝图。但是，要把蓝图化作现实，还有很长的路要走，需要付出长期艰苦的努力。面对把一个13亿人口规模的发展中大国带入现代化的历史重任，面对经济社会转型的压力与和平崛起的烦恼，面对发展中出现的新矛盾和新问题，中国共产党如何砥砺自身，如何通过实干凝聚党心民心，解决这个问题，显得尤为重要也异常艰难。

中华民族志存高远，我们对中国未来充满自信。2021年，中国共产党成立100年，中国要全面建成小康社会；2049年，中华人民共和国成立100年，中国要建成富强民主文明和谐的社会主义现代化国家。"中国梦"并不遥远。这"中国梦"里，有"强国"也有"富民"。这"中国梦"里，有航母和北京奥运会，更有普通人生活中的希望和尊严。"每个人都有理想和追求，都有自己的梦想。"习近平讲话把"中国梦"的内涵落实到了每个中国人的生活世界。中华民族是一个命运共同体，只有民族、国家实现科学发展，个人才能实现全面发展。

当代发达国家大都把以构建和谐社会统领社会管理和改革作为治国理政的一条成功实践，有效地缓解了社会矛盾。一个国家要建立和谐社会，使之成为一个民主法治、公平正义、诚信友爱、充满活力、安定有序、人与自然和谐相处的社会。构建和谐社会，中国共产党必须领导13亿中国人民，传承和弘扬儒家民本思想、仁爱思想，解决各种突出的矛盾和问题。党的十九大报告指出："中国特色社会主义进入了新时代，我国社会主要矛盾已经转化为人民日益增长的美好生活需要和不平衡不充分的发展之间的矛盾。社会主要矛盾的变化是关系全局的历史性变化，要求我们在继续推动发展的基础上大力提升发展质量和效益，更好地满足人民日益增长的美好生活的需要。"

第二节　见义勇为　勇于担当

"见义勇为，勇于担当"，这是中国历史上的儒商名家的责任意识的真实写照。儒商对社会责任的承担就是继承和发扬中华民族的优良传统，谨记职责、敢冒风险，在责任面前绝不退缩，义不容辞，一马当先。

一、儒家的"智、仁、勇"

孔子在《论语》中多次将"知（智）""仁""勇"三种美德视为构成君子人格的三要素，"知（智）者不惑，仁者不忧，勇者不惧"（《论语·子罕》）。

司马牛问君子。子曰："君子不忧不惧。"曰："不忧不惧，斯谓之君子已乎？"子曰："内省不疚，夫何忧何惧？"（《论语·颜渊》）

儒家认为"智""仁""勇"以"仁"为核心，相互联系，相互补充，形成一个整体。"智"若离开"仁"，必将迷失方向而流于恶。"小人任智而背仁为贼，君子任智而背仁为乱"。反之，"仁而不智，则爱而不别也"。只有以智慧明辨是非和善恶，方可爱所当爱，恶所当恶。"勇"若离开"仁"，"勇"就势必成为背义之勇。

"君子有勇而无义为乱"（《论语·阳货》）。"仁者必有勇，勇者不必有仁"（《论语·宪问》）。所谓"杀生成仁"，"舍生取义"，说明"智"和"仁"也离不开"勇"。君子只有具备

"智""仁""勇"三达德，才能逐步地达到"不惑""不忧""不惧"的精神境界。而这正是儒家君子人格所追求的完美人生理想境界。

孔子之孙子思在《中庸》中，从理论上进一步将智、仁、勇概括成"三达德"，指出"智、仁、勇三者，天下之达德也"。即认为"智""仁""勇"是通行于天下最基本的人类美德。"智"即是"明"，"明白"。在智的前提下才会有真实道理；"仁"即是爱人，是执行力的源泉；关键在于仁字。仁分大仁，小仁；怀小仁不伪则可以齐家，睦邻，亲朋；怀大仁者，先大义而后才小家，有仁有畏者，忧国患民之文士，其心可鉴有心却无力；夫有仁而复又勇者，大丈夫。子曰："好学近乎知，力行近乎仁，知耻近乎勇。"君子只有勤奋好学，以求渊博知识，方能明白天下事理，故曰："好学近乎知。"君子不只好学求知，还应尽力实行，使自己成为言行一致的仁德君子，故曰："力行近乎仁。"在知行中君子难免做错事，只要自知羞耻，勇于知错改过，就能成为"过而改之"的君子。只有具备这三种品格，"则知所以修身；知所以修身，则知所以治人；知所以治人，则知所以治天下国家矣"。说明"三达德"的君子人格在修身治人中的作用十分重要。

《中庸》中还指出，调节君臣、父子、夫妻、兄弟以及朋友间的关系，就是靠人们内心的品德和智慧，因此说，三达德就是天下通行的品德。智、仁、勇靠诚实、善良的品德意识来培植加固。《中庸》中记载："天下之达道五，所以行之者三。曰：君臣也，父子也，夫妇也，昆弟也，朋友之交也。五者，天下之达道也。知、仁、勇三者，天下之达德也，所以行之者一也。或生而知之，或学而知之，或困而知之，及其知之，一也。或安而行之，或困而行之，或勉强而行之，及其成功，一也。"

宋明理学家在儒家思想基础上，进一步把"勇"分成"血气之勇"与"义理之勇"两大类。所谓"血气之勇"，即是由一时的感情冲动而鼓起的勇气，如暴行、蛮干、斗殴、自残等。所谓"义理之勇"，是指由道义而激起的勇气，如坚持真理而"百折不饶"之勇等，一再告诫人们"义理之勇不可无，血气之勇不可有"。

儒家提倡的"德义之勇"还有善于知错、改过之意，敢于自我否定。在儒家看来，人皆有过，连圣贤也不例外。问题不在是否有过，而是如何对待自己的过失。

"过而不改，是谓过矣。"（《论语·卫灵公》）。孟子曰："子路，人告之以有过则喜，禹闻善言则拜。"（《孟子·公孙丑上》）

儒家"智""仁""勇"的君子人格，虽然有它的时代局限性，但它也蕴含有人类普遍理想人格思想的胚芽，具有永恒的普世意义，不仅为塑造现代儒商的人格提供了一个理论模式，而且"三达德"所包括的许多人共有的高尚道德，也为建构现代儒商提供了丰富的文化资源。在华人企业家中，要想把自己培养成现代儒商，就必须从儒家"三达德"思想中吸取其合理成分，努力寻求"三达德"思想与现代儒商的结合点和生长点，使"三达德"成为现代儒商必备的重要思想要素。不从中国传统文化特别是儒家思想中吸取智慧和启示，要想塑造现代儒商的理想人格，几乎是不可能的。

二、见义勇为，勇于担当

见义勇为是中华民族的传统美德。"见义勇为真汉子，莫将成败论英雄。"（明·冯梦龙）；"见义不为，无勇也。"（《论语·为政》）。见义勇为是一种明心见性的行为。看到正义的事，就勇敢地去做。见义勇为的核心是勇敢。

"仁者必有勇，勇者不必有仁"（《论语·宪问》）。儒者之勇有三大标准：发乎仁，适乎礼，止乎义。

发乎仁。勇要以仁为基础，否则就会乱来。例如，地痞流氓以致恐怖组织中有很多勇敢者，那些勇敢以残害生灵为目的，是不仁不义反道德的。"好勇疾贫，乱也。人而不仁，疾之已甚，乱也"（《论语·泰伯》）。子路问成人。子曰："若臧武仲之知，公绰之不欲，卞庄子之勇，冉求之艺，文之以礼乐，亦可以为成人矣"（《论语·泰伯》）。

适乎礼。仅有卞庄子刺虎之勇还不够，还需用礼乐加以修饰，要接受礼的节制；勇，必须不违反法律和道德。不然，"勇而无礼则乱"（《论语·泰伯》），"君子义以为上。君子有勇而无义为乱；小人有勇而无义为盗"（《论语·阳货》）。

止乎义。勇如果没有义的约束，对官吏对百姓都是有害无益的。孟子认为，先仁后义；认为人必须有了仁才会生发出义来。那么，是否真的是有了仁就会有义呢？很多时候，人们常常看到很多不公平的事情，但是却没有站出来，就是因为缺少勇气。

作为一个新时代的中国公民，一定要弘扬中华优秀传统文化，遵循儒家对"见义勇为"内涵的解释以及"发乎仁，适乎礼，止乎义"的标准，在责任面前绝不退缩，在危难面前不能袖手旁观，要尽职尽责，勇于担当。

习近平总书记曾提出：好干部要"敢于担当"。"担当就是责任，好干部必须有责任重于泰山的意识，坚持党的原则第一、党的事业第一、人民利益第一，敢于旗帜鲜明，敢于较真碰硬，对工作任劳任怨、尽心竭力、善始善终、善作善成"。是否具有担当精神，是否能够忠诚履责、尽心尽责、勇于担责，是检验每一个党员干部身上是否真正体现了共产党人先进性和纯洁性的重要方面。总书记对于"敢于担当"的阐述，实质上体现出对儒家的"仁、礼、义"思想的传承与创新。

担当精神，是跨越赶超的力量之源。人们要永葆敢于担当的精神，练就善于担当的硬功夫，大力弘扬仁爱传统和见义勇为的美德，坚定信心、乘势而上，再创发展优势，再铸发展新辉煌。

三、新儒商精神和民族担当

民营企业依法经营，照章纳税，担当着最重要的社会责任。企业是社会的最基本经济单位，企业的员工来自社会，企业的产品要推向市场，企业生产经营活动离不开社会环境。所以企业会对社会各方面产生影响，需要担当更多的社会责任。

"仁爱"源于"人本",儒家思想将"人"放在宇宙和人类世界的中心,进而衍生出"由此及彼"的"仁爱"思想,这也是中国儒商所秉承的核心经营理念。只有处处以人为本,多为顾客与生意伙伴着想,才能更好地发展自己的事业。"泛爱众而亲仁"(《论语·学而》),"老吾老以及人之老,幼吾幼以及人之幼"(《孟子·梁惠王上》)。

传承儒商文化"仁者爱人"的人本经商理念,培育现代企业"以人为本"的精神。儒商文化仁爱的人本经商理念对现代企业人本精神培育有着重要意义。事实上,以"以人为本"为价值取向的企业也必然会成为优秀企业。所有员工包括企业管理者在内,都是企业最宝贵的财富,任何一个企业想要获得良好发展都离不开每位员工的辛勤与努力。因此,企业应当以儒商文化中"仁者爱人"理念塑造现代企业"以人为本"的精神,时刻关注员工利益,使员工真正以企业为家,为企业发展尽力。

在现代企业中,企业员工是企业的重要资源,企业招聘员工,不只是给予一个就业机会,要保证员工有合理的劳动报酬,尽量提高员工的福利待遇和工作的稳定性,为员工办理养老、失业、医疗、工伤、生育保险及社会保障,为员工创造良好的工作环境和提升的机会,从而激发员工最大的劳动积极性和创新精神,增强企业的凝聚力,这对建设和谐社会有重要意义。所以,充分尊重和切实维护员工合法权益是民营企业的一大社会责任。

作为一个企业或者商业部门,民营企业更应该传承儒家普世价值观念,结合时代精神,遵纪守法,敢于担当,塑造新时代儒商文化,凝练企业儒商精神。企业儒商精神可以作为高职院校职业素养教育的重要内容,主要体现在几个方面:

"仁者爱人"的人本经商理念,培养学生以人为本的管理思想。更重要的是每一个学生都要学习、内化、践行仁爱精神,提高学生的文明程度,助力当今职业院校的文明校园和优质院校建设。

"以义取利"的商业道德,培养学生的经世济民的社会责任感。更重要的是让学生认识到义利的关系,以及当二者矛盾的时候,重视道义和集体、国家利益,舍弃个人的私人利益,进一步激发学生的爱国、爱校、爱家的行为热情。

"诚信经商"的行为理念,培养学生践行经济社会诚信的经商行为准则。更重要的是每一位学生都要学会坚守诚信,诚信做人、诚信做事。

"互惠互利"的商业智慧,培育学生"协同、合作、共赢"的理念。更重要的是让学生明白团结互助、协作合作的重要意义。只有在互惠互利的基础上才能够把学习、工作和生活处理得更加得当。

"笃行务实"的敬业精神,培养学生敬业务实的工作作风。更重要的是让学生从日常的教育和学习生活中养成勤奋务实的作风,明白扎扎实实、脚踏实地才能够学有所长,做有所得。摒弃浮躁心理,立足学校、个人、社会需求实际,掌握技能。

传承与发展儒商文化,对于培养新时代中国特色社会主义建设者和接班人,具有十分重要的现实意义。

儒商文化与职业素养

（一）为消费者提供优质产品和服务

企业提升竞争力就是要求为消费者提供优质产品和服务，同时这也是企业的社会责任。消费者希望购买到质优物美价廉的商品，质量是核心。因为质量问题关系生命财产的安全。然而有许多企业较多注重价廉，却没有严格把控好产品质量关。或因技术工艺存在问题，或为了降低产品成本、增加利润，或因原材料短缺和价格不断上涨的压力，一些企业偷工减料，生产假冒伪劣产品，造成很不好的社会影响和危害。

（二）倾情回报社会

民营企业是改革开放的最大受益者，民营经济的发展，民营企业财富的积累，消耗了大量的社会资源，致富思源，回报社会是情理之中的事。改革开放、发展经济的目的是提高全体人民的生活水平。让全体社会成员共享发展成果，是构建和谐社会的要求，也是率先发展富裕起来的民营企业的一种社会责任。现实中已经有许多民营企业及企业家热心社会慈善事业，积极支持公益事业，踊跃投身光彩事业，主动参与新农村建设，如资助孤寡老人、贫困家庭学生，向慈善机构捐款，出资建希望小学，修建公路、桥梁，向受灾地区捐献钱物，等等。这些行为是做好事、做善事，但更为重要的是担当一种社会责任。

民营企业积极担当社会责任，是企业家高素质的表现。一家企业只图利润，其不关心员工利益，只图一时快速发展，不惜浪费资源污染环境，只图自身财富积累，置社会弱势群体于不顾，这样的企业必定不能持续发展。

企业发展是硬道理，但良好的生态环境和充足的自然资源是企业发展的基础和条件。企业发展的最终目的是强国富民，提高人民生活水平。如果企业为了一时发展，不惜浪费大量资源，造成环境污染和生态破坏，不仅有悖于发展的初衷，而且必然会制约企业自身的发展和整体经济的可持续发展。儒家"天人合一"的思想，包括尊重自然、适应自然、利用自然，与自然和谐共生，也成为当今提倡绿色、环保的重要法则。

第三节　节约环保　和谐自然

一、儒家"天人合一"环保观

儒家继承了上古时期的"天地人"三才思想，主张"天人合一"，实现人与自然的和谐。弘扬厚德载物，主张物尽其用。儒家以"天人合一"为核心环保理念，是儒商自然资源观和环境保护意识的文化基础和理论指导。

儒家"仁爱万物"要求以和善、友爱的态度对待天地万物，善待鸟、兽、草、木，形成了环境友好的理念和态度。儒家认为，"仁者以天地万物为一体"，一荣俱荣，一损俱损。"伐一木，杀一兽，不以其时，非孝也"《论语·颜渊》。孔子要求人们遵循可持续发展的原则；曾子发挥了孔子的这一思想："树木以时伐焉，禽兽以时杀焉。"儒家主张对自然资源做有限制的开发和利用，反对滥用自然资源和对自然资源的过度索取。朴素的"可持续"思想，在孔子、孟子、荀子的主张中都可以体现。

儒家强调尊重自然，尊重客观规律，更提出了人可以通过发挥主观能动性，改造并合理利用自然，建立起人与自然和谐相处的关系。儒家重视生态平衡规律，并根据生物资源消长的规律，提出了保护生物资源的理论和措施。孟子的"不违农时，谷不可胜食也。数罟不入洿池，鱼鳖不可胜食也。斧斤以时入山林，树木不可胜用也"思想就是其典型代表。

儒家历来反对滥用资源。孔子明确提出"节用而爱人，使民以时"的思想。荀子把对山林川泽的管理、对自然资源的合理开发与保护作为"圣王之制"的内容，要求砍伐和渔猎必须遵守一定的时节，并规定相应的"时禁"期，以保护生物和资源。儒家认为，对待天地万物，应采取友善、爱护的态度；自然资源是人类赖以生存的物质基础，如果随意破坏、浪费资源，就会损害人类自身。孟子主张把人类之爱施于万物。他说："亲亲而仁民，仁民而爱物。"朱熹进一步阐发了爱物的思想，他说："此心爱物，是我之仁；此心要爱物，是我之义。"儒家的生态伦理思想给今天的人们带来有益启示，那就是在发展经济、开发自然、利用资源的同时，必须注意人与自然关系的协调，把发展经济、发展科技与生产力同保护生态环境有机统一起来，把人类生活需要与生态环境运行规律有机结合起来，提高开发自然、利用资源的科学性与合理性。当前，我们解决资源短缺问题，合理利用和有效保护资源，可以借鉴儒家所倡导的取用有节、物尽其用的思想。

现代一些民营企业家能够遵循人与自然和谐的"天人合一"理念，在利用自然的同时，也能保护自然，实现绿色环保可持续发展。宜华集团董事长刘绍喜就是这样的一位企业家。他的企业以木材为原料，在过去木业企业滥用树木，砍伐森林，使生态环境遭到破坏之时，刘绍喜意识到不能再让生态环境进一步恶化。于是他提出"砍一棵树补一株苗"的环保理念。探访亚马孙热带雨林以及其他多个深山沟壑后他找到了合适的木材基地，并大力提倡植树造林，形成一条绿色环保产业链。刘绍喜不追求商业利益，注重可持续发展的精神难能可贵。

二、践踏自然，必受惩罚

企业生产高能耗、高排放，会严重污染环境，得不偿失。温州市平阳县水头镇曾经以制革闻名全国，最兴旺时期制革企业达1 200多家，年产值达40多亿元，平阳县财政收入三分之一来自水头镇。2001年1月被国家相关部门命名为"中国皮都"，成为全国最大的猪皮革集散地和贸易市场。但是，由于制革企业要产生大量污水，许多制革企业没有污水处理设施，每天排放污水达7.5万吨，严重污染环境，影响人民群众生活和身体健康，被列入全国十大环境违法典型案件，不得不实施停产整治。全镇关闭了1 000多家作坊式制革企业，

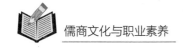

倒逼转型。

企业生产过程中排放出的废气、废渣、废液，会造成河流、土壤、大气污染，威胁人类的生存与发展。所以，企业发展不能只图自身利益而牺牲公众利益。保护好环境、资源，实现可持续发展，为子孙后代造福，是企业义不容辞的社会责任和历史责任。

今天，生态危机已成为全球性问题。解决这个问题，不仅要在技术层面探索更多治理手段，更重要的是解决人们的思想观念问题。生态危机的实质是文化危机。人类要克服生态危机，继续生存下去并进一步繁荣发展，就必须抛弃以人类为中心、人与自然对立二分的理念，反对盲目强调人是自然的主宰，反对为所欲为地征服和掠夺自然。在这个问题上，儒家主张协调人与自然关系的"天人合一"思想是可资借鉴的理论资源。

当然，儒家生态伦理思想要和当代社会相适应，还需与当代生态伦理学和环保理念结合起来。儒家生态伦理思想包含着诸多超越时空限制的合理内涵，这些符合客观规律的成分不会随时代和地域的变迁而过时；同时，儒家生态伦理思想也存在历史局限性，有一些糟粕。我们要根据当代中国、当今世界发展的实际需要，促进儒家生态伦理思想创造性转化、创新性发展，使之成为生态文明建设的重要思想资源。

儒商对社会义务的承担，就是继承和发扬中华民族的"经世济民""造福社会"的精神和传统，有的捐资救灾，有的扶贫兴教、有的济困助学。在春秋时期就有捐资兴教、捐资助学的善举。范蠡三散其财救助贫困；子贡支持孔子周游列国、宣传儒家的思想主张。捐资办学正是古今一脉相传的儒商特征。

第四节　博施济众　造福社会

子贡曰："如有博施于民，而能济众，何如？可谓仁乎？"（《论语·雍也》）

子曰："何事于仁，必也圣乎！尧舜其犹病诸！夫仁者，己欲立而立人，己欲达而达人。能近取譬，可谓仁之方也已。"（《论语·雍也》）

子贡说："假若有一个人，他能给老百姓很多好处又能周济大众，怎么样？可以算是仁人了吗？"孔子说："岂止是仁人，简直是圣人了！就连尧、舜尚且难以做到呢。至于仁者，就是要自己站住脚、发展强大了，也要帮助人家一同站住脚，慢慢发展强大起来；自己过得好了，也要帮助别人一同过得好。凡事能就近以自己做比，从而推己及人，这就是实行仁德的方法了。"

子贡和老师的对话得出的结论就是：己欲立而立人，己欲达而达人。

"己欲立而立人，己欲达而达人"就是"推己及人"，共同富裕，最终天下大同。这既是实行"仁"的重要原则，也是为政的最终目的。

一个企业的发展离不开其凝练而形成的企业文化，尤其是企业的核心理念和灵魂，即企业精神。企业精神是一个企业的员工所具有的共同意志、理想与追求，是企业独特的、积极向上的品格，它能够凝聚企业员工的思想、激发企业员工的创造力，是提升企业核心竞争力的重要方面。现代企业精神的塑造需要从中华优秀传统文化中汲取养分，运用传统儒家文化价值观、道德观为取向，体现中国儒商在日常经营、生意往来和为人处世时的思维方式和处世准则，大爱天下，博施济众。儒家思想曾被成功地运用于经济领域，形成了独具特色的儒商文化。

儒商要有强烈的社会责任感，要有济世救民的远大抱负和忧患意识，追求达则兼济天下的胸怀。当然，"博施济众"很难做到，对儒商来说，一般行善之举是可以尽力而为。以前的徽商，在家乡做投资修桥铺路，盖祠堂、修家谱，乐善好施的举动是一种功德。实力差一些的乡绅，也有在夏天的官路上摆一些茶缸，供路人免费解渴。

晋商商帮也是近代中国历史上名噪一时的商业团体。晋商民居和晋商大院成为当今的重要文化遗产。有名的李家大院有着"博施济众，慈善世家"的美誉。它是晋南民俗文化和晋商精神的物化。李家先祖在明朝永乐年间因灾荒从陕西省韩城县（今韩城市）逃荒至山西省万泉县（今万荣县），辛勤劳作，耕读传家，后由农入商，创办企业，成为当地巨富。李氏家族以农为本，以商贾兴，以诚信立，以慈善而名扬天下，演绎了一个白手起家、诚信经商、富甲一方、善行天下的晋商故事。

李家大院有一面"百善壁"，用不同字体书写着365个"善"字，意在要求自己及后代人天天行善，日日行善，永远行善。万荣曾遇大旱，庄稼绝收，无数人被饿死。李家大行善举，出钱买粮，广设粥棚，接济穷人。李家的粥有标准：筷子插到粥里不许倒。凡闫景、薛店村因婚丧嫁娶困难者，李家均施舍钱粮。1928—1929年，山西接连大旱，李家先后赈济河东十七县灾区每县1 000银元，给河东旱灾救济总会捐款10 000银元，对本县、本村及原籍薛店村特别救济4 000银元和2 000银元，而且还再设粥场赈灾。当时山西省政府主席阎锡山为李氏家族颁发"博施济众"的牌匾，以示表彰。

2016年7月19日，河北石家庄特大暴雨对该市的西部山区造成重大人员和财产损失的严重灾情。"天灾无情，人间有爱"，河北金手指科技集团秉承公益慈善的理念，联合石家庄市慈善总会举办"爱心善行，加油井陉"之金手指集团慈善基金捐赠活动。救灾物资与赈灾善款火速送往灾区，帮助灾区群众摆脱困境，走出难关。

现代儒商以公益回馈社会的行为，也收获了良好的企业形象，进而能够产生更好的经济效益，形成一个良性的循环。

第五章 儒商的经营策略

所谓经营策略，就是为了实现某一经营目标，在一定的市场环境条件下，所有可能实现经营目标采取的行动及其行动方针、方案和竞争方式。它规定了在一种可能遇见和可能发生的情况下，应该采取的行动。

经营策略是在竞争环境中，考量本身的优劣，据以形成优势和创造生存与发展空间所采取的反应。经营策略必须随自身条件、外部环境的变动而调整。在世界大环境瞬息万变的时代，以变应变，必须随时调整经营策略。经营策略虽然要随自身条件、外部环境的变动而调整。但儒商的经营策略一般都包括以义取利、以和为贵、以人为本、诚实守信、经世济民等。

儒商经营策略的构建根植于儒家文化和思想。儒家学说作为中国传统文化的主流，不仅是中华民族道德观念的基础理论，造就了中华民族高尚的人格理想与传统美德，而且在长期的商业贸易经营活动中，成为指导儒商经营策略的基础理论，既促成了儒商的事业成功，也促进了社会整体经济的发展。

第一节 以义取利 义在利先

一、儒商以义取利的经营策略

在我国古代的商业贸易中，某些有头脑、有见识的商人已经把儒家思想和儒家提倡的道德运用在商业贸易中，并且获得了巨大的成就，这些人也就是我们所说的儒商。儒商们发挥儒家财富观，使之成为久经历史检验的儒商经济伦理的核心。其中，子贡是这方面的典范，他是历史上最早的一位儒商，也是我国商业史上最具知名度和美誉度的货殖家之一。《史记》中的《货殖列传》和《仲尼弟子列传》，对他的商业活动多有记叙："子贡好废举，与时转货赀。""子贡既学于仲尼，退而仕于卫，废著鬻财于曹、鲁之间，七十子之徒，赐最为饶益。""子贡结驷连骑,束帛之币以聘享诸侯,所至,国君无不分庭与之抗礼。"他往来于各诸侯国,通过贱买贵卖,在商品的价值运动中获得了巨额商业利润,以至家累千金。子贡经商,往往在掌握大量信息条件的基础上做深入分析,因而推测市场行情起落,每每准确无误。孔子多次称赞他能"告诸往而知来者","臆则屡中"(《论语·先进》),对未来做出正确的推测判断。

子贡在其商业活动中,以仁为本,以"博施于民而能济众"作为目的。《吕氏春秋·察微》载:"鲁国之法,鲁人为人臣妾于诸侯,有能赎之者,取其金于府,子贡赎鲁人于诸侯,来而辞不取其金。"当时子贡的母国——鲁国有许多百姓在其他诸侯国为奴隶,子贡就用自己的钱把这些为奴的百姓赎回,而不到鲁国领取补偿。这种做法一方面说明子贡确实有钱,另一方面也说明他有仁德之心。

在治理国家方面,子贡反对严刑峻法,主张以教化为主。当鲁国季孙氏以暴政治鲁时,子贡对季孙氏说:"赐(子贡之名)闻之,托法而治谓之暴,不戒致期谓之虐,不教而诛谓之贼,以身胜人谓之责。责者失身,贼者失臣,虐者失政,暴者失民。"最后的结论是:"居上位行此四者而不亡,未之有也。"(《吕氏春秋》卷三)由此可见,子贡虽然是个商人,但他真诚地关心国家政治,并希望把自己的政治主张实施在国家政事之中。子贡在商业经营中,以孔子的"温、良、恭、俭、让"为行为准则,以仁义为信条,以施民济众为目的;致富道路没有什么越轨行为,不依靠权力,也不搞假冒伪劣和坑蒙拐骗,因此生意兴隆,事业发达。《论语》中的"富而不骄""富而好礼",即指子贡其人。作为孔门弟子,他是典型的奉"以义取利""见利思义"为圭臬的儒商。

二、儒商以义取利经营策略的体现

在经济领域,儒商恪守以义取利,义利相宜,取合义之利的价值观。商业活动的天性是追求利润,而儒商能做到持仁义之心经商,不取不义之财,这是儒商的美德。清代徽商舒遵刚说:"钱,泉也,如流泉然。有源斯有流。今之以狡诈求生财者,自塞其源也。圣人言以义为利,又言见义不为无勇。则因义而用财,岂徒不竭其流而已,抑且有以裕其源,即所谓之大道也。"舒遵刚认为义乃利之"泉",去义求利犹如塞泉取水,只有做到义才能长久获利。儒商经商以义取利,而儒商的"义"分为三种。

一是对国家的"义",即不偷税、不漏税,支持国家的财政工作;协助政府抗灾救灾,造福民生;抵御外侮,保国护民。红色资本家霍英东先生情系祖国,在国家最需要时挺身而出,为国解忧,充分展示了儒商对国家的"义"。在朝鲜战争时期,以美国为首的西方国家对中国实行禁运,企图封杀新中国。霍英东先生排除艰险,向祖国输送汽油、钢铁、车胎等战略物资,支持祖国的正义战争。20世纪80年代,中英就香港回归问题展开谈判,霍英东积极协助祖国,处理香港事务,并担任香港特别行政区基本法起草委员会委员等公职,为香港回归后繁荣稳定献言献策,对香港的和平回归祖国做出贡献。可以看出,霍英东先生践行了儒商对国家"义"的要求。

二是对顾客的"义",讲诚信经营,信守承诺,做到让顾客放心;不以次充好,严把质量关,让顾客享有优质的服务;薄利多销不哄抬物价,让顾客得实惠。海尔集团的张瑞敏很好地展示了儒商对顾客的"义",张瑞敏严把质量关,把为顾客提供生产高品质、高质量的产品作为企业经营的宗旨。注重产品质量,诚信经营,这是海尔公司享誉全球的根本原因。

三是对商业同行的"义",讲公平竞争,各显其能;以和为贵,团结共进;经商以诚,待人以公;互帮互助,互利共赢。近代享有"煤炭大王""火柴大王""企业大王"美誉的刘鸿生先生,在与外资竞争时采取"联华制夷"策略,即注重与国内同行的精诚合作,互帮互利,营造稳定健康的国内市场秩序,最终实现行业的共同发展,抵制外资入侵。商业经营中能兼顾到对国家、顾客、同行的"义",这就是儒商经济伦理思想的精髓所在,也是儒商成功的秘诀。

第二节 以和为贵 合作共赢

一、儒商以和为贵经营策略的体现

儒商在商品交易中的一个重要伦理准则就是互利,在经营中不是仅仅追求自己的利益,也努力去促成交易对方利益的实现。儒商注重公平互利的伦理原则,反映了商品经济、市场经济的内在要求。买卖公平是价值规律等价交换法则的体现。互利则是商品生产作为一种交换经济,其价值实现的相互存在性的要求。同时,儒商将公平互利作为一种自觉的伦理精神,深受儒家文化的影响。从一定意义上说,儒商的公平互利观实际上不过是儒家处理人际关系的思想在商业经营中的运用。我们知道,儒家处理人际关系的基本原则和方法是推己及人,提倡"己欲立而立人,己欲达而达人"。在现代市场经济中,就是要尊重各个经济主体的权益,肯定他们的人格平等和法律权利的平等,从而保持自身的自主性,同时公正平等地对待他人。企业应当具有独立平等的人格,"自主经营,自负盈亏,自我约束,自我发展",体现出参与经济活动的自主性。所谓自主性,是指个人(法人)具有处置其拥有的社会资源,决定这些资源使用方法与方向的权利;具有决定进入或退出某一经济活动,决定与其他经济主体订立契约或依法终止契约的权利。当然,自主性既表现为权力,又包括与之相连带的自我责任与个人利益,以及必要的自我约束能力。经济主体既要承认自身人格的独立性,也应尊重其他经济主体的权益,把其他经济主体置于与自己平等的地位,这样才能真正公平地处理好内外的各种关系和各种问题。

尽管儒家、儒商的平等观与市场经济的平等要求有时代的差异,但我们仍可在其中发掘出有价值的部分,添注于我们现时代的经济伦理精神之中。这样,不仅有利于提高商人的信誉，促进经营的发展，也对整个商品经济、市场经济的发展具有重要意义。

二、儒商以和为贵与现代市场竞争的关系

竞争是商业活动的天然属性，离开竞争谈发展是不切实际的幻想。企业参与竞争，利用竞争来促进和推动商业经营的良性开展，这是商场生存法则，但是对于如何利用竞争却有着不同的理念。

西方商人侧重于竞争的对抗性，相信竞争的结果就是优胜劣汰、弱肉强食，对于商业竞争对手不含丝毫同情，想尽办法摧毁对方，通过对竞争对手的征服、消灭来实现自身的发展壮大，所以西方商业竞争异常惨烈，充满火药味。东方儒家文化辐射区域内的儒商则与此不同，儒商虽也不可避免参与竞争和利用竞争，但儒商在竞争理念和竞争方式上和西方商人有着很大的区别。儒商把"和谐"这个因素引入商业竞争中，以营造健康和谐的竞争环境。儒商在商业竞争中更倾向于找到彼此利益共同点，达成合作协议，合作共赢，摒弃两虎相争的竞争模式。施忠连在《传统中国商人的精神弘扬》一书中指出："中国商人、海外华商常常更喜欢采取联营、合作的方式来发展自己的企业。如无必要，并不一定要把对手置于死地。如印尼金融家李文正就是如此。他不喜欢采用美国式的大鱼吃小鱼的吞并方式，也很少打入别人已经取得成功的商业领域中去，驱赶创业者。"

儒商合作共赢的竞争精神包含两个方面：一是争而不失和。在商业经营中有竞争也有合作。不崇尚恶性竞争，追求在竞争中获利；不倾向于单方面压倒优势，强调一定的相互制衡。传统儒商的一条重要理念是"有钱大家赚"，一支独大，排挤同行的经商手法历来不受推崇，甚至唾弃。儒商追求竞争各方能够达成共识，形成合作协议，达到和谐共赢的目的。二是以和助争。同行之间相互合作，协调一致，一致对外，共同参与国际竞争。如清末红顶商人胡雪岩，他联手上海商人庞二，控制上海丝价与外商竞争，迫使外商按高价购买中国丝苗，维护了中国丝布价格，保护了广大乡农和商户的利益，堪称以和促争的典范。

儒商以和促争的经营方式反映了商品经济的客观要求。商品经济是以追求利润为前提的，商人经营的目的是自身利益的实现，因此不可能不争。竞争也可以促使资源配置的优化，提高产品和服务的质量。

儒商互利共赢式商业经营策略限制了过度竞争，减弱了竞争的危害性，促进了商业合作，这对于商业健康开展具有积极意义。另外，用合作共赢的竞争精神指导商业经营，能够把不同商业主体有机结合、整合资源，组成实力雄厚的企业联盟，在参与国际竞争中将具有更强的竞争力，保障民族企业在激烈的全球市场竞争中站稳脚跟。《荀子王制》中指出："和则一，一则力多，力多则强，强则胜物。"儒商联合同行，组成实力强大的商业同盟参与更强、更大的国际竞争，这是儒商在国际竞争中立于不败的法宝。

儒商注重公平和公正的善意竞争，顾及双方的共同利益，力求实现合作共赢的目的，而不会将对手置之于死地。儒商追求利益但不贪图利益，能够在公平的前提下获利，保证

经营活动的正常进行。儒商还异常关注企业内部人际和谐，用"以和为贵"的思想塑造企业文化，鼓励员工相互协作，提高内部向心力。倡导经营中的和谐相处，是儒商精神在企业家精神中的一个极具特色的管理理念。只有将内外部的各种关系处理妥善，才能真正实现社会和谐发展。

三、儒商以和为贵策略在企业经营中的应用

在全球化时代，商业竞争异常惨烈，而目前我国企业的竞争力远不如西方企业，这是严酷的事实。我国企业想在全球市场上站稳脚跟就必须要团结合作，内部统一，一致对外，这是目前企业竞争力不强情况下的必然选择，不团结对外而搞内部恶性竞争，最终受到伤害的是自己。比如前几年的稀土出口贸易，国内企业竞相压价，搞内部压价，结果使用于制造导弹、液晶电视等高端产品的稀土卖出白菜价，企业没有盈利，国家资源还流失严重，极大损害了我国利益。后来国家统一调整，整合稀土企业，保持稀土企业内部统一，拉动稀土出口价格节节攀升，为稀土行业带来了巨大利润，可见团结合作有利于我国企业的健康发展。当然，像稀土产业这样依靠国家出面统一协调、统一规划的运作方式不可能大规模推广，这不符合市场经济的自由贸易宗旨，也会给国外企业和组织以口实，使他们指责中国政府违反世贸协定，操作市场。

因此，我国企业家要发扬儒商互利共赢，团结合作精神，自发团结起来，组成行业同盟，组成一个利益联盟，参与世界竞争。在目前我国企业相对弱小的情况下，学习和发扬儒商团结合作、互利共赢精神是十分必要的，它对企业的成长发展具有巨大的保护作用。

第三节　诚实守信　童叟无欺

一、诚实守信释义

诚实，即忠诚老实，就是忠于事物的本来面貌，不隐瞒自己的真实思想，不掩饰自己的真实感情，不说谎，不做假，不为不可告人的目的而欺瞒别人。守信，就是讲信用，讲信誉，信守承诺，忠实于自己承担的义务，答应了别人的事一定要去做。

（一）儒家"诚"德内涵

"诚者，天之道也；诚之者，人之道也。""诚者自成也，而道自道也。诚者物之始终，不诚无物，是故君子诚之为贵。""唯天下至诚，则能尽其性，能尽其性，则能尽人之性，能

尽人之性，则能尽物之性，能尽物之性，则可以赞天地之化育，可以赞天地之化育，则可以与天地参焉。"《中庸》中论述了"诚"是自我完成与天地相伴随的规律和原则，既能成就人，又能成就物。"诚者，天之道也；思诚者，人之道也。"《孟子·离娄上》讲的"诚"是大自然的本真状态，而追求"诚"是人的主体性展现。《中庸》和《孟子》均把"诚"上升到天道的高度。

《中庸》把"诚"视为德行之本，承载德性根基，认为"是故君子诚之为贵"。为此，提出了两种不同的道德境界："诚者，天之道也；诚之者，人之道也。诚者，不勉而中，不思而得，从容中道，圣人也。诚之者，择善而固执之者也。"

儒家把"诚"视为"天道"，在于他们看来，"天"不仅是自然之天，同时也具有灵性、神圣性，是义理、德性之天，因而可以将"天"道德本体化、心性化。同时，"天"又具有必然性和强制性。儒家把"诚"视为天道，把"诚之""思诚"当成人道，进一步将"诚"作为人所应具备的基本道德实践素质加以张扬。

《大学》中倡明"诚意"之说："古之欲明明德于天下者，先治其国；欲治其国者，先齐其家；欲齐其家者，先修其身；欲修其身者，先正其心；欲正其心者，先诚其意；欲诚其意者，先致其知，致知在格物"，把"诚意"作为个人修身、齐家、治国、平天下的基础，同时要求人"毋自欺"。

宋明理学把"诚"看成人的基本德性。朱熹"诚学"的最大特点是以"实"解"诚"，认为"诚者，实有此理"，"诚者，真实无妄之谓，天理之本然也"。由此，"诚实"作为一个组合词成为宋明理学一个重要伦理范畴。朱熹站在理学角度进一步表明，"诚"不仅是外在的、客观的、本源的天理，也是人主观内心的真情实感。

（二）儒家"信"德内涵

"信"在西周历史文献中频繁出现，其思想内涵，如"信用、信誉、信任、信心、信义、信仰、信念"等多种，同时又经常同其他道德范畴连用，如"忠信、诚信"等。"信"字从人而言，是人言的合写，人说的话为之"信"，可见守信用的话，才是人话。《论语》提到"信"字就有20多处，如"人而无信，不知其可也"（《论语·为政》），"言必信，行必果"（《论语·子路》），"与朋友交，言而有信""谨而信，泛爱众，而亲仁"（《论语·学而》），"自古皆有死，民无信不立"（《论语·颜渊》），"信则民任焉"（《论语·阳货》）。言又包括语言和言语。按常人的说法，信就是一种用来进行人际交往和沟通的言说道德，包括内在和外在两个方面。

一方面，对内而言，"信"表达的是人内心的真实无妄态度，是对"忠"和"诚"的一种坚守，是历代儒家所极力倡导的忠心和诚心，它们均为信的心理基础——诚本信用和忠本信用。孔子在《论语·卫灵公》中说："言忠信，行笃敬，虽蛮貊之邦行矣。"何谓忠信？邢昺在《论语注疏》中指出："中心无隐谓之忠。人言无欺谓之信。"俗话说"言为心声"，由忠而言、心言如一即为信。

另一方面，对外而言，"信"代表人的言行一致，即孔子所说的"言必信，行必果"。作为"信之言"实为"诺言"，因此要有信就务必要践行，即讲信誉。

"信"是做人之本。儒家认为，信是人在社会上立身行事的根基，是待人处世的基本准则。《论语·学而篇》有大量有关诚信价值规范的言语。孔子说"敬事而信""谨而信""主忠信"等。荀子在《修身》篇对人讲信的作用说："体恭敬而心忠信，术礼义而情爱人，横行天下，虽困四夷，人莫不贵。"在为人处世之道中，先秦儒家尤其注重把"信"作为交友之道。孔子把"老者安之，朋友信之，少者怀之"作为个人的社会理想。先秦儒家凸显了"信"作为交友之道的内容意蕴，处理或调节其他人际关系也要守信。

先秦儒家的尚信思想对中国社会治理产生了长久而深远的影响。宋初政治家司马光说："夫信者，人君之大宝也。国保于民，民保于信。非信无以使民，非民无以守国。是故古之王者不欺四海，霸者不欺四邻，善为国者，不欺其民，善为家者，不欺其亲。……上不信下，下不信上，上下离心，以至于败。"清代郑端在所撰的《政学录·卷三》中说："信者居官立事之本。与民信，则不疑而事可集矣。期会必如其约，无因冗暂违；告谕必如其言，无因事暂改。行之始必要之终，责诸人必先责己。"

在儒家诚信思想体系中，尚信是工具理性和价值理性的统一。一方面，"信"是达到某种价值目标的重要手段——"民无信不立"，"上好信，则民莫敢不用情"，"信则人任"，"信立而霸"；另一方面，"信"本身也是个人和社会值得追求和倡导的道德价值目标——"言忠信"，"敬事而信"，"笃信好学"，"足食、足兵，民信"，"夫信者，人君之大宝也"，"信者居官立事之本"等。正因如此，《礼记·礼运》不仅把"信"与"仁""公""和"一起拉入"大同社会"理想之中，还把"信"作为"小康社会"的价值理想加以肯定。

"信"是儒家思想的一个重要方面，与"义利观"相比，学界对它取得较为一致的认同。它往往有两层含义：

一是治国之要。《论语·颜渊》载：子贡问怎样治理国家，孔子说："首先要有充足的粮食，其次要有充足的军备，然后人民就会信任政府了。"子贡接着问："如果迫不得已要去掉一项，去掉(三项中的)哪一项？"孔子说："去掉军备。"子贡又问："如果迫不得已还要去掉一项，去掉哪一项？"孔子说："去掉粮食。自古以来人都有一死，如果失去人民的信任，国家就不能长治久安。"信任被最后保留下来。《论语·学而》载："子曰：'道千乘之国，敬事而信。'"意思是：孔子说，治理一个拥有千辆兵车的大国，要严肃认真地对待工作，并且讲究信用。由此可以看出孔子特别重视政府能否做到取信于民，能否遵守各种信用。

二是交往之要。信，是指信守诺言，它是做人的根基、人与人之间交往沟通的准则。孔子强调"与朋友交，言而有信""人无信不立"。《论语·为政》说："人而无信，不知其可也。大车无輗，小车无軏，其何以行之哉？"把"信"看作是做人的根本，人言而无信，就如同大车没有安装横木的輗，小车没有安装横木的軏不能行走一样，是无法立身的。《大学》说："所谓诚其意者，毋自欺也。"孟子认为"诚"既是天道的本然，也是道德的根本。他说："诚者，天之道也；思诚者，人之道也。至诚而不动者，未之有也；不诚，未有能动者也。"(《孟子·离娄》)真诚是天道,而对诚的追求则是人道。自汉代董仲舒以后,"信"被列为"五常"之一。中华民族以"诚信"作为行为准则和传统美德的重要组成部分,守信用、讲信义成为中国人共同认可的价值标准和基本道德。

以诚待人,讲信用,说话算数,实事求是,言行一致。这一切都必须在符合正义与正确的前提下体现出来,即"信近于义,言可复也"(《论语·学而》)。孟子也说:"大人者,言不必信,行不必果,惟义所在。"(《孟子·离娄》)这就是说,不符合义理的诺言不必兑现,不符合义理的盟约不必履行。能做到符合义理的"信",其人格定是高尚的,其思想素养定是深厚的。做人的根本在于"信"。信,是人际交往的法则,做人的根本,人与人之间最初级的交流和沟通是建立在"信"的基础上的,"信"是人与人之间关系和谐的基础。

作为商人,讲信义是生意兴隆之本。对消费者讲诚信,真正做到信誉第一、质量第一、童叟无欺、顾客至上、言不二价等,就会招揽更多的顾客;对国家讲诚信,就会受到政府的保护和关照;对员工讲信义,就能得到他们的信任,大家就会团结一心,恪尽职守,做好各自的工作。

二、儒家"诚信"思想

诚信就是诚实而又有信用,准确地说是"忠诚信义"的概括。"君子进德修业。忠信,所以进德也;修辞立其诚,所以居业也。"诚在于仁,信近乎义,仁义又是儒家文化的核心内容,因此诚信可谓是儒家的专利。儒家视诚信为"进德修业之本""立身之道""立政之本"。在儒家看来,诚信不仅是一切道德行为的基础,而且是一个人做学问、干事业的根本。

(一)为人需要诚信

"诚信"作为"诚实守信"的道德范畴,是作为一个人的基本素质。如果一个人不讲信用,就很难得到别人的尊重和信任。《大学》将"诚意"列为"八条目"之一,而《中庸》更把"诚"视为一切德行之本。"诚"与"信"的结合,正体现了儒家所强调的为人必须表里如一、言行一致的道德思想。

(二)经商需要诚信

《孔子家语·相鲁》说:"贾羊豚者不加饰。"《礼记·王制》说:"布帛挟精粗不中数,幅广狭不中量,不鬻于市。"认为商人要取信于顾客,就必须做到"价实""量足"。古人提倡"贾而好儒",即要求商人在进行商业活动时不贪图暴利,不为眼前的短期小利所迷惑。《汉书·货殖传》中记载"贪贾三之,廉贾五之",即是说,讲诚信的商人如果单就一笔交易得到的利而言可能很薄,但若能赢得众多商客的信任,货可连售,资金周转加快,比那些贪贾总是获利丰厚。自古以来,恪守儒家信德的商人往往事业日益兴旺。

（三）为政需要诚信

"信"是立政之道。儒学的核心内容包括为人之道和为政之道。儒家为政之道所推崇的根本理念则是为政以德。儒家阐扬的信作为对社会的一种承诺和责任，作为重要的道德品质，是建立人与人之间和谐、友善、信任关系的道德基础，因此儒家特别重视信德在治国理政中的作用。

一是从反面强调，人一旦缺乏诚信就会让人无所适从。孔子在《论语·为政》中说："人而无信，不知其可也。大车无輗，小车无軏，其何以行之哉？"在《论语》中，"信"有"受人信任"和"对人有信用"两层含义。这里的"信"无论解为统治者的信誉还是训为老百姓的信任，都说明"信"的重要性，表明在治国理政的过程中缺乏信德会一事无成。

二是从正面强调，信是为政的基本要求。孔子《论语·学而》指出："道千乘之国，敬事而信，节用而爱人，使民以时。"这就是说君王在治理国家时应谨慎处理事务并讲究诚信。

三是强调诚信是社会治理的基础。孔子认为如果老百姓无诚信则当政者就失去了根基，反之君子倘取信于民则会保证施政效果。他指出，执政者只有专心注重自身修养，才能获得黎民百姓的信赖和拥护；只有喜好信德，才能得到民众真心实意对待。《论语·子路》中"上好礼，则民莫敢不敬；上好义，则民莫敢不服；上好信，则民莫敢不用情。夫如是，则四方之民襁负其子而至矣，焉用稼？"孔子还总结出历代圣明君主治国的经验是重在宽厚、诚信、勤敏和公允。

孔子、孟子力主德治仁政，因而将五种品德施行于天下，也就包含着对为政以信的重视。荀子不仅在《荀子·王霸》中主张"信立而霸"，还在《荀子·强国》中强调"政令信者强，政令不信者弱"。可见，儒家十分强调政治信德的规范指导意义，把信上升为用以调节君民、君臣关系的基本准则。

三、儒商诚实守信经营策略的表现

诚实守信不仅是经营策略，更是经济伦理，从一定意义上说，诚信也是一种经济规律。恩格斯对诚信问题的定位，曾做了精辟的论述。他认为诚信的本质，首先是经济规律，其次才表现为伦理性质。经营活动是在生产者和消费者的关系中进行的，双方能否建立诚信关系，对于社会和个人的经济发展，有着至关重要的影响。我国的一些企业家，如陈嘉庚、李嘉诚等在工商业的经营中，忠信待人，仁义为本，一诺千金，从而赢得广大客户的信任。在商业经营中讲义守德、诚实不欺、严格法纪、反应敏捷，才能在商战中立于不败之地。中外企业家成功的经验告诉我们，儒商经济伦理至今仍有现实意义。但现代儒商经济伦理的完善，更需要培育契约意识，建立和完善法律制约，尤其是信用机制，而这又必须和民主化进程相伴而成。舍此，我们就会离"诚信"社会的目标越来越远。

"诚信"也是近世儒商的重要伦理。海宁商人沈方宪，"贸易硗石市，皆服其不欺"（张履祥《言行见闻录》）。驰骋商界几百年的晋商和徽商，也都具此特征。徽商大都奉行"待人接物，诚实不欺"(道光《徽商通志》卷196)信条。梁启超则盛赞晋商"独守信用""自夸于世界人之前"。(见《山西票号史料》第509页)清咸丰、光绪年间是山西票号发展的高峰，全年汇兑达到两千万两银子以上，良好的信用正是其兴旺发展的重要因素。《续文献通考》曾如是评价山西票号的信誉："山右钜商，所立票号，法至精密，人尤敦朴，信用显著。"渠绍淼的《晋商兴衰溯源》中载有一条资料：1888年，上海英国汇丰银行一位经理记录称"二十五年来，汇丰与山西商人做了大量的交易，数目达几亿两，但没有遇到一个骗人的中国人"。儒商将诚实守信作为经营策略和指导，能降低交易成本，既促成了儒商的事业成功，也促进了社会整体经济发展，因而对其历史进步性应给予充分肯定。

　　将诚信作为经商之本，在中国由来已久。作为儒家伦理精神奉行者的传统儒商则更为自觉地把这种"诚信"传统转化为经营哲学，用来指导自己的商业经营活动。"诚信为本"成为传统儒商一种基本的经营理念和行为规范，也是儒商经营伦理的生命线。中国古代的许多经商谚语充分表达了这种诚信精神，像"诚招天下客，信聚八方商"，"忠诚不蚀本，刻薄不赚钱"，"一诺千金"，"童叟无欺"等，这些谚语、俗语是中国古代商人经商的基本准则，也是他们成功的经验，充分表达了传统商人，特别是儒商对诚信的高度重视。

　　传统儒商的诚信为本，首先表现在他们提倡在商业交往中要诚实不欺，诚恳相待，货真价实。歙县商人吴南坡重视经商信誉，他以"人宁贸诈，吾宁贸信，终不以五尺童子而饰价为欺"来指导经商，以致"四方争趋坡公。每入市视封，识为坡公氏字，辄持去，不视精恶短长"。程其贤经商，"年十六远服贾，往来闽越荆豫间，诚信自矢，不周利"。休宁商人陈世谅在南粤与岛夷相交易，能"以至诚相感召，夷亦敬而惮之"。明代商人歙县梅庄余更是"诚笃不欺人，亦不疑人欺"。《新安休宁名族志》中记载明代著名徽商张州"以忠诚立质，长厚慑心。以礼接人，以义应事，故人乐之与游，而业日隆起也"。诚信不欺，在传统儒商中可以说很普遍，日本学者寺田隆信在《山西商人研究》中就把"不欺"作为山西商人的基本美德加以充分肯定。

　　其次，传统儒商的诚信也表现在商品交换中有诺必践，讲求信用，为守信用，牺牲利益也在所不辞。晋商在商业运营过程中，就是以信用为经营原则，他们在经营上，不惜折本亏损，也要保证信誉，以至各地百姓购买晋商的商品，只认商标，不还价格。他们经营处世的准则为"平则人易信，信则公道著"。以此准则约束自身，以做"善贾""良贾"为荣，并将严守信誉作为商业道德，几乎听不到晋商有舞弊之事。清代胡开文墨的第二代传人胡余德，更是因诚信经营留下佳话。胡余德精心研制出一种在水中久浸不散的墨品，购者甚众。一次有顾客购得此墨，但不慎将墨袋掉入水中，捞起来发现墨已溶化。胡余德得知此事后，不仅立即停售这批未按规定制成的墨，还将已出售之墨均以高价收回，并予以销毁。此举使胡开文墨店损失不小，但因此保住了信誉，赢得了顾客的广泛信任。

　　再次，传统儒商的诚信还包括在经营中对合作伙伴的信任。传统儒商从儒家性善论出发，强调以心换心，将心比心。自己以诚信待人，也相信别人必以诚信回报。明代商业中流行"伙计"制度，即出资人聘请一至几位可信赖、会经营的人来执掌企业的经营，合伙做生意。伙计不出资却可以参与分红，出资人对伙计完全信赖，交与他一切经营大权。伙计对出资人也非常忠诚，尽力工作，不贪私利，流传着许多忠诚佳话。日本学者寺田隆信认为"合伙制"是明清时代中国商业经营的一种基本形态，并且认为中国商人之所以能够普遍地进行合伙做生意，重要的一点就是因为彼此间相互信任。

四、儒商诚实守信经营策略的具体要求

第一，诚信为儒商立身之本。"诚"在儒家思想中，是一种自律的德性要求，而不是他律的社会规范，这就从更高的角度把"立诚"视为人生所必然，从而推广了"诚身"的普遍性，拒绝了"诚身"的选择性，避免了后天教育的外在性、被动性。《礼记·乐记》："著诚去伪，礼之经也。"把立诚提高到礼的根本地位。《韩诗外传》卷四说："诚，德之主也。《诗》曰：鼓钟于宫，声闻于外。"内心之诚，就像宫中敲击钟鼓，声音必然传到宫外一样，一定能够表现出善良德行。反之，"不以诚立，虽立不久矣；诚未著而好言，虽言不信矣"。《大学》中的"诚意"则是"诚身"的另一表述。

《礼记·儒行》："儒有忠信以为甲胄，礼义以为干橹。"忠信被儒家视为安身立命的"甲胄"。《论语·卫灵公》记载：子张问行。子曰："言忠信，行笃敬，虽蛮貊之邦行矣。言不忠信，行不笃敬，虽州里行乎哉？立则见其参于前也；在舆，则见其倚于衡也。夫然后行。"子张问怎样才能让自己到处行得通，孔子认为说话要忠诚信实，行为要恭敬严肃，即使是到了落后的部落或国家，也行得通。如果说话不忠诚信实，行为不恭敬严肃，就是在本乡本土，也行不通。无论站着，还是坐车，都要仿佛看见忠诚信实、恭敬严肃这几个字在自己面前，这样才能使自己到处行得通。

第二，诚信是交友待人的基本原则。儒家提倡诚信交友，不失信于人，尤其在商业活动中更要信守规范、一诺千金。曾子有名言："吾日三省吾身，为人谋而不忠乎？与朋友交而不信乎？传不习乎？"明确提出要与朋友交而有信。孔子更是一再指出"敬事而信"，"谨而信"，"主忠信"，"朋友信之"，"十室之邑，必有忠信如丘者焉"。子夏也指出："与朋友交，言而有信。"（《论语·学而》）孟子也主张"朋友有信"（《孟子·滕文公上》）。明确提出交友之道，诚信为本。《礼记·曲礼上》"交游称其信也。"孔颖达注："交游，泛交也。结交游往本资信合，故称信也。"即谓诚信是交友的资本。

儒家思想认为，"重然诺者，其言可法"，故重然诺是诚信交友的一种表现。在孔子弟子中，子路是非常看重诺言而守信用的。《论语·颜渊》载："子曰：片言可以折狱者，其由也与？子路无宿诺。"子路平时十分诚实、重信用，所以他个人单方面的话也可以作为审案判案的证据。二十四史中，诸如此类重然诺的士人、商贾，为数甚多。

第三，货真价实，童叟无欺。保证诚信的原则之一就是"不欺"。《韩诗外传》卷一："不信之至欺其友。"就是说，欺友是最大的不守信用。该书卷九还记载了孟子小时候的一件事：孟子少时，东家杀豚，孟子问其母曰："东家杀豚，何为？"母曰："欲啖汝。"其母自悔而言曰："吾怀妊是子，席不正，不坐；割不正，不食；胎教之也。今适有知而欺之，是教之不信

也。"乃买东家豚肉以食之,明不欺也。这是孟母从小教育孟子诚实守信的事例之一。

第四,言行相符,表里如一。做到言行一致,也是儒家保持诚信的一条原则。孔子指出:"始吾于人也,听其言而信其行;今吾于人也,听其言而观其行。"(《论语·公冶长》)这正是基于社会上有人言行不一致而得出的结论,也是抨击言行不一致的现象。又说:"君子耻其言而过其行。"(《论语·宪问》)作为君子要言行一致,不宜言过其实、言不符实。故孔子提倡:"君子欲讷于言,而敏于行。"(《论语·里仁》)要做到言行一致,就要少说多做。儒家特别指责的"乡愿"之人,特点便是"言不顾行,行不顾言",即言行不一,这是孔子特别憎恶的人格。

五、儒商诚实守信经营策略的现实意义

坚持诚信为本的道德,对于传统儒商来说其意义是多方面的。首先,诚信能带来信誉,信誉能带来更多的商业机会,从而获得更多的利益,促进事业的发展。恪守信用,有时会失去暂时的某些利益,却可以带来更长远更大的利益。其次,讲究信用,维护了商品交易的正常秩序,创造了良好的经营环境,从而也就有利于商业经营的正常进行,促进了各自事业的发展。同时,讲信任,重真诚,也促进了儒商之间彼此合作的进行,增强了在市场中的竞争能力,有利于经营的成功和发展。

(一)企业诚信伦理缺失现状

当代中国人的诚信是一项重大的道德建设课题。在当前的市场经济领域,诚信缺失的不良现象屡见不鲜,造假、贩假、售假、用假的行为比比皆是,屡禁不止。产品假冒伪劣的现象危害极大,甚至形成了"诚信危机"。解决诚信缺失问题必须加强诚信的专项治理,必须加强诚信价值观建设。而要提高治理水平、培育和践行诚信核心价值观,就应从儒家诚信伦理思想中吸取宝贵的资源,既要创造性转换儒家建立在义务、血缘、亲情和友情基础上的诚信思想,着力于构建以经济交换为特征的经济诚信,使诚信成为大众化、普遍化的道德存在,又要在全社会大力倡导儒家所阐发的道德诚信,以弥补法律诚信和契约信用的互利性、交换性的不足,同时致力于建立完善以契约为基础的法律诚信和社会信用体系,克服儒家诚信伦理单一义务本位的偏颇,树立起权利义务对等的诚信精神,把道德诚信和法律诚信有机结合起来。

1. 企业诚信伦理现状

企业追求利益的需求提高了企业的市场竞争力、能动性和创造性。但是,同时也造成了狭隘地考虑局部利益、短期效用、微观成本而忽视整体利益、长期效用、宏观成本的倾向。经济发展增速不能证明商业环境的真正改善。目前,企业存在着严重的诚信伦理问题,具体表现为:无视社会保障责任,如偷税漏税;唯利是图,提供不合格服务、产品或虚假信息;损害消费者争利或欺骗消费者;破坏和污染环境。

现代社会人们消费水平不断提高，产品和服务需求越来越多。在这种形势下，企业应遵守公平交易、诚实信用、遵纪守法等最起码的伦理规范与社会准则。在此基础上，企业应当对员工、供应商、顾客及当地社区等利益相关者承担相应的道德责任。在企业发展的不同生命周期，社会责任将呈现出不同梯度的重点，并随着社会的不断变迁而对其产生新的要求和期待。所以，企业必须服从市场规则和社会道德准则：既享有一定的权利，又承担一定的义务和道德责任；在实现股东利益最大化的同时，兼顾利益相关者的利益，切实处理好企业与社会、企业与自然环境的关系。

中国作为一个历史悠久的文明国家，历史文化源远流长。中国的传统伦理道德与企业、商业伦理之间有着极为类似之处。众所周知，丰富的商业伦理思想是源于丰富的伦理文化传统思想，而其中又以儒家商业伦理为代表。儒商是指具有儒家思想并将其运用到商品经营活动中的商人，即所谓"以儒术饰贾事"。《大学》中说："生财有大道，仁者以财发身，不仁者以身发财"，"生财要取之有道，仁者生财"是用来发展仁的事业。"仁"是儒家思想的核心，生财是实现"仁"的事业的手段，通过"以财行仁"的活动而得民心；不仁者则见利忘义，损人利己，为富不仁，把生财作为最终目的；儒商则是以财发身，有对社会发展的崇高责任感，有着坚定的爱国惠民抱负和强烈的忧患意识。

2. 当前企业诚信缺失原因分析

当前企业诚信伦理缺失现象的出现既有经济利益驱使、诚信意识淡薄等内部原因，也与体制不健全、法规不完善等因素有关。

（1）经济利益驱使

改革开放以后，市场经济体制的转轨给中国带来了翻天覆地的变化。市场经济的蓬勃发展一方面调动了人民群众的生产积极性和创造性，另一方面滋长了人们追名逐利的贪婪心理。激烈的市场竞争对企业的产品质量、劳动生产率、服务质量、宣传力度和企业文化等提出了更高要求，很多企业为了追求自身利益最大化，不惜使用卑劣手段降低成本，牟取暴利，完全不考虑消费者的实际需求和生命健康权利。

（2）管理秩序混乱

食品、电器、服装等行业中存在着很多家族企业或者小型企业，科学管理能力和企业整体素质参差不齐。由于企业经营者和决策者的管理意识和行为决定了企业的发展方向，面临巨额的市场短期回报，缺乏内部诚信约束和制衡机制的企业很容易做出诚信缺失行为。上级带动下级，管理层的诚信意识淡薄，必然造成执行层的诚信行为无效。企业自上而下的失信行为和管理混乱放任了违法侵权的行为。

（3）经济体制不健全

我国仍处于社会主义市场经济发展的初级阶段，竞争规则和运行机制尚未健全，比如对于食品生产、经营、销售等各环节没有明确细致的规定。政府职能部门权责不清，政企不分，行政干预不当，政策连续性不强，一定程度上影响了市场经济运行。权力寻租和地方保护主义为部分企业非法生产经营提供了保护伞，破坏了自由竞争的市场规则，助长了黑心企业的违法、违规行为。

（4）法律机制不完善

目前，我国的信用体系在规范授信、平等授信、保护个人隐私等方面均没有相应的法律法规，许多企业都不能够受到明确的法律规范与约束，这就为诚信危机的发生创造了环境。现有相关的法律具体操作性不强，不能及时应对经济生活中出现的新问题、新现象。立法不完备、执法不严等问题导致对于弄虚作假、不正当竞争的民营企业，法律给予的惩罚有限，使得企业敢于以非法经营谋取巨大利益。

（二）企业信用文化建设

义利兼顾、以义取利的思想对企业文化建设有积极的影响，在物质利益面前提倡"克己""见利思义""义而后取"；鄙弃"嗟来之食"，不取"不义之财"。百年老店同仁堂是有着三百多年悠久历史的中医药行业的著名企业。同仁堂继承儒家优秀思想，严格遵守"炮制虽繁必不敢省人工，品味虽贵必不敢减物力"的诚信经营理念，树立"修合无人见，存心有天知"的自律意识，创制了许多令消费者放心的精品良药，确保了同仁堂金字招牌熠熠生辉。同仁堂的不断发展壮大，很重要的一个原因就是能继承儒家思想精髓，坚持诚信为本的行业道德思想，并随着时代的发展，不断融入新的内涵。这种优秀的企业文化与诚信思想伴随着同仁堂的发展不断在实践中加以落实，使得同仁堂在市场竞争中长期立于不败之地。

1. 企业诚信文化建设策略

（1）整合传统文化的诚信理念

每个人作为生存于公民社会的独立个体必须坚持诚实守信的原则，真诚待人，不欺瞒，不要诈，正确处理人际关系。这样的理念同样适用于市场经济的企业主体，部分企业利欲熏心，将诚信抛之脑后，引发了大规模的产品、服务诚信危机。因此，解决诚信问题，建设诚信企业文化必须吸收传统文化的诚信理念，倡导诚实守信的企业价值观，挽救扰乱市场秩序的信用危机。

（2）开展诚信文化教育培训

企业不是单纯的生产组织，是由若干鲜活生命共同架构的集体。教育培训是企业文化建设必不可少的步骤，具有广泛性和渗透性。企业文化建设的目标群体是企业全体员工，通过对员工实施"内诚外信"的教育培训，能够实现营造企业整体诚信文化氛围的目的。定期开展以诚信为主题的教育培训，学习企业诚信为本的精神理念，分析诚信立业的企业案例，参观企业生产和服务的规范活动，展示宣传企业的诚信标兵和榜样人物，才能将诚信理念融入企业的物质文化、制度文化和精神文化，传递到员工的思想观念之中，引导员工以诚信作为服务消费者的根本原则。

（3）建立诚信激励机制

企业是实施和维护食品安全的微观主体和直接执行者。为了更好地进行企业的诚信文化建设，建立诚信激励机制是非常必要的。一方面，从外部来讲，政府和相关部门利用经济、行政、法律等手段为企业提供激励资助，如提供经济支持、拓宽发展途径、实施宽松政策、建立企业诚信档案等；另一方面，从内部来讲，企业对切实做到诚信服务的员工进行表彰和奖励，加大宣传力度，树立诚信人物标兵，激励员工切实坚持诚信原则。

（4）完善诚信危机应急处理体系

企业在应对公众质疑和品牌失信的状况时，需要具备化解困境和扭转局面的公关能力。当企业由于操作失误或外部原因遭遇诚信危机时，企业文化和企业价值观受到来自社会和公众的巨大挑战。此时企业必须采取一系列对社会和消费者高度负责的措施，努力挽回企业形象，这就需要启动诚信危机应急处理体系。诚信危机应急处理体系应当包括对危机事件的全面分析、成本预算、公共关系、事件反馈等各个环节的通力配合。诚信危机的顺利解决有利于强化企业诚信文化建设，优化公众心目中的企业形象。

（5）重视企业家诚信理念的树立

企业家是以经营企业为职业，承担市场风险和进行经营创新的人。市场经济是靠企业来运作的，企业又是靠企业家来创立和主持的，企业家是企业的核心和灵魂，是企业成败的关键。《经济伦理学大辞典》释义企业家伦理：它是指那些涉及企业家地位的基本信念，这种基本信念肯定了企业家的社会角色理解和自我理解，在伦理要求与经济要求的矛盾地带确立了企业家的商业道德，并力图使其经受舆论批评的检验。

企业家伦理外化表现为在一定时代背景和社会关系下，在企业家的经营管理实践中所形成的道德品质和能力的综合与统一。企业家的伦理素质内含了企业家特有的道德品质以及经营理念。在当下我国市场经济条件下，资本的话语权越来越大，企业家也自然成了社会中的强势群体。作为社会的精英阶层之一，是引导社会走向进步的一群人物，一举一动也都影响着社会大众的价值取向，在新闻媒体的照相机、摄像机的聚焦下，直接或间接地影响着社会。而一个企业也常常是在企业家的思维空间内成长的，企业的成长被经营者所能达到的思维空间所限制。企业家道德素养在很多情况下是与企业道德水平紧密相关的，所谓上梁不正下梁歪，企业家的道德水准会影响到公司的每一个角落，不仅影响着高级职员的行为，并由此影响到基层职员，为整个公司定下了道德基调。

企业的社会责任包括在经济、法律、社会、慈善等各个方面都离不开企业家的道德支撑：创造利润，给员工好待遇，为社会创造财富的经济责任；遵守法律法规，追求阳光下利益的法律责任；不污染环境，不生产假冒伪劣产品；诚信经营的社会责任；力所能及地开展社会公益之类的慈善责任等。这些责任的履行都有赖于企业家的身体力行。

2. 企业诚信文化建设路径

（1）牢固树立诚信经营的商业伦理观

要加强市场经济的伦理道德建设，使诚信文化深入人心。诚信应该是每个公民最基本的道德守则。要求人人要懂得信用，个个要讲信用，使讲诚信成为社会经济生活中的一种基本公德，成为绝大多数人的精神理念。通过教育和宣传，使人们对信用观念、信用意识、信用道德的"诚信"原则渗透于经营管理全过程，加强广告信用、合同信用、质量信用、服务信用几个重点环节的信用建设。

（2）加强企业内部诚信管理

企业内部诚信管理的基本规范包括：资信管理制度、合同信用管理制度、产品(服务)信用管理制度、财务信用管理制度、劳工信用管理制度、环保信用管理制度、安全生产信用管理制度。企业内部诚信管理的基本思路是：通过明确企业内部信用建设要遵循的基本规范，督导企业建立内部诚信管理制度；通过表彰诚信管理先进单位，引导和激励其他企业加强内部诚信管理；通过在有关政策法规中确立信用准入标准，激发企业加强诚信管理的主动意识；通过强化对企业经营者的信用监管，加强企业内部诚信管理的领导力量；通过推进企业管理信息化，带动企业内部诚信管理水平的提高。

（3）发展资信评级行业

资信评级业务范围主要包括金融机构资信评级、贷款项目评级、企业资信评级、企业债券及短期融资债券资信等级评级、保险及证券公司等级评级等。目前，我国资信评级市场不断发展，但要使潜在的市场转化为现实的市场需求，需要政府部门对该行业的规范和推动：一方面通过扩大对资信评级结果的使用范围，推动评级市场需求的增加；另一方面，要打破地区封锁和行业封锁，鼓励企业组织机构积极采用独立的资信评级公司的报告，推动独立的资信评级公司的发展。

（4）加强媒体监督

媒体公开曝光是揭露欺诈行为的有效方法之一。媒体的监督作用包括：一是将公众的注意力聚焦于欺诈行为，提高公众对欺诈行为的警惕性；二是将公众的义愤激发起来，营造良好的道德舆论监督氛围，形成强大的惩治弄虚作假行为的环境压力；三是给那些未整顿其辖区内的经济秩序的地方官员施加舆论压力，要求其切实保护个人、企业和国家的合法权益。政府以及行业监管部门应该支持媒体对企业实施监督，以利于及时掌握企业的真实情况，及早发现问题并妥善加以解决，以免造成更大的损失。

马克思主义认为，经济利益关系是道德的最深厚根源。在传统儒商诚信道德选择背后，实际上也埋伏着物质利益驱动。康海在《扶风耆宾樊翁墓志铭》中记商人樊现语云："贸易之际，人以欺为计，予不以欺为计，故吾日益而彼日损。谁谓人道难信哉！"对"日益"的预期，使儒商选择了"不欺"和"诚信"，而"日益"的效果，又进一步强化了"诚信"意识。为了强调"诚信"的合理性和神圣性，又进而将之"天道"本体化，上升到根本性伦理的高度。这里，再一次显示出马克思反复强调的精神与物质的纠缠。

历史证明，在正式制度缺乏的条件下，非正式制度将发挥重要作用。经济法制的缺乏，使传统儒商不得不充分利用包括传统礼俗在内的非制度资源，这正是传统儒商倡导诚信的历史条件。正是这种历史条件给它带来了先天局限，即法制化薄弱。传统儒商普遍轻视契约规范，过于依赖"信义经商"，推崇"不言而信，其言可市"。他们的诚信行为，往往不是立足践约，而是追求名声，避免"取恶名"。这也表现了传统儒商诚信伦理精神的局限性，我们对此局限应有所警觉。现代诚信精神的确立，还是要靠培育契约意识，建立和完善法律制约尤其是信用机制，而这又必须与市场经济和民主文化进程相伴而成。否则，我们就只能离诚信社会目标越来越远。

第四节　以人为本　德才兼重

一、儒家理论中以人为本的思想

中国历史上儒家管理学说是一种典型的古代民本管理理论。儒家认为，人为宇宙的中心，人为万物之灵，天地之生人为贵，人在宇宙中具有重要的地位；同样在社会中也具有重要地位，"民（人）为邦本，本固邦宁"，"民为贵，社稷次之，君为轻"。这些思想对现代儒商在观念上的影响表现为仁者爱人的价值观。在选才纳才方面求贤若渴、唯贤是举，在用才育才方面不惜重金、委以重任，在留才惜才方面积极为人才发展开拓领域，提供更优更广的就业渠道。在处理企业与个人关系上，提倡舍己为人的集体观，视组织利益高于个人利益，要求个人在自身利益与集体利益发生冲突的时候，个人应牺牲小我，成就大我。在人际交往观上提倡中和尚礼。这与现代企业人力资源管理所追求的以人为本如出一辙，是对西方物本管理的一种超越。

二、儒商以人为本的经营策略

儒商"以德治企"管理的一个基本理念，就是以人为本，即以人为出发点和中心来安排经营、组织生产，通过尊重人的价值和需求，来调动人的积极性，提高经营效率。"商业之祖"白圭经营的两大法宝，就是善于"任人"和"择时"，善于用人是白圭成功的根本原因。白圭这种善于"任人"和"择时"的方略为历代儒商所推崇。明清之际著名徽商像黄崇德、黄仔芳、汪福光等均是靠"择人任时，恒得上算，用是赀至巨万"。近代儒商也继承了古代儒商重视人的传统，把人才摆在经营首位，把造就人当作经营的根本。著名民族实业家荣德生说："总之，人才为先，一切得人则兴。"穆藕初也说："得人者昌，为职业届历劫不磨灭金言。无论何业，苟得有才识、有毅力、有素养之士为之主持，则各本业之节节进展也可以豫必。故农工商百业，苟得人为理，则振兴尚非难事。"

儒商以人为本的管理思想，是对人在经济活动中的特殊作用的一种客观反映，也是根源于儒家人本主义的思想和"人治"的管理观念。荀子说：人在万物之中"最为天下贵"；《礼记·礼运》中讲"人者，其天地之德，阴阳之交，鬼神之会，五行之秀也"，"人者，天地之心也，五行之端也，食味别声被色而生者也"。正因为人"最为天下贵"，儒家强调尊重人的价值，要关心人、爱人，反对把人当作物、当作手段。《大学》中提出"有人有此土，有土有此财，有财有此用"，这是明确地认为人力资本胜于物质资本的思想。在管理思想上，儒家提倡"人治"和"德治"，把管理的希望寄托在"圣人""仁人"上，强调"为政以德"，"治民以礼"。正是儒家这种重视人的作用、关心人的状况、提倡人治的文化传统，深刻地影响了儒商的管理思想，形成了独具特色的人本管理的经营策略。

总体而言，儒商以人为本的管理方式是有较大的优越性的。它抓住了经营中最根本的因素，注重调动人的积极性、主动性，因而往往能够以较少的成本，创造出更高的经济效益。经济活动说到底是人的活动，商品的价值是人的劳动创造的，经营的效益也是人能动作用的结果。因而，只有充分重视人的价值、发挥人的作用，才能创造出最佳的经济效益。

三、儒商以人为本经营策略的体现

儒商以人为本的管理思想，首先表现在把人当作企业的根本、经营的中心、成败的关键，注重人才，善用人才。在儒商看来，商业经营活动固然离不开资本、技术和组织，但这些因素都是人所创造的，也只有在人的有效利用下才能发挥其功用，有无人才、人才的优劣决定着经营的成败兴衰。因此，儒商在经营过程中都非常注重人才的延揽与重用。明清时代在中国商业经营中产生了"伙计"制度，即有资本的人邀请几个善于经营但无资本的人来合伙做生意，由伙计全权掌管经营。当时一些诚信不欺、有经营才能的伙计，往往成为大商贾们"争欲得之"的对象，为获得一个好的伙计不仅不惜重金相聘，还以十分隆重的礼节待之。解放前著名民族实业家胡子昂在办华西企业集团时，也是以重金和优厚的生活条件，从北京、天津、上海等地聘请了大批有真才实学的技术人才加盟华西集团，使华西人才济济，经营兴旺发达，一时传为佳话。

儒商注重延揽和聘用人才，而且特别注重和善于去发挥人才的作用。儒商用人，一是用人不疑，对人才充分信任，放手让人去做。像明清时期的"伙计"制度，出资人都是全权委托给"伙计"去经营，没有什么监督约束，伙计则以信用和忠诚尽心尽力经营而不谋私利。儒商信奉儒家诚信道德，强调彼此间的信用，而不习惯于制衡方式的运用。对人才采取的是不用则已，用则不疑，让他们能充分地发挥自己的聪明才智。二是以诚相待。对于人才，物质上给予厚报，精神上给予尊重，情感上充分关心，使人才能全身心投入工作中，尽责尽力为企业的发展服务。

其次，儒商以人为本的经营策略，不仅表现在对少数人才的重用，而且也表现在对全体企业员工的注重。儒商通过努力创造各方面条件，发挥每个员工的积极性，使整个企业团结一心，同心协力谋求发展。儒商受儒家群体观念的影响，注重人才，但并不把一切寄托在个别人才身上，不提倡个人英雄主义，而是强调群体的力量，提倡企业内部每个人同心协力、团结合作去创造佳绩。因此，努力关心企业的每一个员工，尽可能发挥每一个人的积极作用，把每个员工都与企业联结成一体。

再次，儒商以人为本，也不仅表现为注重人的作用，而且注重关心人，也即关心企业员工的利益和要求，尊重他们的人格，帮助他们成长，一些儒商甚至提出员工是企业主人的思想。儒商认为,企业是靠全体员工支撑起来的,经营业绩是靠每一个员工的共同努力创造的。因此,企业也应该善待每一个员工,利益应该让每一个员工分享。在儒商企业中,不把员工只当作是劳动力,而是当作一个人来对待。不仅仅满足于支付额定的工资,而且努力从各方面给员工以精神上、情感上的关心和满足,如为职工庆祝生日,改善职工家庭的生活环境,办医院、学校、电影院;组织职工开展文体活动,丰富职工生活;不轻易辞退职工,甚至实行终身雇用制,免除职工后顾之忧;有些企业还让职工参与分享红利,等等。这种对职工的关心和支持,使职工对企业有一种情感上的归属感,从而加倍努力地为企业工作。

最后,儒商以人为本的管理方式还特别表现在注重对人的教育与培养,把人才的培养作为促进企业发展的重要手段,同时,把促进员工的发展作为企业经营的基本目标之一。为了培养人才,现代一些儒商都非常注重教育。张謇在办大生实业集团的同时,也大办教育,不仅办公共教育,还办了多所专业技术学校,专门为企业培养人才。荣德生兄弟也是如此。他们在1919年创办公益中学,分工、商两班,为工厂培养技术后备力量;1940年又创办中国纺织印染业专科学校;1947年进一步创办了江南大学,设立了文、农、理工三学院,为企业、为社会培养了大批技术人才。

四、儒商人本思想与西方人本思想的比较

在管理上,儒商崇尚的是"贤主劳于求贤,逸于治事"的用人思想,"圣人治吏不治民"的指挥思想,"人君崇明不贵察"的控制思想,等等,此皆以人为本,以人为中心。如日立公司的经营信条是"事业即人",丰田的口号是"既要造车,也要造人",松下主张"造物之前先造人"。人本管理思想来源于"仁者爱人"的儒家思想核心。与儒商经营理念不同的是,西方管理在相当长的一个时期,有重物不重人的倾向。在历史上相当长的时期中,西方的管理者都把人看成是"机械人""经济人",这表现在管理中首先是根据既有的物质条件,形成一整套规范制度,把人和物都纳入这大套规范化的制度中进行组合,人在实际上是被当作了一种与物同样的因素,是物及其制度的配套物。正如美国学者卡尔·佩格尔斯所说:"在西方世界,雇员基本上是被看作一种生产要素,跟资本是一种生产要素一样。"在这种管理模式中,人实际上被物化,是作为整个物质机器的一个部件而存在着,而不是作为一个有血有肉、会思想、有情感的能动主体。马克思也曾经说过:"劳动者只是当作单纯的生产资料,以食物给予他们,就像煤炭添入蒸汽炉,以油脂注入机器一样。"这种管理模式忽视对人的情感、精神需求的重视。

当然,现代的西方管理也强调人才的作用。但是,这与儒商以人为本为出发点的管理观念有着重大区别。儒商强调以人为本是认识和尊重人,是把人作为主体来对待。而西方商人的管理思想是把人当作一种资本、一种生产要素,还是逃不了人是经营活动中的一部机器。但是,西方商人这种以物为基础的管理思路以及以制度为本的物质化管理方式,也有其优越性的一面,主要表现在管理有较好的统一性、稳定性,不会因一时一地个别人员的变化而影响整个管理系统的运行,其不足在于对人的主体地位认识不够,劳动者的积极性不能得到充分发挥,这就限制了效益的创造。儒商以人为本的管理方式能更好、更大限度地发挥

被管理者的积极性和创造精神,可以在一定条件下创造比目标更高的效益;其不足之处在于管理有不少不确定性、随意性,也就很容易造成因个别人的变化而影响到整个企业的正常运行,导致效益明显下降。随着世界经济的发展,西方管理思想发生了一定的变化,逐渐从纯粹的以物为本的管理思想向人本管理转变。但需要注意的是,现代西方所谓"以人为本"的人本管理在本质上还是将管理中的人视为一种物,组织发展的一种资源,即能力资源,而不是把人看作一个活生生的完整的人。在能本管理中,人的发展也主要服务于能力资源的开发与利用。所以,现代西方能本管理是物化了人的本质。

总之,注重人、以人为本是儒商经营管理的一个根本理念,也是区别于西方商人管理思想的一个重要特征。西方商人的管理思想,虽然也重视人才,就其总体而言,是一种以制度为本的管理思想。在这种管理思想中,制度是决定因素,管理首先在于建立一套严密完备的制度,然后运用制度来规范人的行为,调节生产过程中人与人、人与物的组合关系,保障生产经营的有效进行。产生于19世纪末的"泰罗制"就是以制度为本管理的典型。它通过对工人操作过程每一个动作的精确计算,加以规范和简化,制定出一套最有效率的操作程序和标准,并通过严格的奖罚制度,促使工人去执行。在"泰罗制"中,工人和机器实际上并没有什么区别,他们都完全服从于唯一的原则——效率原则,一切行为都是按一个预先设计的程序运转。当代西方的行为科学等管理理论,虽然开始注意研究人的行为的内在机制,注重如何去调动和发挥人的积极性,一些企业家也提出以人为本的主张,但就总体而言,其管理模式并未超出制度为本的框架。

第五节 经世济民 内圣外王

一、儒家的"内圣外王"和儒商的"经世济民"

儒家追求"内圣""外王"之道,"内圣"指加强个人修养,提高个人素质。"外王"指发挥个人才能,积极追求入世,以达到治国平天下之目的。儒商经世济民经营理念正是对儒家"外王"思想的继承和发扬。"内圣外王"用近代思想家梁启超的话说就是"内足以资修养而外足以经世","人格锻炼到精纯,便是内圣;人格扩大到普遍,就是外王"。历代儒家经典著作中的"立德立功立言""修己安人"也都从不同的侧面表达了这一思想。从"内圣外王"的思想外延来看,"内圣"是教人如何通过道德修养以达到圣贤境界的,涉及伦理学、教育学、宗教学、心理学等领域;而"外王"则是教人如何献身社会、治理天下的,涉及政治学、社会学、经济学等领域。正是从这个意义上讲,儒家伦理乃至整个中国传统伦理思想的基本精神都可以归结为"内圣外王"。正如冯友兰先生指出的那样:中国哲学家无论从哪家哪派,都自以为是在讲"内圣外王"的道理。

"内圣外王"思想也对中国社会的发展，乃至民族心理的塑造产生了极为深远的影响。纵观历代儒家伦理学说，有两类人格是公认的，这便是圣王人格和君子人格。而所谓圣王人格即"内圣外王"的人格，是全德、全智、全功的统一体。在传统儒家思想中，个体价值实现的最高形式是道德上的至高至善的圣人，社会价值实现的最高形式是君临四海、恩泽天下，而"内圣外王"则正好是这两种价值形态的统一，成为儒者孜孜以求的完美人格。这一思想与西方同一时期柏拉图的"哲学王"理论构成了异曲同工之妙。用辩证法的眼光来看，个人价值与社会价值是一对矛盾的统一体，个人价值是实现社会价值的前提和基础，社会价值是实现个人价值的目的和归宿，只有把二者高度统一起来，矛盾双方才能在互动中得到良性发展，而这正是"内圣外王"思想的睿智之处。

回顾儒商发展的历史踪迹，他们从思想和行为上对儒家思想的继承，也很大程度上是希望自己能达到这种"内圣外王"的人格境界的。当然，正如前面所谈到的，儒商在几个世纪的奋斗中，有急于改变自己社会地位的要求。在他们的行为中，也具有明显的功利色彩，如"散才"观念，以及"买官"的行为，但从大体上来说，儒商还是用儒家思想中的核心观念，来指导自己的行为的。

儒商不同于一般商人之处，就在于他们深受儒家文化的影响，虽然身在逐利之所，却心怀天下忧乐，儒家修齐治平，达则兼治天下的人生理想，作为一种理想的价值目标始终潜存于他们心中。当他们经商的事业取得一定的成就以后，他们就会把这种社会价值的追求提到日程上来，把经商谋利与"强国富民"的高尚追求结合起来，通过世俗的经商事业来达到超越性的理想目的，借财富与金钱来实现自己的社会价值。

二、经世济民经营策略对企业的价值体现

由子贡、范蠡等开创的这种"经世济民"的商业精神，为中国历代儒商所遵从，成为儒商的一种传统精神。陈嘉庚则是一位奉行儒商经世济民理想的杰出代表。他在《陈嘉庚公司章程》第一章总则第一条就开宗明义指出："本公司以换回权利，推销出品，发展营业，疏通经济，利益民生为目的"，他强调，"振兴工商的主要目的在报国"，提出"商人以国货救国"，"企业以振兴中国经济为己任"。在他的一生中，他不仅以振兴工商、实业报国为己任，而且倾其全力支持了从孙中山的民主革命到抗日民族解放战争，为此献出了巨大财富和精力。

儒商"经世济民"的价值追求，强化了儒商商业活动的内在动力，激发着他们对事业更加宏大的追求，提高了儒商及其商业活动的社会声誉，树立了企业的良好社会形象，获得了广泛的社会信誉，形成了巨大的无形资产，从而获得了更多的商业机会和良好的经营条件，进而获取更大的回报和发展。表面看来，儒商这种对社会价值的追求与商品追求利润最大化的法则是不一致的，他们常常耗费许多财力物力却没有直接的商业利益产生。从本质上说，商品经济的发展，最根本的不在于保持已有的财富，而在于使其不断增值，因而，暂时的"义而舍利"，将可以"因义成利"，获得更长远、更大的利益。

三、儒商经世济民思想与西方商人的商业理想比较

商业理想是商业价值观的最高层次,是人们商业活动的最高目的和追求。商品经济不同于自然经济的一个根本特点在于,商品生产者的产品价值只有通过社会交换才能得到实现。因此,社会的承认是商品价值实现的一个必要条件。而社会承认又是与商业企业及其商人的社会声誉和形象紧密相关的。马克斯·韦伯在《新教伦理与资本主义精神》一书中指出,由新教伦理孕育出来的西方资本主义商业精神的一个根本原则就是把"获利作为人生的最终目的","把更多地赚钱作为人生的天职"。

与西方商人的这种商业理想不同,儒商在商业实践中求利却不把赚钱作为根本或最高目的。儒商的最高理想是把经商谋利与经世济民结合起来,通过世俗的经商谋利来达到超越性的经世济民的理想目的,借财富与金钱来实现自己人生的功名。它强调"修身、齐家、治国、平天下",把为社会做贡献作为个体应尽的义务,强调"个体义务与所处的各种伦理关系及其在社会生活中的角色是联系在一起的"。当然,儒商"经世济民"的商业理想的价值和意义不仅体现在儒商本身的经营方面,同时也体现在它的社会价值。它弘扬了一种崇高的职业理想,净化了商业的风气,促进了社会经济的良性发展。它是推动社会进步的精神动力,促进着社会物质文明和精神文明的发展。同时,在这种理想追求中,儒商也实现了自我价值与社会价值的高度统一。

四、儒商经世济民经营策略的体现

子贡和范蠡都是古代儒商的典范,他们的事业取得成功,并以济世救民为己任,因而赢得后世的敬仰。《盐铁论·贫富》云:"道悬于天,物布于地。智者以衍,愚者以困,子贡以著积显于诸侯,陶朱公以货殖尊于当世。富者交焉,贫者赡焉,故上自人君,下及布衣之士,莫不戴其德,称其仁。"在商业经营中,以子贡和范蠡为代表的中国古代儒商们,以仁德、忠信为根本,构建了儒商经济伦理体系的核心内容。由子贡、范蠡等开创的这种"济世利民"的商业精神,与儒家修齐治平的人生理想是一致的,因此,为中国历代儒商所遵从,并从不同方面进行了发扬光大,其中主要表现在以下几个方面:

一是舍财救国的爱国主义。即把自己的经商活动与国家民族的兴亡发展联系起来,在国家民族危急关头,高扬爱国主义旗帜,把自己苦心经营赚来的钱财义无反顾捐献于救国救民大业中。在这方面,汉代的商人卜式是突出典型。卜式为汉武帝时大牧主和大商人。他靠勤奋和精明,牧羊卖羊发财致富,积累了巨额财富。当时正值西汉王朝连续派兵反击匈奴侵扰,战争开支庞大,国家财政困难。卜式主动上书朝廷,"愿输家财半助边"。后来山东等地发生水灾,"贫民大徙,人或相食,方二三千里"。卜式得知灾情后,又持20万钱捐给河南太守用于救灾,其舍财为国的义举得到汉武帝的嘉奖,享誉一时。

二是实业救国的理想。在这方面近代以来的儒商表现突出。鸦片战争以后,帝国主义的入侵和统治阶级的腐败衰弱,使得中国面临亡国灭种之危机。一批儒商高举"实业救国"的旗帜,投入工商业中,力求通过发展经济来拯救民族的危亡。张謇、卢作孚、范旭东等

是这方面的杰出代表。张謇于1894年在京城会试时考中状元。按常理他本可以在仕途大显身手，平步青云。但他却不顾世俗的横议，友人的劝阻，毅然离开官场而投身"实业救国"之路。他认为中国的民族危机，主要在于实力不如人，因而他提出"铁棉主义"，试图以振兴实业来救亡图存。他先是历尽艰辛在江苏南通办起了大生纱厂，进而围绕大生纱厂办起了包括机械、冶铁、日用品、食品、交通运输、银行、码头等34个企业；他还先后创办了20个盐垦公司，形成一个庞大的大生民族资本集团。他又利用工商积累，先后在通海地区创办了大学1所(筹备)，专科6所，师范3所，中学若干所，小学315所。另外还创办了博物苑、军山气象台、医院、养老院、贫民工厂等社会事业和慈善事业，为近代中国工商业的发展和社会进步做出了重大贡献。他在谈到自己办实业兴教育的目的时说，改造南通的经济文化构造，进而改造整个社会，将南通的自治组织扩大到江苏省，进而扩大到全中国。张謇的追求和行为，可以说最充分地体现了儒商"济世利民"的商业理想。

三是兴办教育培育民才、开启民智的精神。儒商相当一部分是读书人出身，对文化教育有着深厚的感情，特别是他们把兴办教育与区域发展、民族振兴联系起来，因此，很多儒商经商成功以后，愿意捐资助学、投资办学，既为地区和民族发展做贡献，也借此实现自己济世利民的商业理想。在这方面，古代徽商表现特别突出。明清时代，徽州境内几乎每个村庄都有商人兴办的学堂，有"十户之村，不废诵读"之称。同时，徽商还在州县所在地捐资兴办了许多书院，弘扬学术。歙县大商人鲍志道曾捐三千金修建紫阳书院，又捐八千金修山间书院。徽州书院之多，居全国之冠，其中大部分是商人捐资修建。因徽商大力兴学，使徽州明清时人才辈出，"新安学派""新安画派""新安医派"在各个领域独领风骚。在近代，陈嘉庚"倾家兴学"的壮举，更可彪炳千古。他从20岁第一次返乡献出全部积蓄2 000元设立"惕斋学塾"起，终生办学不止。他除创立了十多所各种专业的"集美"学校外，还创建和资助兴建中小学达73所，其中最辉煌之举是创办了著名的厦门大学。此外，他还在新加坡创办和资助了多所著名学校，如新加坡华侨中学、水产航海学校、南侨师范和南侨女中等。据估算，他一生所捐献的教育经费总数在1 000万新加坡币以上(相当于现在的1亿美元左右)，相当于他的全部不动产。为了兴学办教育，陈嘉庚几乎捐献出了他的全部财产，倾注了巨大的心血。而他把所有这一切都看作是自己应尽的义务，看作是挽救处于危亡之中的祖国的具体行动。此外，当代香港商人李嘉诚、霍英东、邵逸夫等，也都是捐资兴学的典范，他们都捐资数亿、数十亿于祖国的教育事业中，充分体现了儒商"济世利民"的精神。

五、儒商经世济民经营策略的现实意义

在现代社会中，决定一个企业成败的关键并不仅仅是经济价值，而是经济价值与社会价值的统一。换言之，在激烈的市场竞争中，任何一个企业要想立于不败之地，不断地做大做强，不仅要创造经济价值，取得稳定的高利润，而且要创造社会价值，得到社会的认可和支持，因为个体价值只有同社会价值结合起来才能得到充分的实现。从这个意义上讲，

作为独立的经济主体，每个企业都有其特殊的经济人格和道德境界，它不仅是衡量企业和企业家个体价值和社会价值的重要尺度，而且是其在市场竞争中制胜的法宝。正因为如此，儒商所追求的极致人格"内圣"，发扬到现代企业道德境界中，企业要想达到"外王"这一成功的巅峰，必须做到以下两点：

首先，它必须不断地提升自身的道德境界，即儒商的"内省"。任何一个企业在长期发展中，都会形成其特有的企业文化及伦理价值观，它是企业人格化的产物，体现在企业家和每个员工身上，渗透到企业的各个层面之中，构成了企业的核心竞争力。按照社会公认的价值尺度和道德标准，可以把企业的道德境界分为三个层次：第一个层次是只追求经济价值的层次，它们把追求利润最大化视为企业的唯一目标，丝毫不顾及社会利益，是典型的"节约了爱"的"经济人"；第二个层次是以追求经济价值为主，兼顾社会价值的层次，在二者发生冲突时，它们往往会舍义而取利；第三个层次是既追求经济价值也追求社会价值的层次，它们在处理这双重价值目标的关系时，不是非此即彼的方式，而是使二者有机统一、良性互动起来，在追求经济价值的同时也使得自身的社会价值不断得到实现，在追求社会价值的同时也为自身经济价值的进一步发展奠定了良好的基础。显然，这一层次才是企业应该不懈追求的"内圣"境界。

其次，它必须通过自身道德资本的运营，努力促进一种由"内圣"向"外王"转化的机制。"内圣"是"外王"的前提，但有了"内圣"并不必然会导致"外王"，二者之间还需要一种良性的转化机制。即怎样将企业家的道德伦理价值渗透到企业的各个角落。从道德评价的角度讲，企业和企业家追求自身道德境界的提升是一种价值理性，但它同样具有很强的工具理性，是目的和手段的统一。从中国许多历经百年而不衰的大企业来看，它们走向成功的过程不仅是一个提升企业道德境界的过程，更是一个通过运营道德资本创造源源不断财富的过程。良好的伦理精神不仅成为企业的形象和标志，而且是企业的一笔巨大的无形资产，成为他们成功的秘诀和制胜的法宝。

作为一个企业的领导人，企业家的道德境界和企业有着密切的关联。一个企业的伦理精神往往首先主要体现在企业家身上，他不仅是这种精神的承载者，而且是促使企业不断提升道德境界的推动者。而这双重角色都对企业家本人在企业伦理建设上的道德表率作用提出了很高的要求。从这个角度讲，"内圣外王"所蕴含的"经世济民"思想应成为一个成功企业家的座右铭。唯有如此，才能达到企业和企业家"圣王双修"的理想境界。

第六章 儒商的经营之道

第一节 儒商经营之道概述

懂得经营之道是商人将企业做大做强最基本和最重要的依托。要想懂得经营之道,就要从中国古代商业文化出发,将中国古代各个重要时期商人卓越的经营思想与方法加以分析和归纳总结,从中汲取精华,古为今用,为有效解决现代企业发展中遇到的难题提供方法。

一、"道"的含义

儒商经营行为潜移默化的惯例与人文特征,体现经商之道的智慧与闪光点。从"人道"到"商道",实际上是"诚"的实践。儒商经营之道就是"商道",它是对儒商经商活动的经营理念、管理思想等方面的总结,也是儒商取得成功的经验总结。

以晋商的商事活动为例,来看看他们具体的经营之道。明人陆树声为晋商张士毅写的墓志铭是对晋商经营之道比较完整、准确的概述:"用儒意以通集贮之理。不屑纤细,惟择人委任,赀计出入。"即身为商人,不计蝇头小利,而是从儒学所讲治人、治事、治国的道理中,体会取予集贮、审时应变、择人委任、赀计出入的经营谋略。反映了商人经营之道与儒学治人治事治国之道的同一性。山西商人融伦理与谋略为一体,谋不离道,变不离道。在激烈的市场竞争中,不仅靠诚信开路,以义制利,用信用服天下,还要靠谋略权变以制胜。此外,处世之术也得到了山西商人的充分重视。它包含了信义、忍让、大度、宽容、厚道等儒学精髓,也包含了权谋应变、信赏必罚等兵家、法家的智慧、谋略。"实事求是,一意从公,随机应变,返璞归真",是晋商总结出来的十六字诀。而其中的"返璞归真"既是一种顺其自然,遵守客观规律的唯物辩证心态,也是一种以静制动、以柔制刚、深藏若虚、精气内敛的退守之道,往往在逆境中会收到奇效。晋商的这些经营特点,与儒商的价值取向是一致的,并且随着商事活动跨地域性发展,形成了"谁能始终恪守'货殖之正道'谁就能形成自身的优势"。即"正道"履行是商家超越别人的基本要求。在这样的商业氛围中,社会的商业风气也会被净化，从而使社会达到和谐，这也与儒家思想所提倡且致力于实现的社会目标相吻合。

二、探究古代商人经营之道的时代背景

中国人经商的历史源远流长，其商业文化博大精深，在漫长的商业活动中逐渐培育出中国商人独特的经营之道。从出现以贝为货币的商周时期，到出现第一大儒商的春秋时期，到商业空前繁荣的两宋时期，再到以徽商、晋商为代表的十大商帮迅速发展的明清时期，在不同时代的同一时期，中国与许多国家相比，经济实力等方面都处于领先地位，这与其商业的发展是分不开的。由此，从中国古代商人经营之道中总结归纳可取之处，古为今用，有助于找出现代企业解决问题的方法，从而使企业能够尽快适应新环境，做得更好，走得更远，创造丰厚的利润和社会价值。

三、儒商经营理念——"道"的系统层次性

儒商经营之道乃是"行商之道"。对"儒商之道"与"经营理念"进行比较，是为了强调它对现代企业经营的启发作用。儒商之道中所体现出的经营理念，历经千百年的演化，散见于民间。它作为中国传统文化的底蕴，既有其系统性，又有其层次结构性。儒商经营理念的具体内容，可概括为"仁心""思义""守礼""亲智""诚信"五个层次结构，并由此构成一个较为完整的系统。

（一）"仁心"是儒商之道的核心

孔子"仁者爱人"的伦理道德思想被后来的儒商嫁接到经营管理领域，就形成了以"爱人"为出发点，追求人际关系的和谐，沉淀出以"仁心"为核心的儒商之道。它可以进一步概括为"内求仁心，外行仁政"，即对内主要行仁道，要求对雇员要像对待有血缘关系的亲人那样，要时刻仁爱关心，以增强雇员的凝聚力，营造商家内部有序关系与和谐氛围；对外，着意塑造商家的仁慈形象，如参与赈灾、乐善好施等，培养"洁身自好""人品端正"的素质，以树立商家良好名声和仁者的风范。"仁心"作为儒商之道的理念系统的重要层次，不仅贯穿于其经营理念的其他层次，同时表达了儒商经营理念的至高境界。"仁心"是儒商经营理念的灵魂，对其他层次起着统摄作用。

（二）"思义"是儒商之道的根本准则

"义"与"利"的关系，是"仁学"的又一重要内容。朱熹说："义利之说，乃儒者第一义。"（《朱熹集》）所谓"义"是指人的道德价值；"利"是指人的功利价值和物质利益。在如何处义与利的关系上，孔子提出要"见利思义""见得思义"。孔子说："见利思义，见危授命，久要不忘平生之言，亦可以为成人矣"（《论语·宪问》），"君子有九思，见得思

义"(《论语·季氏》)。在孔子看来,一个是否有"义"、行"义"是一个原则性的大问题,是关涉到成为一个什么样的人的根本性问题。"君子有勇而无义,为乱;小人有勇而无义,为盗"(《论语·阳货》)。对于那些有权有势的人来说,如果敢作敢为但却缺乏道义的支持,必然会混淆是非、颠倒黑白、搞乱社会秩序;对于普通人来说,如果敢作敢为又离开道义的约束,必定会为"利"而奔走纷争,终而沦为"盗"。"子罕言利"(《论语·子罕》),但孔子并非一概地反对对"利"的追求。孔子说:"富与贵,是人之所欲也";"'贫'与'贱'是人之所恶也"(《论语·里仁》)。不过在富贵利禄面前,不能丧失道德良心,而只能"见利思义""见得思义","循义而求之"。孔子说:"不义而富且贵,于我如浮云"(《论语·述而》),"君子成人之美,不成人之恶,小人反是"(《论语·颜渊》)。"成人之美"就不仅是不损害他人的利益,而且还要积极主动地为他人谋利谋福。因此,儒商精神不是把获利作为商业活动的唯一目的,而是提倡把经商谋利与"博施济众"结合起来,并认为"博施于民,而能济众"(《论语·雍也》)是儒家所追求的圣贤行为。"内圣外王"是儒家所追求的人生理想模式,即把自我修养的人生活动与兼济天下的理想结合起来,追求一种社会功名。儒商把它贯彻到商业活动中去,就是不把经商仅仅当作个人活动,而是作为实现博施济众的手段和获取社会功名的方式。所以,儒商从未将"义"与"利"对立起来,而是更好地将二者协调起来。儒商在长期的经营活动实践中,把"思义"作为自己经营的准则。儒商遵从孔子的教导,"君子之于天下也,无适也,无莫也,义之与比"。就是说君子对于天下的事情,没有一定要这样做,也没有一定不要那样做,而是怎样合乎道义就怎样做。把"义"看作人立身的根本,看作比利更重要的根本。他告诫人们要"见得思义",见到利益要想到道义,不该得到的利益,违背公利的利益,就不要去追求。儒家主张重义轻利、先义后利的道德。儒商把"思义"作为经营理念的一个重要层次,是对其老祖宗思想的重大发挥。商人经营的目的是要获利,没有利益驱动,就没有人经营;但儒商认为追求利益要有个限度,要有基本准则。"义,小为之则小有福,大为之则大有福",即认为小的商业道义可以使人获小利,大的商业道义可以使人获大利。儒商"思义"之道可概括为:在价值认识上"见得思义",在行为准则上"取之有义",在实际效果上"先义后利",在价值评判上"义利合一"。

(三)"守礼"是儒商之道的硬核

"礼"在儒家伦理道德思想中泛指各类典章制度和行为规范,是其内在本质中"严于律己"行为在商道上的表现,在下面可以看到,这里的"己",不是单单地指个人行为,它已经扩展到了行业中的规范行为上,是商人的"大己"行为。相对于内在的道德情感和伦理思想的"仁"而言,"礼"是外在的伦理行为。行为规范起到调节人际关系,达到社会和谐安宁的作用。儒商强调对不能树立优秀商业道德的人,要用行为规范来约束,即"守礼"。儒商继承了孔子学派经典著作《周礼》对此的规范,并加以补充完善。例如:"禁伪而除诈",强调杜绝商业欺诈行为;建立交易制度,贵重商品买卖要订立契约;禁止不合乎规格的器物上市,禁止粗劣和宽窄不合格的布匹上市,禁止用幼树加工木材上市,禁止捕猎幼鱼、幼兽上市，禁止未成熟的谷物和果类上市；严禁高额利润和暴利；对违反商业行为规范者分别予以批评教育、游市示众、杖击，严重者直至杖击致死，等等。儒商在近千年的商业经营活动中，不仅沉淀出"仁心""思义"这样的经营指导思想，还形成了硬性的经营规范，从而使儒商经营活动有法可依，使得儒商经营理念借助这个基本"硬核"世代相传。

（四）"亲智"是儒商之道的基本原则

"智"是指聪明智慧的品德。儒商认为在波谲云诡、尔虞我诈、陷阱多多的商海中，要靠人才、靠超群的智慧和谋略方能克敌制胜。儒商认为商业经营，不仅在于"修心养性"，还在于以"智"取胜；在于商业活动中要善于调动发挥人才的作用。这就是"亲智"。正如五四运动后倡导"儒家思想新开展"的贺麟所说，儒者气象"最概括地说，凡有学问技术而又具有道德修养的人，即是儒者。儒者即是品学兼优的人"。"在此趋向于工业化的社会中，所最需要者尤为具有儒者气象的'儒工''儒商'和有儒者风度之技术人员"。这也准确地概括了儒商"亲智"的谋略思想，即既有儒家伦理道德水准，又有知识水平，善于用人，且勤俭戒侈的经营者。在如何用人方面，儒商认为要"视其所以，观其所由，察其所安，人焉廋哉"，即看他交什么样的朋友，看他达到自己的目的所采取的方式，看他安于什么不安于什么等。知人之道还要"观其志""观其度""观其识""观其穷""观其性""观其廉"等，切记"不以言举人，不以人废言"。用人还如韩愈所说："取其一不责其二，即其新不究其旧。"即是说在用人方面要发挥他的长处，不苛求其短处；看他新的表现，不追究他过去的毛病，同时要给予充分的信任。儒商在长期的商业经营活动中，一方面继承了儒家亲人、用人的谋略；另一方面沉淀出"黄金累千，不如一贤""得才者昌，失才者亡"的至理名言。

（五）"诚信"是儒商之道的标志

"诚"与"信"是儒家五德的重要内容，是中华民族传承千年的优秀文化内涵，是儒商最重要的内在本质之一。儒家"诚信"理念的树立、"诚信"思想的形成一直影响着华夏民族。

"以信义服人"是儒商经营的根本宗旨，而以"信义待人"就一定会出现孔子所说的"近者悦，远者来"的喜人局面。如歙县商人鲍雯早年喜好儒术，"手录六经子史数十箧"，后不得已去经商，"虽混迹于廛市，一以书生之道行之，一切治生家智巧机利悉屏不用，惟以诚待人，人亦不欺君，久之渐致盈余"。这说明儒商坚持"诚信"经营理念，就会获得长久的利益。如果说"诚贾"和"良贾"代表了儒商形成以前主张诚信经商的商业精神传统，儒商则把这种传统内化为理念，这对后世产生了巨大的影响。

四、儒商之道的价值功能

儒商历经千年，其经营理念在经过产生、形成和完善之后，在儒家伦理思想的基础上，生长出了具有其特色的思想体系，成为系统的经营理念。该系统的层次结构已如上所述，儒商经营理念思想体系的五个层次相互依存，相互影响构成系统整体，并凸显出整体性价值功能，对后世产生了极其重要的影响。我们现在对儒商之道的研究，也正是希望能从这些精彩的经营理念中获取对我国现代企业经营有所帮助的养分。

（一）仁心的价值功能表现在它是企业经营发展的灵魂

"仁心"体现了企业经营发展的"灵魂"之价值。这里的"灵魂"是指统率企业发展方向，并贯穿于发展过程中的东西，即商家的仁慈形象、良好名声和仁者风范。该价值功能体现在现代企业上就是"信念"。就企业内部来说，"信念"就是企业的文化氛围，精神面貌，企业员工间的凝聚力，表现为一种有明确目标的追求。就企业外部来说，"信念"就转换为"信誉"，即企业在消费者心目中的形象和可信度。"信誉"是现代企业的生命线，一个经营者如果不讲信誉，蒙、坑、骗人就是不"仁"，迟早会葬送企业的前途。温州鞋业部分商人早期不注重鞋的质量，仿冒他人品牌，险些葬送了整个温州鞋业；随后温州人花了近十年的时间，才重塑温州鞋业的形象和信誉。在市场经济的条件下，这方面的实例并不鲜见。

（二）思义的价值功能表现在它是企业经营立足的根本

该价值功能突出表现在"义利合一""见得思义"的儒商经营方针上。在儒商看来，经营者无论见到大利还是小利都要想到道义，想到取利之后对自己的现在和将来会产生什么样的影响，不因为取之小利而影响经营者好的名声，也不因为取大利而不顾自己的声誉，否则经营者就无立足之地，就会失去经营的起码条件。这对今天的企业经营行为有重要的启示意义。我们有些企业或经营者，只为眼前利益，损害长远利益；为小团体利益，损害全局利益；为了自身的经济效益，损害社会效益。这些都是"见利忘义"的行为。当今，我们之所以倡导可持续发展，环境保护，严打假冒伪劣商品，就是要从根本上做到"义利合一"。

（三）守礼的价值功能表现在它是经营者成功的保证

经营者要保证自己的经营获得成功，必须遵守商业规范，使自己的商业行为符合大家公认的经营规则，否则靠投机取巧、违规经营是要受到惩罚的。在今天，"守礼"就是市场主体要遵守市场进入规则、程序，按市场经济规律办事。实践证明，市场主体认真遵守执行了市场规则的这个"礼"，企业就能由弱到强、由小到大。可以说"守礼"更是当今企业经营者成功的保证。

（四）亲智的价值功能表现在它是企业经营腾飞的关键和动力

儒商充分认识到，经营者的经营不仅要有谋略，而且要善于用人，深知"得才者昌，失才者亡"的哲理。目前，我国经济正走向世界经济一体化。当今世界竞争的焦点已从原材料竞争、商品市场竞争为主转向以人才竞争为主。在我国加入 WTO 以后，我们企业为了提高竞争力，开创名牌产品，增强综合实力，就必须发挥人才的作用。在一切资源中，人才资源是最为宝贵的，其价值是无法估量的，所以智力开发、人才的培养挖掘是企业腾飞的关键和动力。当今世界正处在新的科技革命浪潮中，重视人才资源的开发，加强人才资源的管理和科学合理地使用人才资源已是当务之急，对此，我们的企业家应该继承儒商的传统，要有爱才之心、识才之眼、容才之量、用才之胆，以对事业高度负责的精神大力营造惜才、爱才、荐才、用才的良好风尚。只有这样，我们的企业才能跟上新的科技革命的步伐，才能实现中华民族的腾飞。

（五）诚信的价值功能在于告示世人经营者在经营活动过程中，以诚待人、信守诺言，企业就会兴旺发达

改革开放40多年来，我国在社会主义市场经济体制建设和完善方面取得了举世瞩目的成就。但是，多年来在一些领域仍然存在着不少诚信缺失问题。中国三鹿集团曾在全国奶粉市场独领风骚，一度成为中国最大奶粉制造商之一，其奶粉产销量连续15年全国第一，然而，谁能想到"三鹿"集团却因三聚氰胺而轰然倒塌。"三鹿事件"引发了全社会对诚信问题的思考。其背后必然原因的实质就是违背科学发展和诚信道德的缺失。一个企业不讲诚信，势必对消费者、整个行业以至社会造成危害。据统计，我国每年企业间签订的50多亿份合约中，履约率仅有50%。在当今的经济交往中，许多企业被迫放弃现代信用，重新选择了如以货易货、现金交易等原始交易方式。经调查，有近40%的企业经营者对违背诚信经营的行为采取了高度容忍的态度。这些不规范的市场行为影响着市场经济的健康运行。

诚信缺失会导致企业的经营与发展的失败，甚至倒闭破产。那到底是什么造就了成功的企业？如何才能保持企业百年不衰？美国《财富》杂志2009年公布的全美500强企业中，沃尔玛以4 012亿美元的销售收入位居前列。沃尔玛的成功在于八大要素：真实的、稳健的财务状况；突出的、内外一致的形象；诚信的服务；团队协作精神；以客户为中心的诚信理念；公平对待员工；激励和创新。沃尔玛获得成功的八大要素都与企业诚信的内容直接相关。

市场经济条件下的企业诚信，不仅是社会和广大用户对企业的要求，更是企业自身发展壮大的首要条件和立足之本。与其说企业经营的是产品，不如说企业经营的是信誉。一个企业要在激烈的市场竞争中脱颖而出或处于领先地位，要在商品质量、价格、管理、服务等方面坚持信用至上，履行诚信承诺，抓好诚信的系统工程。纵观历史和现实，同仁堂、全聚德等百年老店都是由于诚信而扬名国内外。

企业的生存和发展在于"诚信"。我们今天的企业家、经营者对儒商"诚信"的经营理念不仅要继承，更要发扬光大。市场经济活动的实践告诉我们，取信于客户，企业就稳定、发展；失信于客户，企业就难有立足之地，更谈不上扩大和提高市场占有份额。当代经营者提出的"用户至上，信誉第一"的口号，是对儒商"诚信"经营理念的发扬光大。事实上，我们的企业在取信于顾客上，不仅应在商品质量上下功夫，而且要扩展到售前、售中、售后的一条龙服务上，同时还需对顾客做出各种承诺，为客户提供全面满意的服务。当代企业家把儒商"诚信"的经营理念，发展成为"顾客就是上帝"，强调以顾客为轴心，把顾客满意不满意作为经营好坏的评判标准，从而迎来了企业的兴旺昌盛。综上所述，儒商之道不仅长

期潜在于商业活动中,而且在当今中国的市场经济条件下有特别重要的启示意义。儒商之道着眼于人的价值理性的升华,它所注重的不是对人施以外在束缚,而是点醒人的内在自觉性,它以对人性普遍潜能的高度自觉为前提,从而凸显出人的内在创造力及其价值功能。

第二节 儒商经营之道与西方经营思想的比较

一、现代西方主流企业经营理念

现代西方管理界对企业的经营理念有这样的界定:所谓经营理念,就是管理者追求企业绩效的根据,是顾客、竞争者以及职工价值观与正确经营行为的确认,然后在此基础上形成企业基本设想与科技优势、发展方向、共同信念和企业追求的经营目标。这些可称为企业的"经营理念"(theory of business)。事实证明,一套明确的、始终如一的、精确的经营理念,可以在企业中发挥极大的效能。一套经营理念应包括三个部分:第一个部分是对组织环境的基本认识,包括社会及其结构、市场、顾客及科技情况的预见。第二个部分是对组织特殊使命的基本认识。第三部分是对完成组织使命的核心竞争力的基本认识。总之,对使命的基本认识是如何在新的经济与社会环境中脱颖而出的决定因素。经营理念形成是经过日积月累的思考、努力及实践才能形成和做到的。一个企业经营理念,还需要满足如下要求:

第一,对企业对大环境、使命与核心竞争力的基本认识要正确,绝不能与现实脱节。脱离实际的理念是没有生命力的。

第二,要让全体员工理解经营理念。经营理念创建初期,企业员工比较重视,也很理解。等到事业发展了,员工把经营理念视为理所当然,而逐渐淡忘,变得松懈,停止了思考。虽然经营理念本质上就是训练,但要切记经营理念不能取代训练。

第三,经营理念必须经常在接受检验中修改丰富。经营理念不是永久不变的。事物是发展变化和运动的,企业经营理念一定要随着外部和内部环境的变化而变化。事实证明,有些经营理念功效宏大而持久,可以维持数十年不动摇。

二、西方经营理念与儒商之道的比较

20世纪80年代以来,由于日本及"亚洲四小龙"经济的飞速发展,人们的眼光重新从西方转向东方,开始研究中国古代商人的管理思想在当代社会中的重大意义。日本著名管理学家伊藤肇认为:"日本实业家能够各据一方,使战败后的日本经济迅速复兴,中国儒商文化的影响力,功应居首。"许多学者研究后发现,中国儒商的管理思想的长处往往正是西方商人管理中所欠缺的地方。美国著名管理学家威廉·大卫在考察了日本商人管理的成功之处

后，认为对于这种源于中国的管理思想，"我们一旦理解了它，就能够将它与我们自己的组织形式进行对比，并了解我们的环境内还欠缺什么东西"。

而从上面对西方主流经营理念的介绍中我们可以看到，它与之前我们探讨的儒商的经营理念——"道"，有很大的区别。我们可以运用德国著名学者韦伯的"从思想层面下手"的分析方法，从管理思想层面上，来分析东西方商业经营理念差别的原因和表现，找到二者各自的优势。首先要明确的是，和其他文化形态一样，人类的管理思想也有两种主要类型：一种是渊源于古希腊文化传统的西方管理思想，它在近代资本主义的条件下演变为具有一定科学形态的管理理论，从20世纪初泰勒开始已发展成为科学化的理论体系，对现代人类的经济社会发展产生了重大影响。另一种就是我们在这里探讨的儒商的管理思想。放在现代企业经营管理的环境中，我们可以总结出这两种管理思想的主要差别在管理基点、管理手段和管理组织方式上。

（一）管理基点的差别——以人为本还是以物为本

在管理中首先要涉及的两个基本要素就是人和物。人与物的关系是管理的基点，管理的实质也就是要实现人与物的最佳组合，从而创造出尽可能大的效益。因此，如何来处理人与物的关系可以说是经营管理中的一个基本问题。对这一问题的解决有两种基本思路：一种是以人为本，通过调动和发挥人的主观能动性去实现对物的有效利用；一种是以物为基础，用物来规范和激励人，使人与物达到有机结合，创造出经济效益。很显然，儒家管理遵循的是前一种思路，即以人为本，把人当作经营中最根本的、能动的因素，并通过对人在精神上和物质上的关心和激励去调动员工的积极性，实现对物的有效利用，创造出优化的经营业绩，即我们在前面反复强调的儒商的"仁"。在管理上，儒商崇尚的是"贤主劳于求贤，逸于治事"的用人思想，"圣人治吏不治民"的指挥思想，"人君崇明不贵察"的控制思想，等等，此皆以人为本，以人为中心。与儒商经营理念不同的是，西方管理在相当长的一个时期，有重物不重人的倾向。在历史上相当长的时期中，西方的管理者都把人看成是"机械人""经济人"，这表现在管理中首先是根据既有的物质条件，形成一整套规范制度，把人和物都纳入这大套规范化的制度中进行组合，人在实际上是被当作了一种与物同样的因素，是物及其制度的配套物。正如美国学者卡尔·佩格尔斯所说："在西方世界，雇员基本上是被看作一种生产要素，跟资本是一种生产要素一样。"在这种管理模式中，人实际上被物化，是作为整个物质机器的一个部件而存在着，而不是作为一个有血有肉、会思想、有情感的能动主体。马克思也曾经说过："劳动者只是当作单纯的生产资料，以食物给予他们，就像煤炭添入蒸汽炉，以油脂注入机器一样。"这种管理模式忽视对人的情感、精神需求的重视。

当然，现代的西方管理也强调人才的作用。但是，这与儒商以人为本为出发点的管理观念有着重大区别。儒商强调以人为本是认识和尊重人，是把人作为主体来对待。而西方商人的管理思想是把人当作一种资本、一种生产要素，还是意味着人是经营活动中的一部机器。但是，西方商人这种以物为基础的管理思路以及以制度为本的物质化管理方式，也有其优越性的一面，主要表现在管理有较好的统一性、稳定性，不会因一时一地个别人员的变化而影响整个管理系统的运行，其不足在于对人的主体地位认识不够，劳动者的积极性不能得到充分发挥，这就限制了效益的创造。儒商以人为本的管理方式能更好、更大程度地发挥被管理者的积极性和创造精神，可以在一定条件下创造比目标更高的效益；其不足之处在于管理有不少不确定性、随意性，也就很容易造成个别人的变化而影响到整个企业的正常运行，导致效益明显下降。随着世界经济的发展，西方管理思想发生了一定的变化，逐渐从纯粹的以物为本的管理思想向他们所谓的人本管理转变。但需要注意的是，现代西方所谓"以人为本"的人本管理在本质上是还将管理中的人视为一种物组织发展的一种资源，即能力资源，而不是把人看作一个活生生的完整的人。在能本管理中，人的发展也主要服务于能力资源的开发与利用。所以，现代西方能本管理是物化了人的本质。

（二）管理手段的差别——科学管理还是情感管理

在运用哪一些手段与方式来实现管理目标的问题上，儒商与西方商人也存在着很大的差别。西方商人在管理中运用的基本手段与方式就是理性化的利益机制，即"以理性的契约来确立雇主与雇员之间的利益关系，通过利益上的奖与惩来激励和约束员工的行为，使其驱向管理目标"。这属于科学管理手段。

与此不同，儒商在运用理性的利益机制的同时，也特别注重情感激励、思想发动和精神动员的作用，把伦理与人情作为激励和约束员工行为的重要因素，甚至把利益机制也打上伦理的色彩。运用儒家的重人、重信、重义、重情的精神对员工进行管理，督促其实现管理目标，是儒商管理手段的特点。即我们前面已分析的儒商的"义利关系"的处理，和"礼"的运用。儒商的管理思想认为要时刻考虑如何能使员工由领导者让他们干好转化为他们心甘情愿地自己干好，使他们在厂同在家里一样，把厂家的事当成自家的事。虽然说制度管理在现代企业管理中非常重要，但还必须有一些情感因素在里面。而中国的儒家管理以"求善""求治"为目标，恰恰非常强调心理的作用，依靠领导者榜样"身教"的力量和道德感召力来调动和团结全体群众，达到管理的目标。虽然在中国历史上也有多种管理方式，但以人道、仁义和群体为中心，以心理情感为纽带，以情理渗透为原则的"德治"方式和"内圣外王"的儒家管理思想则始终占据着主导地位。应该说，儒商这种把利益与伦理、理性与情感等机制结合起来进行管理的方式是一种更合乎人性，也更为有效的方式。它更能有效地调动员工的积极性，从而使员工创造更高的经济效益。当然它也包含着一种过分夸大伦理精神的作用。

西方商人的理性化利益机制管理方式的优点在于比较规范，容易操作，见效快，这也符合西方人的性情。但是它过于简单化，难以满足员工多层次的需要，对于调动员工的积极性也是有限的。

（三）管理组织方式的差别——刚性管理还是柔性管理

儒商的企业管理组织方式是家族式的。把"齐家"的原理扩展到各种管理组织的行为中，"父义、母慈、兄友、弟恭、子孝"作为经纬，从纵横两个方面把血缘关系与管理等级制度

第六章 儒商的经营之道

联系起来,所谓"君子之事亲孝,故忠可以移于君;事兄悌,故顺可以移于长;居家理,故治可以移于君",说明这种伦理关系在各种管理行为之中起着关键性的调节机制的功能。某个企业的模式类似于一个家族,企业的最高执行官就如同家族中的家长,其余职员由最高执行官选择任命。日本工运评论家森田实这样描述日本企业的内部关系:"企业主好比父亲,工会好比母亲,企业中层负责人类似小舅子,劳动者则似挣钱的儿子。"日本企业不断向职工灌输以企业为家的思想,再加上实行"终身雇佣制""年功序列制",企业与职工结成了"利益共同体""命运共同体"。当然任命也有其一定的规则,"贤主劳于求贤,而逸于治事"是用人的总则;"治平尚德行,有事赏功能"是因事用人的原则;"智者取其谋,愚者取其力,勇者取其威,怯者取其慎"是因人任事的原则。这就如同家族中的家长认可不同才干的人来各司职务一样。要这种管理模式能使职工把企业当作自己的家庭,就会使员工与企业同甘共苦,努力使厂家一体。另外,儒商的管理思想也认识到要真正使员工爱岗敬业,以企业为家,就要尽企业之所能,为员工解决一些实际困难和后顾之忧,鼓励员工学习,要制定出一系列的鼓励员工学习的政策,等等,真正关心职工。

总结一下家族式的管理方式的优势在于:一是凝聚力比较强,整个企业上下能够形成统一意志,员工有较强的自觉性和能动性,能尽职尽力地为企业而奋斗;二是当家长是一位优秀的人才时,其管理效率较高,能更有效地进行调度,更灵活地去适应市场的变化。其局限性在于:一是对高层管理人才,特别是主要管理人才的选拔带有一定的封闭性,不能做到完全开放地从社会上选取最优秀的人才来进行经营;二是对"家长"即企业首席管理者依赖过重,制度不够完善,因而当"家长不称职时,企业就会陷入难于摆脱的困境"。很明显,儒商这种家族式的企业管理组织方式,是一种柔性的管理方式。而西方商人的管理组织方式则基本上是采取契约制和科层制,企业的最高管理者都是聘用来的,企业管理采取分工明确、分层负责、各司其职、按绩付酬的原则。员工与企业的关系是在利益相互依存相互认可的基础上,用契约关系来加以维持的。因此,员工与企业的关系只是以利益关系为转移的不稳定关系。企业不景气时,靠大肆裁减员工来减轻工资支出。员工找到很好的工作单位或薪水更好的职位就会跳槽。过于严密的分工,使得当某一环节出现问题时,容易造成不同方面和层次的断裂,整体运行受阻。对调动整个组织来适应市场的突变也常不如家长式的企业来得更为灵活。而且管理技术的复杂化造成了片面追求管理的数学化、模型化和计算机化的倾向,无视人的心理情感因素和管理艺术的丰富性,以至于被美国人称为对"象牙之塔中的分析和理财手段的迷信"。总之,这种管理组织方式的特点就是组织制度和结构是理性化的、容易操作的。但是人员的构成是不稳定的,员工与企业本质是相互外在和分离的。可见,西方商人的管理组织方式明显带有刚性色彩。

比较儒商与西方商人的管理思路、手段以及组织方式之后,不难发现儒商强调的是以内制外,而西方商人则惯用以外制内。比较中可以证明儒学虽是古人之物,其还是具有现代性的一面。现代企业,尤其是处于市场经济建设与改革环境下的中国企业,应该更善于从中西方成功、有效的经营之道中,汲取充足的养分,博采众长。

第三节　儒商经营之道与现代企业经营

一、"兼善天下"与现代企业基本经营理念

人作为一种社会的存在物，在享有社会所赋予的种种权利的同时，也相应地承担着对他人、对社会的责任。对于一个社会的发展来说，这种责任意识的强弱及责任行为的履行程度，往往会对其社会秩序、发展进程产生重大影响。由于不同国家、民族的文化差异，有的较为关注选择的自由和权利，如西方国家的权利伦理；另一些则更为关注责任，儒家伦理便是一种更为关注人类责任的传统思想。自亚当·斯密提出"经济人"的假设以来，企业一直被视为业主追求利润最大化的赚钱工具。在古典经济学家看来，在"看不见的手"的引导下，每个私有企业主致力于利润追求，尽管他不把社会利益放在心上，但结果却促进了整个社会的利益。基于这一理论，企业的唯一社会责任就是被界定为增加利润、为股东谋利。如当代著名经济学家弗里德曼在他的颇有争议的《企业的社会责任是增加利润》一书中指出："企业责任是在遵循游戏规则的同时赚取利润，当职业经理人将组织的资源用于承担社会责任时，他们就削弱了市场机制的基础。"但是，随着近年来人们对责任伦理认识的深入，这一思想受到了越来越多的质疑。许多思想家论证，企业在现代社会中正扮演着比过去重要得多的角色，很多大企业拥有相当的政治与经济实力，对公共政策及跨国规则有着广泛的影响力，它们对现实重要的社会目标如就业、环境保护等方面起着举足轻重的作用。正因为如此，企业必须承担起与它的权力相适应的社会责任。这一理论在西方企业界引起了很大的共鸣，如荷兰皇家石油集团公司总裁让罗恩·维尔就曾说过有社会责任感的领导层不单纯强调企业的盈利能力，还强调促进这个社会的可持续发展。注重道德、社会责任的商业经营意味着有利可图。同时，2001年8月，一种叫FTSE4的指数正式在伦敦股市开盘，它是"金融时报道德指数"的简称，它将社会责任纳入上市公司的日常商业行为，只有被视为对社会负责任的企业才能被纳入这一指数，而诸如烟草、核能和武器制造之类虽然赢利丰厚但道德素质不高的公司一律被拒之门外。正因为西方企业界越来越认识到了企业对社会伦理责任的重要性，到1993年，美国90%的商学院开设了企业伦理学方面的课程。而哈佛商学院还把"管理决策与伦理价值"作为工商管理硕士生的必修课。西方企业责任理论的发展，从一个侧面反映了责任伦理在促进社会可持续发展过程中的重要作用。但是，这种责任伦理精神还仅仅是体现在少数企业和企业家的先知先觉上，无论是在中国还是西方，它都还没有作为一种信念根植于市场经济的土壤之中。而从儒家伦理思想中，我们将能够汲取培育这种信念的力量和智慧，即我们是有责任、有优势去从自己的传统文化中、从先人成功的经营之道中，寻求德性的回归与新时期的应用。

在儒家传统伦理来看，个人处在社会关系的中心，并非为了谋求自身的权利，而是为

第六章 儒商的经营之道

了实现自身对国家、对社会、对家庭和对他人的责任。而从前面对儒商本质特征的概述中，我们也可以看到，儒商在"仁、义、礼、智、信"的阐释和践行中，无不体现出这种浓厚的社会责任意识。如孟子所说："得志，泽加于民；不得志，修身见于世；穷则独善其身，达则兼善天下。"在儒家责任伦理的构架上，孔子是以家庭为本位，以"孝悌"为基础，以家庭利益作为责任选择的出发点来确定道德责任的。从《论语》的这段话可以得到印证："弟子入则孝，出则悌，谨而信，泛爱众而亲仁，行有余力，则以学文。"在此，孝悌构成了人类普遍交往的出发点，从亲情之爱到群体之爱，表现为一种合乎逻辑的发展，而仁道原则，在儒商的行商过程中也有举足轻重的作用，它是一种普遍的规范。对于企业管理来说，孔子这一思想给我们最大的启示就在于：任何一种企业伦理精神的培育，都如同"仁道"的实现一样，需要一个恰当的逻辑起点和循序渐进的过程。具体到企业责任信念的形式上，大体上可以分为以下三个过程：首先，对于出资者的责任意识。在现代企业制度之下，企业对出资者的责任既是企业经济利益的要求，也是一种法律要求和道德要求。这三种要求是紧紧联系在一起的，企业经营者为投资主体争取最优化和持续化的经济利益，既是法律上的"必须"，又是道德上的"应然"。从这个角度看，可以看作是企业自身的一种自然的、基本的责任，是实现其他责任的前提和基础。其次，对其他"关民"的责任。关于企业责任的"关民"理论最早是由美国宾州大学和弗吉尼亚教授威廉和弗里曼提出的，所谓"关民"是指"影响企业的目标成就或受它影响的任何集团或个人"，除股东外，主要有员工、顾客、经理、供应商和地方社会。这五方面因素按照利益关联度的不同，构成了一个以企业和股东为中心的利益共同体，有些"关民"的权利还得到法律的承认。正因为企业的行为会对它们的利益产生直接和程度不同的影响，企业理应承担起对它们的社会责任。最后，对社会的责任。这是企业责任的最高形式，也是企业伦理精神的最高境界，正是此儒家所追求的"仁道"境界。它标志着企业在追求利润的同时，也尽其所能地承担起对促进社会公正、增加社会福利、发展教育文化事业和保护改善自然环境的责任，从而把企业自身的发展融汇于社会的可持续发展之中。在这一问题上，美国通用电气公司在教育领域的行为就很有代表性。公司有责任引导学生将来为社会做出贡献。基于这一社会责任感，该公司的几个分公司在当地都建立了企业与高校学生之间的友好联系，意在为国家教育及社会做出贡献，公司本身也因此获得了良好的社会声誉。当然，正好比在"爱亲人"与"爱邻人"之间会发生矛盾，在现实中的企业这三重责任之间也往往会发生冲突。在这种冲突发生时，企业在利益的优先选择上，第一层次是指向股东，第二层次是指"关民"，而第三层次指向社会公益。但是，在现代企业经营中，最关键的问题并不是企业承担多少社会责任，因为很多企业连对股东的责任意识都十分淡薄，更不要说别的社会责任。正因为如此，在这种情形下大谈企业应承担的社会责任，只能是一种没有现实性基础的空洞道德说教。在这一问题上，儒家的高明之处就在于看到了为了达到理性境界，必须从人的自然本性出发，从基础层次做起的重要性。同样，在企业责任伦理的培育中，也必须从第一层次做起，承认企业逐利的"自然本性"。然后再按照从低到高的顺序，引导企业逐步走向一种在谋求自身发展的同时"兼善"的理想境界。

二、"和而不同"与企业经营管理的基本方式

"和"与"同"在中国儒家文化中是两个含义不同的范畴。在前面所论述的儒商本质特征中,我们也概述了他们的"贵和"特征。"和"的基本含义是矛盾双方的均衡与和谐,"同"是取消矛盾的简单同一。据《国语·郑语》记载:史伯在回答郑桓公"周其弊乎"的发问时认为,西周最大的弊端就是"去和而取同"。史伯说:"夫和实生物,同则不继。以他平他谓之和,故能丰长而物归之。若以同裨同尽乃弃矣。"意思是说聚集不同观点事物而得其平衡叫作"和","和"产生新事物,所以说"和能生物";而"以同裨同",把相同的事物叠加起来,那是不可能产生新事物的。孔子继承了这一思想,提出"和而不同"的观点。认为"君子和而不同,小人同而不和",即君子能汲取别人的有益思想,纠正其错误认识,以求公允正确,绝不盲从;而小人只会随声附和,从不提出自己的独立见解。作为中国传统文化的宝贵遗产,"和而不同"思想是中华民族对自己与外部世界及人自身关系领悟和认知的总结,蕴含着深刻的辩证法思想和充满智慧的哲理。它展示了一种在处理社会关系、解决社会问题时将各种矛盾蕴于一体的"和谐"之美。将这种精神用于经济,是能促进生产发展、经济繁荣的。在经商中,它能起到调节作用,使各方矛盾达到中和状态,对现代企业的经营与管理,都有着十分宝贵的启示意义。与传统企业不同,现代企业是多边契约关系的总和,它涉及方方面面的关系人,如股东、债权人、员工、政府,等等。企业的经营目标与多个利益集团有着直接关系,是这些利益集团共同作用和相互妥协的结果,各个集团都以企业长期稳定发展和总价值的不断增长为最终目的。在这种态势下,如何协调各个利益群体之间的关系,在求同存异的基础上寻求一种"多赢"的利益格局,使各方的共同利益得到保护,是企业面临的一个重大问题。

儒商奉行的"和而不同"之道,在日本得到了成功的运用。日本企业非常重视企业内部的"和",注重运用"和"来调节各方关系,通过团队精神的培育,以及终身雇佣制的实行,企业上下像家庭一样组成了一个同舟共济的命运共同体,员工对企业有一种强烈的归属感、认同感和荣誉感。在很多日本企业内部,员工之间、员工和企业主之间平等相处、忍让通达、真诚相待。在下级对上级非常服从的同时,也十分重视民主决策、广开言路,很多企业都实行了自下而上传达意见、全体沟通协商的"禀议制"。这些做法都极大地增强了企业的凝聚力、向心力和竞争力,促进了企业团队精神的形成。从某种程度上来说,正是在浸润着儒家"和而不同"思想的企业家精神支撑下,"二战"后的日本才迅速从战败后的废墟上崛起,创造了短时期内跻身于世界第二大经济强国的经济奇迹。而随着美籍日裔的学者威廉·大内"Z 理论"的提出,东西方企业管理文化开始出现了相互交融的发展趋势。一直主张用契约关系来明确企业内外权利义务关系的西方企业管理理论,也开始吸收这种"和合"思想,强调协调人际关系、培养团队精神的重要性。从现代企业的内部来说,股权的进一步分散、企业管理范围的不断扩大,使得增强企业内部凝聚力变得更为困难。从外部来说,不同国家企业间的文化价值观差异,也在一定程度上影响了彼此之间的竞争与合作关系。因此,在

企业经营管理领域，时代的发展越来越需要一种具有普适性的规则，它既是现代企业经营管理的根本方式，也是一种超越不同国家、民族和文化的"重叠意识"。而儒商之道中的"和而不同"思想，以及其所蕴含的"尚和""执中""共赢"的价值理念，则正是高度契合了这种时代需求，成为一种为越来越多企业家所接受的卓越管理智慧。

所谓"尚和"，就是要把企业内外关系的一种和谐状态作为企业经营管理的最高目标，而不是单纯用经济指标来衡量经营管理效率的高低。企业管理中"尚和"是一种着眼于长远、持久和可持续发展的管理思维。从内部来说，各方关系的和谐不仅能够增强企业的凝聚力和效力，而且能够充分激发和调动起全体企业员工的潜能，为企业管理效率的提高奠定良好的基础。从外部来说，和谐的社会关系能大大减少企业的交易成本，为企业的可持续发展创造一个良好的外部环境。儒商普遍奉行的"和气生财"的理念，讲的就是这个道理。所谓"执中"，就是在处理企业内外各种矛盾关系时，要在求同存异的基础上把握好度，不使矛盾激化，破坏"和"的状态。这一点，在前面对"中庸"的解释中，也有所涉及。即"中"与"和"有着密切的关系，"中"作为一种处世原则和手段，它的目的是为了达到"和"。"执中"并不是一种无原则的折中主义，而是在矛盾双方不存在根本性冲突的情况下，为了求"和"所采取的一种中庸之道。因此，对于企业的经营管理来说，只有始终秉持"执中"的原则，才能真正达到"和"的状态。

所谓"多赢"，就是要通过"执中"，把"和"的状态巧妙地控制在一种对矛盾各方都有利的利益格局之中。儒商追求"天地人和"的终极目的是为了实现其"天下大同，惠及万民"的政治理想，在这种理想的社会图景之下，天下人"老有所终、壮有所用、幼有所长，矜寡孤独废疾者皆有所养"。从管理学的角度讲，这种利益共享的组织不仅在结构上最稳定，而且在系统运转上最顺畅。同样，在企业的经营管理中，这种"多赢"的局面无疑也是最有利的。换言之，也只有这种管理与经营理念，才能够确保企业取得长期的、稳定的、丰厚的利润回报。从这个意义上说，如果说"执中"是为了"尚和"，那么"多赢"则是这种"和"的理想状态和最佳结果。

三、"为政以德"与企业管理的根本手段

"为政以德"虽然是儒家思想中的治国思想的集中体现，但它所蕴含的思想，也同样影响着儒商的经营行为。

"为政以德"起源于西周时期的周公旦，大成于春秋时期的孔孟，定型于两汉时期的董仲舒，完善于以朱熹为代表的宋明理学时期。作为一种以道德为根本管理手段、以"人性化、柔性化"为主要特征的管理哲学，儒家"为政以德"思想则蕴含着极大的智慧，如它强调的在管理过程中领导者的感召力和躬亲示范作用，它所倡导的尊重人、理解人、发挥人的积极主动性，它所体现的"以德为先、以人为本"的管理理念，以及它在几千年管理实践中形成的一些伦理管理方法、制度和规则，都十分值得我们在现代企业管理中汲取。

自 20 世纪初被称为"现代管理学之父"的泰罗提出"科学管理"理论以来，西方管理

思想经历了一个从以"物"为中心到以"人"为中心的过程。基于"经济人"的理论前提,"泰罗制"把管理重点放在对人的控制上,突出严格的管理制度和金钱激励,认为金钱激励能满足"经济人"的物质需求,保持行为动力,而严格管理能使人的行为与组织目标保持一致性,这就是所谓的"X"理论。

20世纪70年代,随着日本及东亚"四小龙"在经济上的迅速崛起,引起了西方管理界对儒家企业文化的关注和研究。在这种情况下,融合东西方文化的"Z理论"诞生了。在这一理论看来,人既不是单纯的"经济人",也不是"社会人",而是因时、因地、因各种情况而采取适当反应的"复杂人",人对组织的态度取决于自身的需求及与组织间的关系。与"复杂人"相对应,"Z理论"提出了"权变管理理论",强调企业管理手段的变化与创新。但是,无论是X理论还是Z理论,从本质上来看都是把人视为达到企业目标的手段,人是从属于企业、为企业服务的。20世纪80年代以来,这种"手段人"的管理模式受到了越来越多的冲击,东西方的企业管理理论在不断交融互补的基础上,都开始朝着"以人为本"的方向发展,突出人是中心,注重企业文化的培育、强调企业的民主管理与社会责任逐步成为一种趋势和潮流。当然,由于社会制度、经济水平与文化背景的不同,东西方的人本管理模式也呈现出很大差异。以日本为代表的东方模式是一种柔性化的管理模式,它以道德为基本管理手段,通过团队精神及企业共同价值观的塑造,来培育员工对企业的忠诚和依赖,并以此来增加企业的凝聚力和效力,管理过程具有人情化和软性化的特点;以美国为代表的西方模式主要是一种理性化的契约管理模式,它以法律、契约以及自然和社会科学领域的一些先进方法为基本管理手段,注重对人的刚性约束,企业和员工之间主要是靠"契约"而不是靠情感来维系,管理过程具有契约化的特点。随着近年来世界经济格局的深刻变化,这两种管理模式在实践中都暴露出了一些弊端。如日本由于在企业管理中过分强调秩序稳定、群体意识,使得企业严重缺乏创新精神和应变能力,同时,在市场竞争更加激烈、人才流动日趋频繁的情况下,带有浓厚道德意味的"终身雇佣制"也大大削弱了其企业竞争力。而美国由于过分依赖法律、契约的作用,也使得很多企业的凝聚力不强,员工的积极性较差,人际关系冷漠,很难在企业内部形成共同和持久稳定的文化价值观。在对东西方企业管理模式的反思中许多学者都在思考:有没有一种新的管理模式,既能吸收以上两种模式的优点,又扬弃了它们各自的缺陷。对此,我们可以从儒商的行为中,找到一些启示和回答。

"以人为本"。民本思想是儒家德治思想的理论基点。孟子"民为贵,社稷次之,君为轻"的论点鲜明表明了这一主张。儒商在其经营行为中,巧妙地处理东家、掌柜与伙计的关系,并且也十分巧妙地处理好了这些关系对企业发展的作用。在现代企业管理中,也只有视员工为企业之根本,把尊重人、关心人、满足人的合理需求与利益,以及充分发挥人的创造性作为企业管理的前提,才能够不断增强凝聚力、竞争力,提高企业的"士气",产生一种如经济学家莱宾斯坦所说的"X"效率。从这个意义上说,如果把企业与员工比作舟与水的关系,水滞则舟缓,水畅则舟易行。

"以德为先"。在道德与法律这种主要的社会管理手段中,儒家德治选取了"德主法辅"

的方式。深受儒家思想影响的商人，也十分强调自律与他律的统一，并且更侧重于以自律为主。它的优点主要有三点：一是有利于企业共同价值观的培养与塑造。二是节省了法律资源，以很低的成本取得了较高的效率。三是管理者本人在道德践行上的示范，能对被管理者起到良好的价值导向作用。对于现代企业管理者来说，在市场中取胜的关键在于其核心竞争力，而核心竞争力的关键则在于企业先进的经营理念及伦理价值观。但在这种共同价值观的最终形成过程中，法律契约固然必不可少，但最根本的还是要靠道德和自律。同时，当这种"德主法辅"的管理机制一旦形成，企业的管理成本就会大大降低，其竞争力也会相应得到增强。

"刚柔相济"。道德主要是靠自律，在管理过程中，如果过分地依赖道德，就会产生约束力差、应变能力不够强的问题。而在这一方面，儒商崇尚德治，他们通常是这样做的：一是德法兼施，刚柔相济。在这种管理模式下，法律只是达到道德目的的一种手段，以法治人的出发点是为了以情动人、以德服人；二是伦理的制度化，即把其伦理精神及管理理念具体化为缜密的制度，并通过制度的运作与实施，将其渗透到被管理者的心中，具有极强的可操作性。在现代企业管理中，企业精神的培育、应变能力的形成、管理效率的提高都离不开德与法的功能互补与良性互动。从这个意义上讲，日本企业文化中的柔性思维、注重情感因素以及西方企业文化的理想思维、注重法律因素，在儒家"德主法辅"的管理方式中都有所体现。

四、"内圣外王"与企业家的成功之道

"内圣外王"用近代思想家梁启超的话说就是"内足以资修养而外足以经世"，"人格锻炼到精纯，便是内圣；人格扩大到普遍，就是外王"。历代儒家经典著作中的"立德立功立言"，"修己安人"也都从不同的侧面表达了这一思想。从"内圣外王"的思想外延来看，"内圣"是教人如何通过道德修养以达到圣贤境界的，涉及伦理学、教育学、宗教学、心理学等领域；而"外王"则是教人如何献身社会、治理天下的，涉及政治学、社会学、经济学等领域。正是从这个意义上讲，儒家伦理乃至整个中国传统伦理思想的基本精神都可以归结为"内圣外王"。"内圣外王"思想也对中国社会的发展，乃至民族心理的塑造产生了极为深远的影响。从儒家伦理的理论兴奋点来看，几千年来一以贯之的是在思想人格上的塑造。纵观历代儒家伦理学说，有两类人格是公认的，这便是圣王人格和君子人格。而所谓圣王人格即"内圣外王"的人格，是全德、全智、全功的统一体。在传统儒家思想中，个体价值实现的最高形式是道德上的至高至善的圣人，社会价值实现的最高形式是君临四海、恩泽天下，而"内圣外王"则正好是这两种价值形态的统一，成为其孜孜以求的完美人格。这一思想与西方同一时期柏拉图的"哲学王"理论构成了异曲同工之妙。从辩证法的眼光来看，个人价值与社会价值是一对矛盾的统一体，个人价值是实现社会价值的前提和基础，社会价值是实现个人价值的目的和归宿，只有把二者高度统一起来，矛盾双方才能在互动中得到良性发展，而这正是"内圣外王"思想的睿智之处。纵观儒商发展的历史踪迹，他们从思想和行为上对儒家思想加以继承，也很大程度上是希望自己能达到这种"内圣外王"的人格境界的。当然，正如前面所谈到的，儒商在几个世纪的奋斗中，有急于改变自己社会地位的要求。在他们的

行为中，也具有明显的功利色彩，如"散才"观念，以及"买官"的行为，但从大体上来说，儒商还是用儒家思想中的核心观念来指导自己的行为的。从明代后期的儒商经营行为中，我们能明显地看到他们开始对社会承担起了责任。而在现代社会中，决定一个企业成败的关键并不仅仅是经济价值，而是经济价值与社会价值的统一。换言之，在激烈的市场竞争中，任何一个企业要想永远立于不败之地，不断地做大做强，不仅要创造经济价值，取得稳定的高利润，而且要创造社会价值，得到社会的认可和支持，因为个体价值只有同社会价值结合起来才能得到充分的实现。从这个意义上讲，作为独立的经济主体，每个企业都有其特殊的经济人格和道德境界，它不仅是衡量企业和企业家个体价值和社会价值的重要尺度，而且是其在市场竞争中制胜的法宝。正因为如此，儒商所追求的极致人格"内圣"，发扬到现代企业道德境界中，一个企业要想达到"外王"——这一成功的巅峰，必须做到以下两点：

首先，它必须不断地提升自身的道德境界，即儒商的"内省"。任何一个企业在长期发展中，都会形成其特有的企业文化及伦理价值观，它是企业人格化的产物，体现在企业家和每个员工身上，渗透到企业的各个层面之中，构成了企业的核心竞争力。按照社会公认的价值尺度和道德标准，可以把企业的道德境界分为三个层次：第一个层次是只追求经济价值的层次，它们把追求利润最大化视为企业的唯一目标，丝毫不顾及社会利益，是典型的"节约了爱"的"经济人"；第二个层次是以追求经济价值为主，兼顾社会价值的层次，在二者发生冲突时，它们往往会舍义而取利；第三个层次是既追求经济价值也追求社会价值的层次，它们在处理这双重价值目标的关系时，不是非此即彼的方式，而是使二者有机统一、良性互动起来，在追求经济价值的同时也使得自身的社会价值不断得到实现，在追求社会价值的同时也为自身经济价值的进一步发展奠定了良好的基础。显然，这一层次才是企业应该不懈追求的"内圣"境界。

其次，它必须通过自身道德资本的运营，努力促进一种由"内圣"向"外王"转化的机制。"内圣"是"外王"的前提，但有了"内圣"并不必然会导致"外王"，二者之间还需要一种良性的转化机制。即怎样将本企业的道德伦理价值渗透到企业的各个角落。从道德评价的角度讲，企业和企业家追求自身道德境界的提升是一种价值理性，但它同样具有很强的工具理性，是目的和手段的统一。从中国许多历经百年而不衰的大企业来看，它们走向成功的过程不仅是一个提升企业道德境界的过程，而且是一个通过运营道德资本创造源源不断财富的过程。良好的企业伦理精神不仅成为它们的形象和标志，而且是一笔巨大的无形资产，成为他们成功的秘诀和制胜的法宝。作为一个企业的领导人，企业和企业家的道德境界有着密切的关联。一个企业的伦理精神主要体现在企业家身上，他不仅是这种精神的承载者，而且是促使企业不断提升道德境界的推动者。而这双重角色都对企业家本人在企业伦理建设上的道德表率作用提出了很高的要求。从这个角度讲，"内圣外王"所蕴含的"修己治人"思想应成为一个成功企业家的座右铭。唯有如此，才能达到企业和企业家"圣王双修"的理想境界。

第四节 儒商经营之道在新时代的运用

通过以上对儒商行为与行商之道的论述，可以得到这样的结论：即儒商之道与现代企业经营理念有契合之处。并且通过与现代西方通行的经营理念在管理思想层面上的比较，我们可以清楚地看到这种行商之道的现代价值。我们更希望看到的是二者结合，共同发挥各自的优势。

儒商经营之道体现的是东方式经营管理中的东方价值观和思想方式，而西方的经营理念中充满了工具理性和在分析性思维上的不足。在如今的大工业社会，西方管理模式、经营理念大行其道，儒家思想、儒商之道不应该如一些学者所说的，只是作为西方管理思想、经营理念的补充。作为一个中国本土的企业，从企业的所有者、管理者到其他员工，都不可能随着时间的流逝，彻底与中国的传统文化脱节。通过前面对儒商之道与现代企业经营关系的分析，我们希望当今的中国企业，在接受西方现代科学的管理模式和先进的经营理念的同时，也应该在方方面面体现出儒商的风范与东方式的智慧，使我国本土的企业更具竞争力，走出一条蕴涵着中国优秀文化的企业发展之路。

根据古今中外儒商成功的经验，结合时代特征，这里概括出以下六条对现代企业具有指导意义的经营理念。

一、"君子爱财，取之有道"的财富观

如前面分析过的，"君子爱财，取之有道"，是儒商经营之道的最重要的内容。在现代的商业社会，赚钱仍必须用正当的手段，取得正当的利润，通过勤俭致富、智慧致富、信誉致富、互利致富等。在"义"和"利"不可兼得时，要舍"利"而取"义"，绝不可以危害他人、社会和国家利益去致富，以牺牲环境为代价去致富，以违法乱纪去致富等。儒家不仅提倡以正当的手段赚钱，还倡导有了钱要"经世济民""乐善好施""为富而仁"，用现代的话来讲，就是要有社会责任感。中国近代和现代，有许多商人，慷慨地将钱财捐赠社会，兴办教育，资助残疾人福利事业，发展社会公益事业，向受灾、贫困地区伸出援助之手，帮助灾民渡过难关，帮助贫困地区致富。侨商陈嘉庚、胡文虎将经商所赚之钱用于办教育和社会福利，堪称典范。新儒商应是既有赚钱的目标，更有实现自我人生价值的目标，正如南京一位"下海"的教授所说："做人要顶天立地，济世当富国强民。"他们把自己的命运和社会的发展进步，国家、人民的富强紧紧连在一起，认为"取之社会、用之社会"是顺理成章的。他们真正是中华民族的脊梁！

二、善抓机遇、科学决策的经营观

商场上的竞争，是否善抓机遇，在机遇面前果敢地进行科学决策，对企业的成败起着至关重要甚至是决定性的作用。中国儒家讲"天时、地利、人和"，兵家讲"势"，道家讲"道"，都是说成功者必须顺应规律，抓住机遇。中国古代几位著名的商家都毫无例外地是善抓机遇、果断决策从而取胜的行家里手。从子贡的"与时转货赀"，即善于抓住市场供求变化的时机，到范蠡经商很善于审时应变，再到白圭的"乐观时变""智与权变"，他们无一不是具有高超的捕捉商务时机，迅猛、果敢、敏捷决断的能力。

机会是企业打开成功之门的"金钥匙"。但要抓住它，必须了解机会的特性：一是普遍性，有市场，有经营活动，就客观上存在着经营机会；二是偶然性，"踏破铁鞋无觅处，得来全不费工夫"正是说明；三是消逝性，机会的出现是与客观条件相连，当客观条件变化时，经营机会就会消失或流逝，"机不可失，时不再来"正说明了机会的消逝性；四是开发性，即经过经营者的主观努力，创造出经营机会出现的条件，从而引导消费，创造市场。当今世界一些大公司每年投入大量研究开发资金，研制新产品，创造机会，引导消费，占领市场，席卷机会创造的丰厚利润，就是充分利用机会的可开发性。机会和风险是共存的。如何减低风险，关键在于根据时间、地点、条件来利用机会，来科学决策。中国改革开放以来，不少"明星"企业变为"流星"，关键的一条是在机会面前，错误决策，从而坐失良机。决策要跟着科学走，绝不能跟着经验走，跟着感觉走，更不能跟着"神仙"走。特别是企业的事关全局和长远的战略决策，必须在周密调查研究的基础上，根据经营环境的变化和企业内部的条件而制定。捕捉经营机会，进行科学决策的基础是获取信息。政治与经济密不可分，当代商人，必须关心了解政治信息。"处处无心处处空，处处有意常有金"。要获得有价值的信息，必须做个"有心之人"，正如科学家巴斯德的一句名言所说"机遇偏爱那种有准备的头脑"，只有"有准备的头脑"才可能对已经出现或潜在的变化，做出科学的预言。

三、突破现状、推陈出新的发展观

《周易》中有句名言："穷则变，变则通。"兵家孙武说："兵无常势，水无常形，能因敌变化而取胜者，谓之神。"（《孙子兵法·虚实篇》）无论何事，要想取得成功，必须根据环境的变化，常变常新。企业要适应市场需要，走向成功，也像自然界一切生物种群适应环境一样，在于独特，在于变异成新。谁能在市场上开拓出为消费者需要的独特的新的"区隔市场"，谁就会在竞争中处于优势地位。特别在当今的社会，科学技术的发展日新月异，社会经济环境瞬息万变，在新的环境下，人们的价值导向、道德观念、消费习惯、消费心理等均在变化。企业如何适应多变、快变的时代，求得生存和发展，除了以市场为导向，制定合理的目标和企业发展战略并不断创新外，别无选择。当今社会，企业可创新的方面甚广，但必须抓住各种创新的中心环节——企业技术创新。只有创新技术，才能创新产品、创新质量；才能降低经营成本，扩大市场占有率；才能提高企业信誉，扩大企业规模；才能使企业鹤立鸡群，独领风骚；才能使企业进入良性循环而"长寿"。今天美国的微软公司、英特尔公司之所以能称雄于世界，就在于它们以知识作为资源，分别创造出并控制着更先进的计算机操作系统和中心处理芯片。

四、求贤若渴、知人善用的人才观

得人才者得天下，办企业与夺天下同理，在商战中企业的兴衰根本在于人才。中国清代道光年间晋商李宏龄设立的"日升昌票号"（经营汇兑业务），当时能成为同行之冠，发财扩张，在全国设分号24处，主要是任用贤才雷履泰为经理，实行经理负责制，委以全权，并始终恪守用人不疑，疑人不用之道。用人必须坚持德才标准。宋代政治家司马光提出："才者，德之资者也；德者，才之帅也。"离开德谈才，就会失去正确的方向，离开才谈德，德可能成为空谈，德是前提，但有德无才，就不能对企业做出贡献。在坚持德才标准中要注意三点：一是勿求全责备，"金无足赤，人无完人"，扬其长，避其短，就能避免埋没人才；二是选才勿用一把尺，不同的工作需要不同的知识、才能，要根据各方面的需要，选用不同专业、不同能力、不同气质的人才；三是要有科学的考察方法，要避免唯专业或学历论，要以实际工作能力为依据考评和选聘，考评之法可多样化，切勿拘泥于公式化。任人唯贤，唯才是用。这里首要的是把人才放在适合的岗位上。现代人才观认为，企业的兴盛不能仅靠一两个顶天立地的英雄，而是要靠一定数量的具有各种专长的人才，在各部门、各环节发挥作用，并能协调配合、互补优势的人才群体，从而产生 1+1>2 的功能。专才别用是对人才的压抑和浪费。用人还忌大材小用、小材大用、优材劣用、劣才优用等，尽力使"职""能"统一，责权相称，否则，安排不当，人才也可能变"庸才""蠢才"，"龙"会变成"虫"。善任的关键在公正，唯才是用，必须做到不拘一格。用才必须和育才结合。倾心求才、放心用才、热心护才若不与精心育才相结合就非完整的用人之道。

对企业而言，育才不仅是为适应当前岗位所需，而且对稳定职工队伍、储备企业发展后劲有着重大的作用。

五、以人为本、协调人际的管理观

有人群活动的组织，就必须有管理。当代发达国家的经济起飞已证明了"三分靠技术，七分靠管理""科技与管理两个轮子一起转"观点的正确性。管理的类型，以大类分，不外"硬""软"两种。"硬"管理是以物为中心，通过法律、规章制度、刑律、纪律等进行规范、控制约束人；"软"管理则是以人为中心，通过教育、满足需要、引导、激励等，以唤醒人的自觉，调动人的积极性和创造性。中国许多"老字号"深受儒家仁爱思想的影响，"掌柜的"善待"伙计"；"伙计"遵从掌柜的，"出钱的"和"出力的"同心协力，达到了"合义生利"之目的，因为"赚得了人心"必然产生更大的效益。管理实践自古有之，但作为一门科学是随着资本主义工业的发展，工厂制度的出现，机器大工业生产代替手工业生产，大规模协作劳动成为基本劳动形态，才应运而生。开先河的是美国工程师 F. W. 泰勒创立的把人当成物及理性的科学管理。梅奥从"社会人"出发，创立以人际关系为指导的行为科学管理。20 世纪 80 年代出现了"企业文化"理论，把现代管理理论与文化理论巧妙地结合在一起，被誉为"企业的灵魂，企业成败的关键"。20 世纪 90 年代随着知识经济的发展，管理理论又面临着新的革命，"人性化管理"理论已初露端倪。从管理理论的发展趋势看，是不断从以物为中心走向以人为中心的过程，是不断从硬管理走向软管理的过程。以"企业文化"管理而论，其特征的核心在于它的人本性。它最本质的内容就是强调人的价值观、道德、行为规范等"本位素质"在企业管理中的核心作用。

六、顾客第一、服务至上的营销观

企业从本质上讲就是满足顾客的需要，消费者购买的也不只是产品，而是需要的满足。企业要满足顾客的需要，首先要弄清消费者是谁。这个"谁"既包括了明显的，又包括了潜在的。在现代社会市场被细分的情况下，弄不清目标市场或目标消费群体，"四面开花"，最后结出的肯定是"苦果"。其次，要弄清消费者的需求是什么。消费者要得到的不只是产品本身，还有产品带来的服务、产品效用。消费者购买商品和服务，价格是重要因素，但处于优先地位的是商品和服务的质量。企业只有通过质量高的产品和服务，才能赢得顾客的信赖，才能建立起信誉，才能在任何挑战中立于不败之地。

中国老字号"同仁堂"药店，从清康熙年间建立，至今已有 300 多年的历史，享誉中外，其成功之道就是以质量取胜。诚如商谚："人叫人千声不语，货叫人点头自来。"随着经济的发展，人民生活的极大改善，市场由卖方市场向买方市场的转变，人们追求的质量问题已成为商家存亡攸关的头等问题。创名牌的本质就是创质量，产品和服务要成为名牌，离开了质量为本，就是一句空话。深受儒文化影响的日本，20 世纪 70 年代复兴起来之后，之所以能够不用枪炮就"侵略"世界各国，靠的是名牌，靠的是产品质量。为了质量，许多公司提出"零缺陷的质量管理"铁律。有的提出"100-1=0"的经营公式，即 100 件产品中有一件次品，就会在信誉上蒙上阴影。松下幸之助又把这一公式转化为"1% =100%"，因为 1% 的次品，对购买次品者说是 100%，对出售者来说，就是 1% 的次品把 99% 的优品套在了耻辱圈中。什么是质量，用什么尺子衡量质量优劣？就是使消费者满意，消费者满意才是衡量质量优劣的真正尺度。这体现了顾客第一的思想。当今，顾客满意度，不仅包括实质产品（基本功能）和形式产品（包装、商标等），同时，也包括扩增产品，即产前、产中、产后服务。随着科技的日益进步，产品之间的技术含量日益缩小，在产品本身的质量已不相上下的情况下，与众不同的优质服务，就成为在商战中赢得主动的唯一法宝。中国素有"礼仪之邦"之称，商家有"热情周到、文明礼貌"服务的传统，诸如笑口常开，迎来送往，不以衣帽取人，不依买多买少、买与不买论"相敬"，"买卖不成仁义在"，生意人从仪容到语言甚至举手投足均有规范要求，处处给顾客以方便，使顾客感到"宾至如归"等。

今天的文化，离不开昨日的积累，现代思想无不打着祖辈的烙印。今天生产的枝和叶，都与根相连；今天收获的果都与祖先们勤劳播种息息相关。我们在这里对儒商之道的挖掘与分析，试图给现代企业的经营理念带来的是"传统的"新鲜血液，它凝聚着中华民族的智慧与风范，值得企业大胆借鉴与深度实践，也值得更多的人来玩味与体会！

第七章　儒商商帮

经商是我国一项最为古老的谋生手段。但是中国商人长期处于社会的最底层。随着商品经济的不断发展，商人的作用越来越大，地位也随之上升，但是也一直没有能够跻身于上流社会。我国的商品经济起步较早，但发展缓慢。在几千年的历史长河中，商品经济发展出现了3次高潮。第一次是在秦汉时期，社会上有"富商大贾周流天下"的说法，当时的商品经济十分繁荣，商人的活动也十分频繁，出现了很多大商人。第二次是在唐宋时期，我国社会进入了第二个繁荣稳定时期，政府所实施的一些经济改革措施也促进了商品经济的发展。在那时，出现了很多富甲天下的大商人，比如宋朝著名的大学者朱熹的外祖父就是闻名天下的徽商，有着"祝半城"的称号。宋朝时，我国的一些历史文献中开始出现"南商""北商"的说法，也就是按照地域把商人们分成南北两个帮派。这种分法过于笼统，不能充分反映出商帮内部的特点，也没有出现明清时期各地域商人筹建的商业会馆。经过了几百年的发展，商人以及商人队伍慢慢地成熟壮大了起来。第三次是在明清时期，商品经济大发展和政府实施的一些经济政策最终促使了商帮的形成。从商人数大大增加，而且市场上商品的品种也十分丰富。此外，明清人口的激增造成了我国的许多地方出现了人多地少，务农的人们无法维持生计的现象。为了生活，他们开始摒弃了我国封建社会几千年来形成的重农抑商的思想，参与到商业活动中来。

同时，由于明清交通事业的发展和科学技术的进步，出现了大规模的商业集团。这些商业集团大都是以家族背景或血缘关系、同乡关系建立起来的，目的在于壮大商业资本，增加竞争力。他们在商业活动中互相支持，互相帮助，实现共赢，在提高市场竞争力的同时合理地保护了自己的商业力量。由于地域、血缘、乡谊的关系，这些商业集团形成了一个特殊的名字：商帮。

为了进一步巩固这种相互协作的联系，一些商人就开始自筹资金组织建设商业会馆，用于方便商业集团内部成员之间的联系。商业会馆的形成也是我国商帮开始形成的标志之一。这些商帮无论规模大小都对当时的经济发展起着重要的作用，它们在全国的商人群体中占有重要的地位，几乎都在某一方面或几方面影响着全国经济的发展，为一些商业领域的发展做出了重要的贡献。

商帮的发展也带动了商帮发源地或主要活动地区的经济发展。在众多的商帮中，规模较大、影响深远的商帮有山西商帮、徽州商帮、陕西商帮、山东商帮、龙游商帮、江右商帮、洞庭商帮、广东商帮、宁波商帮、福建商帮。商帮在稳定本土市场的同时，开始进军外地市场并向海外贸易发展。明朝的宋应星在《天工开物》中说："滇南车马，纵贯辽阳，岭徼宦商，横游蓟北。"明朝人李鼎也说："燕赵、秦晋、齐梁、江淮之货，日夜商贩而南；蛮海、闽广、豫章、南楚、瓯越、新安之货，日夜商贩而北。"经过了几百年的发展繁荣，在清朝时或清末民初时商帮大都走向了衰落。这是由于清朝时，外国资本开始侵略中国市场。外国商人凭借先进科学技术带来的市场竞争力，迅速把中国的商帮挤下了中国商界的垄断地位。商帮在动荡的社会环境和外国资本的欺压下不断丧失自己的商业阵地，并最终湮没在历史的潮流中。

第一节　山西商帮

一、山西商帮概况

晋商为中国历史上的商帮之首，是最早崛起的商帮。晋商始于隋末，壮大于唐宋，明清期间达到顶峰。晋商与徽商于明清时期几乎同时崛起，不仅历史悠久，而且在明清两代辉煌五百年，在我们这个几千年的农业社会实在令人叹为观止。晋商是最重信义之商，主要经营盐业、票号等商业，尤其以票号最为出名。其经济实力可从当年八国联军向中国索要赔款，清政府就向晋商的乔家借钱还国债一事反映出来。

晋商经营的范围涉及所有物品，从大宗的盐、粮、丝绸、铁器，到小的日用杂货，无所不包。尤其是清代中期之后进入票号业，开创了中国商业史上的新篇章。晋商的足迹不仅遍及国内各地，还出现在欧洲、日本、东南亚和阿拉伯国家，完全可以与世界著名的威尼斯商人和犹太商人相媲美。晋商所创造的财富更是富可敌国，其富裕程度，从今天我们看到的那些恢宏而精美的大院就可以感受到。晋商对整个社会的贡献也是非常大的，他们不仅实现了货通天下，更实现了汇通天下。当时最大的票号仅员工就达三万多人，就是在今天，这样的企业也足以和一些跨国公司相媲美。仅光绪时初步统计的十几户富户的资产就达数千万两白银，相当或超过了清政府一年的财政收入。

几千年的封建帝制一直奉行重农抑商政策，商人在古代是没有社会地位的。而晋商在这种政策环境下，竟然打下了这么大的一片天地，真的令人敬佩！他们不仅通过自己的辛勤努力创造了骄人的业绩，而且在相当大的区域内形成了重商的氛围，对社会做出了极大的贡献。从经济学上讲，商业实在是一个令人尊敬的行业，商业的繁荣与否与经济发展密切相关。因为商业的作用在于在时间和空间的范围内调剂商品余缺。而晋商在那样的社会环境下实现了货通天下，其业绩将永存史册。

晋商获取的巨大财富，对整个山西民风产生了势不可挡的影响，出现了以"学而优则商"来替代"学而优则仕"的现象。雍正二年（1724年）山西巡抚刘於义奏称："山右积习，重利之念，甚于重名。子弟俊秀者，多入贸易一途，其次宁为胥吏，再次者谋入营伍，最下者方令读书。"雍正皇帝朱批道："山右（今山西）大约商贾居首，其次者犹肯力农，再次者谋入营伍，最下者方令读书。"清末举人刘大鹏说："当此之时，凡有子弟者，不令读书，往往学商贾，谓读书而多穷困，不若商贾之能致富也。是以应考之童不敷额数之县，晋省居多。"整个清代科举中，共有状元114人，其中安徽有9人，位居江浙后列第三，而山西却无人是状元。不过，山西另有5位武状元，这正中了晋商尚武的说法。山西历来多战场，商人中也有不少习武之人，加之商品贩运及金融流通之需，以致山西多镖行、镖师，著名的形意拳就发祥于山西太谷县。

晋商尊奉山西人关公。凡有晋商活动的地方，多建有晋商会馆和关公庙宇。有些地方的晋商甚至是先建关帝庙，后建会馆。晋商把关公作为他们最尊奉的神明，以关公的"诚信仁义"来规范他们的行为和经商活动，把关公文化作为他们的伦理取向，以至关公文化在其精神、道德、行为方面发挥了相当的作用。

二、晋商的经营之道

山西商人曾稳稳地把自己放在全国民间钱财流通主宰的地位上，山西票号俨然成为清政府的"财政部"。这种作为都是大手笔，与投机取巧的小打小闹完全不可同日而语。山西票号注重信息的捕捉与反馈，并视之为成功的关键。山西人能够首创票号，他们长远的战略眼光和经商天赋无疑起到了决定性作用。山西票号堪称现代金融业的雏形。

文化乃商业之脉。晋商的文化程度相对于其他商帮是比较高的，他们的经营模式也是最先进的，股份制、资本运作等现代经营方式，已经在他们的商业活动中萌芽。晋商把商业作为一项崇高的事业，这是晋商成功的一大关键因素。在实际经营中，晋商信奉关公，讲究以义制利，义利结合，这是晋商价值观的核心。而晋商所逐步探索完善的掌柜制度，合理公正地界定东家与掌柜之间的权利与义务、分红与责任，并利用行会之权威培育从业者的诚信荣誉感，可谓最富中国特色的"委托代理"制度，其所蕴涵的中国传统智慧，对当下的民营企业的组织管理，仍有启示意义。

具体而言，晋商的经营制度包括以下方面：首先是所有权与经营权相分离，实行经理负责制；其次是人身顶股制。这也是山西票号首创的激励机制，把员工的利益与票号的利益紧紧联系在一起，有利于协调劳资关系、调动劳动者积极性；第三是管理监督机制。晋商一方面发明了联号制即大号管小号的层级管理方式以加强自我约束，同时还创造了钦差制。这些管理制度有效地促进了晋商的迅速发展。晋商的经营之道体现在以下几点：

（一）审时度势，灵活机动

晋商颇精此道，他们有这样的商谚："屯得应时货，自有赚钱时"；"人叫人，观望不前，货叫人，点首即来"。明代蒲州商人王海峰，当蒲州人大多西到秦陇、东到淮浙、西南到四川经商时，他却深思熟虑后到人们不愿意去的长芦盐区去经商。当时长芦盐由于官僚显贵、势豪奸绅上下勾结，使这一盐区的运销不能正常进行，商人纷纷离去。但王海峰在了解该盐区运销史、盐政情况后，审时度势，断然决定在长芦盐区经商，并向政府提出了整顿盐制、杜绝走私的建议。后来，长芦盐区经过整顿，盐的运销又繁荣起来，盐商重新蜂拥而至，长芦盐区的税收也随之倍增，王海峰也成为这一盐区的著名富商。明代有人评说："海峰王公者，雄奇人也……胸中有成筹矣，人所弃我则取之，人所去我则就之。"由此可见，善于审时度势，是经商成功的必要条件。

市场行情瞬息万变，顾客要求也不断变化，故商业活动必须灵活机动，善于组织顾客最需要的货源，才能达到购销两旺。如旅蒙商（活跃于蒙古的晋商）的兴盛：蒙古牧民喜欢穿结实耐用的斜纹布，大盛魁便将布料拉成不同尺寸的蒙古袍料，由蒙古牧民任意选购。蒙靴、马毡、木桶和木碗等是蒙民生活中的必需品，大盛魁便专门加工定做。因此蒙民只要见是大盛魁记商品，就争相购买。蒙古牧民过的是游牧生活，居民皆分散而居。大盛魁便采用流动贸易形式，深入蒙古牧民居住的帐篷中做买卖。蒙古牧区货币经济不发达，大盛魁便采取以物易物和赊销方式，甚至到期也不收取现金，而以牧民的羊、马、牛、驼和畜产品等折价偿还。由于大盛魁商号货源组织有针对性，营销方式灵活机动，从而在蒙古草原的经商活动中取得了巨大成功。

（二）薄利多销

如明代商人王文显，经商40余年，其为商"善心计，识重轻，能时低昂，以故饶裕人交，信义秋霜，能析利于毫毛，故人乐取其资斧"。又如祁县乔氏在包头开的"复"字商号，做生意不随波逐流，不图非法之利，坚持薄利多销，其所售米面，从不缺斤短两，不掺假图利；其所用斗称，比市面上商号所用斗称都要略让些给顾客。于是，包头市民都愿意购买"复"字商号的米面，生意越做越好，收到了薄利多销、加快资金周转的效果。山西商人在经营活动中，还总结了许多薄利多销的经验，并归纳为营销商谚，如："不怕不卖钱，就怕货不全"；"买卖争毫厘"；"生意没有回头客，东伙都挨饿"；"买卖不算，等于白干"等。

（三）合作谨慎，慎待相与

晋商重视稳妥经商，慎待"相与"。所谓"相与"，就是有相互业务的商号。所谓慎待，就是不随便建立相与关系，但一旦建立起来，则要善始善终，同舟共济。如山西祁县乔氏开办的"复"字商号，尽管资本雄厚，财大气粗，但与其他商号交往时却要经过详细了解，确认该商号信义可靠时，才与之建立业务交往关系。否则，均予以婉言谢绝。其目的是避免卷入不必要的麻烦旋涡之中。但是当看准对象，摸清市场状况，认为可以"相与"时，又舍得下本钱，放大注。对于已经建立起"相与"关系的商号，均给予多方支持、业务方便，即使对方中途发生变故，也不轻易催逼欠债，不诉诸官司，而是竭力维持和从中汲取教训。合作可以互利，却也要谨慎小心。

（四）信义为重，俭约自律

晋商极重信义，认为经商虽以营利为目的，但凡事又以道德信义为标准，经商活动属于"陶朱事业"，须以"管鲍之风"为榜样。有很多关于信义的商谚语，如"宁叫赔折腰，不让客吃亏"；"售货无诀窍，信誉第一条"；"秤平、斗满、尺满足"。可见，诚信不欺，利以义制，是山西商人经营活动中严格遵循的信条。晋商大家乔致庸把经商之道排列为一是守信，二是讲义，三才是取利。清末，乔家的复盛油坊曾从包头运大批胡麻油往山西销售，经手伙计为图暴利，竟在油中掺假，此事被掌柜发觉后，立即饬令另行换售，代以纯净无假好油。这样商号虽然蒙受一些损失，但信誉昭著，近悦远来，商业越发繁盛。克勤于邦，克俭于家，是古人一贯提倡的节俭作风。晋商一直保持着俭约风尚，认为"勤俭为黄金本"。明人沈思孝《晋录》载："晋中俗俭朴古，有唐虞夏之风，百金之家，夏无布帽；千金之家，冬无长衣；万金之家，食无兼味。"晋商节俭精神由此可见一斑。

三、晋商商帮对现代商人的启示

（一）晋商辉煌发展的根源

任何事情的发展都是有其固有规律的，商业也不例外。看到王家大院、乔家大院，大家惊叹的是明清晋商的辉煌，但山西人经商古已有之。"晋商的出现是由于山西拥有自己独有而别人离不开的盐，盐池则成为晋商和中国商业的原始起点"。"在自然经济中，交易是为求生存服务的，所交易的是生存必不可缺的物品。一个地方要产生商人，唯一的条件是这里生产人们生存必不可缺，其他地方又不出产的东西"，而山西运城恰恰是中国最早产盐的地方。从春秋战国时代，这里便出现了第一批富裕的晋商。加之山西具有丰富的铁矿，冶铁业也成了晋商发展的助推器。所以山西人的经商活动从春秋时期开始，到明代形成晋商时已有两千多年的历史。

（二）晋商以人为本的理念值得所有企业家学习

晋商固然创造了伟大的业绩，但在这个过程中，辉煌的创造不仅与东家有关，更与所有掌柜、伙计的努力分不开。他们为什么能如此为东家努力，一个重要的原因在于东家对员工的高度重视。这从两个方面可见一斑：一是东家给员工平时的报酬足以让其养家糊口。如果干得好，加上顶身股一个账期（三到四年）的分红，收入就相当可观。有的掌柜一个账期的分红达一万两白银，相当于现在200万元左右。这样的收入肯定会调动起大伙的积极性。

二是员工平时的衣食住行都非常好。每天中午有酒，十五天不会有重复饭。晋商对员工的关心到如此程度，既为员工创造了努力为东家创造财富的环境，也为更多的人加入学习经商的行列增加了无穷的吸引力。所以当初山西甚至形成了"学而优则商"的风气。对比今天，我们正在发展市场经济，要想在各行各业有大的作为，如何做到以人为本是非常重要的，因为人是事业的灵魂。

（三）晋商始终重视制度建设

制度是根本起作用的东西。晋商之所以能发展壮大，在很大程度上缘于他们创立了一整套非常好的制度。其中包括小到学徒的招收、培养和管理，大到为员工设立身股，乃至最后的所有权和经营权的分离。这些制度对晋商的发展壮大起到了非常重要的作用。尤其是后期票号经营上的所有权和经营权的分离，让今天中国绝大多数企业想都不敢想。现在全国到处都是董事长和总经理一肩挑，而当初晋商竟然普遍实行了这种在现在看来仍然很新的经营模式，其创新精神可想而知。所以一件事业的成功，制度的创新是至关重要的。

（四）与官交往，因官而大富的企业没有长久生命力

晋商的做大很大程度上靠的是官商勾结，而最后败落也是由于清政府的灭亡。晋商和封建社会的其他商人一样面临着两难境地。不靠官，买卖做不大，且受官府盘剥。靠官，又必然留下隐患。朝廷给商人特权，并不是为了支持商业，而是借机敛财或巩固自己的统治。他们要利用商人，又怕商人做大，富可敌国，不利于自己统治。因此在利用商人的同时，又要限制他们。一旦商人力量强大，就要利用政权打击，甚至消灭商人。当然这是封建社会，今天我们倡导市场经济仍然存在这个问题。企业的做大不依靠政府不行，但更多的应该是内功的修炼，守法经营，诚信为本，制度创新，而不应该把目光盯在官员的腐败上。这样是不长远的。

（五）在感叹晋商成功的同时，应该想想又有多少失败者湮没在历史的长河中

在晋商的发展中，成功的属于极少数，更多的出外经商的都失败了。明清以来，不计其数的山西人唱着悲凉的《走西口》，走出杀虎口，抱着"不富不回家"的信念，走向茫茫沙漠、关东黑土。在任何一个社会中，奋斗的人是大多数，但成功者仅仅是少数。许多人或者能力不够，或者运气不好，在艰苦奋斗之后一无所获，甚至搭上了性命。这些人都被晋商的辉煌所掩盖。今天我们品味晋商成功的同时，也应该为这些失败者而叹息。现在，全国都在发展经济，这其中有成功者，但也和晋商的发展一样，更多的是无数的失败者，我们每一个人尤其是政府更应该把目光放在弱势群体身上，因为他们更需要关怀！

第二节 徽州商帮

一、徽州商帮概况

徽商俗称"徽帮",即徽州商人,是旧徽州府籍的商人或商人集团的总称。徽商萌生于东晋,成长于唐宋,盛于明朝。鼎盛时期徽商曾经占有全国总资产的七分之四,亦儒亦商,辛勤力耕,赢得了"徽骆驼"的美称。

五代开始徽州就有个别的商人,但不是一个群体。到了宋代的时候,商品经济就比较发达起来了,但是也没有形成全国规模的到处跑的商人集团。在明朝中叶以后,它已经在全国形成了庞大的商业集团。南宋的时候,政治、经济中心南移,由于徽州特殊地理环境和自身经济发展的需要,徽人开始为经营茶叶、笔墨、宣纸、木材而"行买四方"。作为一个商人集团,徽州商帮的形成,大致在明代成化、弘治年间。"徽"和"商"或者"徽"和"贾"两个字相联成词,成为一个特定意义的名词而被广泛应用。

经商是徽州人对自己的生存环境做出的无奈选择。徽州地区全是山地,因为山地十分贫瘠,所以徽州的耕地甚少。全年的农产品只能供给当地居民大约三个月的食粮。不足的粮食,就只有去外地购买补充了。所以徽州的山地居民,在此情况下,为了生存,就只有脱离农村,到城市里去经商。前世不修,生在徽州,十三四岁,往外一丢。就这样一丢,便丢出一个在中国商业史上称雄几百年的徽州商帮。

据《云间杂识》记载,在明成化年间,松江是徽商早年最活跃的地方,徽商一词首先在这里流行。"徽俗十三在邑,十七在天下"。明嘉靖以后,徽州从事商贾的人数大量增加,徽商逐渐发展成为中国商界的一支劲旅,活跃于大江南北、黄河两岸,乃至日本、暹罗、东南亚各国和葡萄牙。所谓"两淮八总商,邑人恒占其四",说的是徽商在盐业领域开创了独执牛耳的局面。此外,徽商在茶业、木业、典当业等贸易方面也取得了不凡的业绩。康熙、乾隆年间,沿江地域流传着"无徽不成镇"的谚语,这一时期徽商商业资本之巨、从贾人数之众、活动区域之广、经营行业之多、经营能力之强,都是其他商帮无法匹敌的,徽商进入了鼎盛时期。明代人就有这样的评价,在北方是晋商,南方是徽商,都属于数一数二的。徽州商帮之所以有这样的地位,根本的原因,是徽州商人的"多才善贾"。按照经济学来谈的话,一般的商业活动的条件,大致是需要一个市场。

戴震是一位平民思想家,他出生在清中叶,也就是在徽商兴盛辉煌的时期。戴震的父亲是贩布的行商,在江西南丰做着小本生意,仅可糊口而已。为了生存,18岁的戴震,开始了背井离乡的商旅生活。为此,年轻的戴震早早尝到了为商"经历险阻,跋涉山川,靡费金钱,牺牲时日"的滋味。在终日奔波中,戴震辗转京、晋、淮扬,讲学、应考,大多在徽商之家和徽商会馆中安身。在这段时期,戴震结交了许多徽州学友,像程瑶田、汪梧凤、程晋芳等,他们都是徽商世家大族,戴震与他们为友,熟知他们的情况,也深刻了解他们的愿望和追求。戴震哲学的许多精彩论述,实际上是围绕着徽商活动的社会背景展开的。"吾郡少平原旷野,依山而居,商贾东西行营于外以就口食,虽为贾者,咸近士风。"戴震指出了徽商"贾而好儒"的特点。

徽人常说:"吾乡贾者,首鱼盐,次布帛。"足见徽商对经营盐业十分重视。明初规定,盐商必须赴边塞纳粮,由官府酬给盐引,商人持引方可支盐行销。这种制度谓之"开中法"。那时,由于徽州距边塞太远,徽商纳粮办引的活动敌不过山西、陕西商人的竞争,所在盐业经营中还不能居于优势。明朝中叶,开中法逐渐废弛。纳粮办引的商人可以由别人代为支盐行销。于是盐商中遂有边商、内商之分。边商专门纳粮办引,内商专门买引销盐。明代后期至清嘉庆道光年间,徽商掌握了全国食盐供给的市场权力,从此进入徽商的极盛时代,称雄中国商界几百年。

二、徽商商帮的经营之道

徽商贾而好儒,与晋商齐名。徽商把理学作为行事和经商活动的准则。因而理学观念在徽商中影响极大。徽商重儒,"贾而好儒""左儒右贾",把业儒看得高于服贾,尤对子弟业儒寄予厚望,期待甚殷。在明代,徽州有进士392名。清代仅歙县取得科第者(含寄籍),计大学士4人、尚书7人、侍郎21人、都察院都御史7人、内阁学士15人、状元5人、榜眼2人、武榜眼1人、探花8人、传胪5人、会元3人、解元13人、进士296人、举人近千人,整个徽州就更可观了。

无徽不成商叫遍天下。徽州人都是经商能手,他们善于分析和判断经济形势,在买贱卖贵的不等价交换中牟取厚利,大规模的长途商品贩运是徽商致富的一个重要途径,另外,囤积居奇、特权牟利、牙行制度、高利贷等,也是不少徽商致富的手段。

徽商与其他商帮的最大不同,就在于"儒"字。徽州是南宋大儒朱熹的故乡,被誉为儒风独茂,因此徽商大多表现贾而好儒的特点,他们的商业道德观带有浓厚的儒家味。徽商很爱读书,他们有的白天经商,晚上读书,在路途中也是时时忘不了读书。爱读书给徽商带来了"贾而好儒"的特色,既促使徽州成为文风昌盛之地,又对商业经营产生积极影响,使徽商在明清两朝兴盛,在中国商界称雄数百年。

徽商以儒家的诚、信、义的道德说教作为其商业道德的根本,使他们在商界赢得了信誉,促进了商业资本的发展,是他们经商成功的奥秘所在。

徽商的经营之道主要概括为以下三点:

(一)薄利竞争

经商离不开竞争,而价格竞争则是一种有效的竞争手段,而徽商大多数都信奉薄利竞争。歙商人许大兴就说:"耕者什一,贾之廉者亦什一,贾何负于耕?古人非病贾也,病不廉耳。"意思是,农耕能获什一之利,经商若亦取什一之利,就不会受到人们的诟骂,自己的心理也得到了平衡。这或许就是其只取薄利的原因之一。如休宁商人程锁在溧水经商，这里的惯例是"春出母钱贷下户，秋倍收子钱"，但程锁贷钱"终岁不过什一，细民称便，争赴长公（指程锁）"。某年丰收，米谷登场，粮价大跌，其他商人乘机压价，唯有程锁以"平价囤积之"。第二年闹饥荒，粮价上涨，他本可以大赚一笔，但他却"出谷市诸下户，价如往年平"。由于他始终低息便民，薄利竞争，终于树立起自己的"廉贾"形象。他在溧水市场坚持薄利竞争，使他的资产也"累数万金矣"。商家与顾客的关系，不是对立的，相反是双方相互依存、互惠互利的。只取不予，一味敲诈顾客，虽然能给自己带来暂时的利益，却毁掉了双方长期合作的基石，导致顾客流失，从而失去获利的机会，这绝对是得不偿失的。大多数徽商正是看到了这一点，所以才自觉地薄利经营。"利者人所同欲，必使彼无所图，虽招之将不来矣，缓急无所恃，所失滋多，非善贾之道也。"这可谓是大多数徽商的共识。给予民利的同时，薄利竞争的营销策略又使徽商在市场竞争中稳操胜券。

（二）以义取利

义利关系是经商活动中碰到最多的问题。商场上见利忘义、取不义之财的现象屡见不鲜，而徽商却始终坚持"以义为利，不以利为利""职虽为利，非义不可取也"的思想来经营事业。婺源朱文炽贩茶叶去珠江，抵达后却错过了大批交易的好时机，新茶也就不新了。于是他出售时自书"陈茶"两字。这当然影响茶价，当牙侩（买卖介绍人）劝其去掉"陈茶"两字时，朱文炽却不为所动。在徽商眼中，义和利的关系就好比泉水的源和流的关系，有源才有流，有义才有利，若"今之以狡诈求生财者，自塞其源也。今之吝惜而不肯用财者，与夫奢侈而滥于用财者，皆自竭其流也"。若义与利出现冲突，不可兼得时，便坚持宁可失利，不可失义，舍利取义。明代休宁商人汪平山经营粮食生意，正德年间，某地闹灾荒，粮价猛涨，而他正蓄积了大批谷粟。如按时价出售，可多获利几倍，但他不愿乘人之危牟取暴利，而是将谷粟"悉贷诸贫，不责其息"，帮助众人渡过难关。像这样舍利取义的事例，在徽商中很常见。徽商能取得如此成就跟这一点有着密切的关系。

（三）注重质量，提高信誉

徽商经营的商品，以质量高而著称。茶商经营的歙县茶叶，因质量好而销路广，"北达燕京，南极广粤，获利颇丰"，清代婺源茶叶还远销于"外洋"。徽州的加工业工艺水平高，"歙工首推制墨，而铜锡竹器及螺甸诸品，并号精良。若罗经日晷，则奇巧独擅矣"。徽墨也是历代贡品。这些高质量的商品，为徽商赢得了信誉。经商面临的对象是广大顾客，顾客的信赖是企业兴旺发达的源泉。而经营商品不求质量，则会使信誉受损，顾客流失，生意减少。对这些道理，徽商在实践中有深刻的理解。因此他们对于自己所经营的商品，十分注重质量，靠质量提高商品的信誉度。良好的商业信誉是靠商品的质量，优质的服务，经营者长期的艰苦努力建立起来的，是一种无形资产，它是商品价值的一个重要组成部分。徽商的发迹，与努力提高和积极维护自己的信誉是分不开的。

第三节 陕西商帮

一、陕西商帮概况

陕西商帮是明代初期产生的以同州（今陕西渭南地区）商人为主体，以陕西乡土亲缘关系为纽带，以分布在全国各地的陕西会馆为办事机构和标志性建筑的商人集团，是中国历史上产生最早的商帮。在明、清两代，陕西商帮活跃于陕、甘、川、青、藏、蒙、滇、黔、湘、豫、冀、鲁、苏等广大区域，纵横驰骋于风云变幻的商贸战场，沟通东西南北，垄断西部贸易长达500年之久，创造了历史上无数个第一。它产生在地理位置偏僻、经济相对落后的陕西渭南西原之地，是历史机遇的安排和陕西悠久深厚商业文化积淀的必然结果。明朝政府在财力不足的情况下，为了向边防军供给军饷而推出了食盐开中政策，即以盐利吸引驱动商人将边关需要的粮食贩运到边镇，换取经营食盐的许可证——盐引，然后按引到食盐产地贩盐获利。这为陕西商帮带来商机。其一，陕西在时代是边关之地，将陕西所产粮食贩运到边关，路近费省，符合交易成本最低化原则。其二，陕西是全国主要产粮区。在明代，陕西经济发展水平处在与山东、河南大体相当的地位，居全国中上梯次。陕西丰裕的粮食，为陕西商人提供了输粟换引的物质准备，也为陕西商帮的形成奠定了优越条件。

运输巨额数量的粮食到边镇，需要动员商人家庭以外的姻亲乡党，互相联引，共同走上集团化经营的道路，这样，以乡土亲缘关系为纽带的商帮，自然登上历史舞台。"县西北殷实小康诸户多以商起其家，其家之姻亲子弟从而之蜀之陇之湘之鄂者十居其六，推而计之数不知其凡几"（陕西《泾阳县志》）。

明政府还为陕西量身定制了"茶叶开中"政策。即特许陕西商人经营茶马交易，将陕南、湖南所产茶叶贩运到西北边关，主要用于交换西番战马。这是陕西商帮所以成为中国最早的商帮的又一个重要历史支撑。

山西与陕西商人为了对抗徽商及其他商人的需要，常利用邻省之好，互相结合，人们通常把他们合称为西商或是山陕商帮。西商在明代前期的势力很大，他们从经营盐业中获得了大量的厚利。由于利益的原因，他们内部逐渐分化，陕西盐商与山西盐商分道扬镳，最终陕西盐商到了四川独立发展，这也为陕西商帮的最终形成奠定了基础。陕西商帮民风习俗与山西商帮相近，但在外人看来陕西商帮见识短浅，在各个方面都无法与晋商相比。

二、陕西商帮的经营之道

陕西商帮与江西商帮相似，生财的行道较多。陕西商帮是一个综合性的商帮，他们与其他商帮一样尽可能追逐厚利，如果不行，就退而求其次，逐利是商家本性。陕西商帮以盐商最为著名，而布业、茶业和皮货业也是陕西商帮盈利的重要途径。在商业资本的使用方面，陕西商人采取土财主方式，很少有人投资手工业，这与江南地区商人积极发展手工业的情况形成鲜明的对比。

千年的商业文化积淀，造就了陕西商帮敏锐的市场眼光，使他们能够从政府的政策转变中，善于发现潜在商机并以苍鹰鸷鸟之势迅速运作；陕西商帮几千年来受《周礼》化育，持业自重，恪守诚信，货真价实，言不二价，形成了优良的商业文化传统。这些正是陕西商帮雄霸天下深厚的文化积淀。

第四节　山东商帮

一、山东商帮概况

山东商帮也叫鲁商，萌芽于商周时期，形成于春秋战国时期。鲁商的历史可追溯至春秋时期的齐国，国相管仲改革后，齐国就出现了中国商业史上首个繁荣期。

秦汉时期，齐鲁的商品经济在全国一直居于领先地位。到西汉司马迁时，齐鲁已经出现越来越多的经营百亩千亩桑麻的业主，以及经营渔盐的业主，这可以说是规模较大的齐鲁商帮最早的出现。

鲁商先贤有两位代表。一个是辅佐越王勾践成就霸业之后急流勇退的范蠡。悄然奔赴齐国，隐姓埋名。到了"居天下之中，诸侯四通，货物所交易也"的定陶经商，"人弃我取，人取我与"，顺其自然，应时而动，还干了制造陶器的实业。名动天下，富可敌国，人称"陶朱公"。管仲带给齐国的商业繁荣，在他死后100多年仍然得以继续。另一位鲁商先贤是孔子的弟子子贡。《论语·先进》中写道：子曰："回也，其庶乎，屡空。赐不受命而货殖焉，亿则屡中。"意思是说，弟子颜回安贫乐道，老挨穷，子贡为命运抗争而经商，行情看得很准，财富丰厚。子贡高人一等，投资洽谈业务善于与上层人物打交道。在成为一代富商大贾的同时，他也继承并发扬了孔子的儒家学说，被后世尊称为"儒商鼻祖"。孔子有云"不义而富且贵，于我如浮云"，儒家义利观的长期教化，使鲁商这个群体格外具有道德感。

孔孟之道"重农轻商""重义轻利"，尤其是在汉代"独尊儒术"，这在一定程度上压抑了鲁商的形成。直到清代，山东淄博周村的贸易等工业兴起，才让鲁商再次走上商业舞台。

鲁商一般分成两部分：本省商人和在省外的山东籍商人两部分。闯关东的近代鲁商在东北各城商业中居于主导地位。从清代的"瑞蚨祥""便宜坊""四大堂""八大楼"，鲁商威震北京数百个春秋，现代的如海尔、海信、青啤、张裕等"鲁商军团"，跨出国门，屡创商业奇迹，同样让人刮目相看。明清时代，周村纺织业达到鼎盛，有一首民谣流传在民间："桑植满田园，户户皆养蚕。步步闻机声，家家织锦缎。"瑞蚨祥就是在这样的氛围中诞生的。1821年，瑞蚨祥在周村大街挂牌，1835年，第一家分号开到了济南。1876年，当时年仅25岁的瑞蚨祥掌门人孟洛川，就把目光投向了京城最繁华的商业区——大栅栏，投资8万两白银，成立北京瑞蚨祥绸布店。当年瑞蚨祥经营布匹、绸缎、绣品、皮货、织染、茶叶、首饰乃至钱庄、当铺等众多经营项目，共16家企业30个连锁分店，以济南为中心向周边辐射，北至北京、天津、沈阳、包头，东至青岛、烟台，南到上海、武汉。到1927年，孟洛川每年的纯利息收入就达到300万两白银。在孟洛川运营之下，瑞蚨祥兴盛60多年，成就了一段鲁商传奇，孟洛川也因此成为山东历史上屈指可数的大商人。

改革开放后成长起来的山东企业和山东企业家，有个称呼叫"新鲁商"。汇源的朱新礼、海尔的张瑞敏、双星的汪海、海信的周厚健、青岛啤酒的金志国等，都是典型代表。他们在改革开放中应运而生，敢于挑战传统，逐步开创出一些行之有效的商业模式。新鲁商大多没有什么特权，很多是白手起家，历经商海沉浮，是平民时代的商业领袖。在他们身上，鲁商精神不断在传承中得到创新。

二、鲁商商帮的经营之道

春秋时期的齐国，所谓"齐有渠展之盐"，是列国最主要的产盐地。管仲就实行盐铁专营，囤盐卖到其他缺盐的国家，一举"得他国之黄金万余斤"。管仲的商业哲学乃至治国之道就是明辨利害，趋之以利，在关键时刻创造条件规避风险，获取利润。在他的主导下，齐国实行了灵活多变的外经贸活动，当某种商品在他国便宜时，齐国就提高国内市场价，以吸引流入；需要向他国推销商品时，就改用"天下高，我下"的办法，吸引外商前来购买。

山东商帮有山东人的特点，他们以信为经商之本，重在一个"义"字上。正因为如此，与别的商帮相比，山东商帮的致富之道显得单纯、直截了当。山东商帮的致富之道，总结起来讲就是长途贩卖和坐地经商，注重讲求信用的商业道德和规范的商业行为。同时，在山东商帮中，主要是一些大官僚、大地主兼大商人，因此，鲁商大部分可以说是封建性的商人。历史上的"鲁商"虽不如晋商、徽商那般辉煌，但兴盛时也曾控制了北京乃至华北地区的绸缎布匹、粮食批发零售、餐饮等行业。特别在东北地区，鲁商有着地缘、人缘的便利，曾在那片"商场"上纵横驰骋，名重一方。山东商帮经营方式主要是独资经营和合伙经营。在独资经营中，一般情况是本人或本家族是大商人，资本很雄厚，当然也包括不少资本较少的小商小贩。他们规范商业行为主要表现在与生意对象间的信义约束，按约定俗成的规矩办事；在合伙经营中，山东商帮的规范行为有点像现在的股份公司的做法，合伙人之间先立合伙合同，邀请亲朋好友做见证，以示恪守信用。

第五节 浙江的龙游商帮和宁波商帮

一、浙商起源

浙商一词最早出现于南宋，但当时仅仅指两浙地区的商人，还是一个泛指的概念，到了清初时，浙商才成了一个集体的专属名词，成了对一个区域性群体的特指。但当时的浙商概念仍是模糊的，浙江的商人们也刚刚作为一个集体引起人们的关注，其成就远不如现在辉煌。直到改革开放以后，随着越来越多浙江商人的崛起，浙商这一群体才得到前所未有的关注。今天的浙商是指以浙学的功利之学、事功之学等作为指导思想的商人，它的范围很广，不仅包括浙江籍商人，也包括外来的、在浙江从事商业活动并获得成功的商人。

（一）浙商文化

浙商文化是人类在商品流通过程中所铸就的一种特殊文化现象，它是由浙商所创造且渗透在其一切行为系统里的观念体系和价值体系，是浙商在工商业行为进行过程中的思想、情感、价值观、行为方式、道德规范的总和。浙商文化是在浙江区位特色中形成、在深厚的文化积淀中产生、在改革开放中发展起来的。浙商群体有九大生命基因。

1. 勾践原型

浙江古称越国，越王勾践兵败吴国后，卧薪尝胆，十年生聚，十年教训，重用良臣，等待时机，最终以弱胜强，攻克吴国，报了世仇。勾践的故事，是世世代代浙江人实现人生价值的"原型"，是浙商的真正内核，是浙商精神有别于其他区域企业家精神的地方。浙商群体身上，都流着勾践的文化血统。出生于"草根"的浙商群体，其创业的动因就是摆脱贫困。

2. 陶朱遗风

越国名臣范蠡就是陶朱公。他和另一名臣文种一起，协助勾践灭掉吴国，成为春秋时期的最后一代霸主。但他明白"功高震主"的道理，认识到与勾践"只能共患难而难共欢乐"。于是，他决定功成身退，转而经商，将治国之策变成经商之术。四海为商，积资巨万，得以善终，被尊为中国商人的始祖。

陶朱公创立的薄利多销、四通贸易、物价之贵贱源于供求之余缺，等等，被视作商界奉行的商业道德和准则。但是，陶朱公对浙江人影响最大的是对实现人生价值的选择。一般中国人都根深蒂固地认为，人生的最大价值是获得高官，享受厚禄。但陶朱公则弃官场而入商场，重新创业，最后获得巨大成功。实现人生价值并非只有官场一途，商场的奋斗也能实现人生的价值。浙江人纷纷走向工商业界，以经商致富为荣。选择经商，成为浙江人的一种自觉。

3. 儒家血脉

南宋建炎初年，孔子第四十八世孙袭封衍圣公孔端友率族人随宋高宗赵构南渡后建家庙立于衢州。南宗后裔大建书院，坐馆授学，使儒学在浙江大地得以广为传播和弘扬。儒家尽管主张重农抑商，但其核心价值是仁、义、理、智、信。儒家思想与浙江本地的经商传统相结合，产生了一代又一代的"儒商"。据专家研究，以衢州为中心，三百公里①范围内，是中国历史上滋生商人的肥厚土壤。历史上的江西商帮、徽商、龙游商帮、宁绍商帮，以及当代的温州商人及其他浙江商人，都在这三百公里范围内。

儒家血脉在浙商群体身上打下的最深烙印是，为商之道，仁信为本；商战取胜，理性至上。浙商企业亏损少、失败率低、常青树多，就得益于儒家血脉的"现实理性"。

儒家文化，"孝道"当头，由此强化家族观念、宗亲意识。这种文化，在浙商群体中表现为强烈的"抱团精神"。正是有了"抱团精神"，才有了浙商发展过程中所必不可少的合作、分工、信誉和诚信。儒家血脉，是浙商生命力之所在。

4. 重商价值观念

经济力背后的实质是文化力。浙江文化元素中最强有力的是重商价值观。南宋期间，以叶适为代表的永嘉学派，崇尚功利，主张务实，反对空谈道德性命的理学，批评"贵义贱利""重本抑末"，提倡"农商一体，发展工商业"。永嘉学派对推动后世浙江文化和经济的发展，起到了十分重要的作用。从宋代的永嘉事功学派，明代的王阳明心学，到清代浙东实学派，重商思想一以贯之。基本观点都是"经世致用""义利兼容""工商皆本"等重利重商的实用范畴。浙东学派强调个性、个体、能力、功利、重商的基本思想，经过几百年的浸染，已经渗入浙商的血液骨髓而浑然不觉。他们有着强烈的自我创业欲望和浓厚的商品经济意识。民间经济细胞有活力、有韧劲，有浓厚的务工经商传统和商品经济意识，有百折不挠、卧薪尝胆、自强不息的艰苦创业精神。浙商群体的精神支撑，就是这个"重商价值观"。

5. 充满灵性的国民性

浙江背靠山岭，面向大海，在"七山二水一分田"上，养成了既精明又胸怀宽阔的国民性格。从根本上讲，浙江国民具有灵性飞扬的性格。这与北方人的粗犷热情、广东人的进取冒险、湖北人的狡黠倔强、湖南人的勇武坚韧，大异其趣。

商场竞争取胜，靠的是对商机的敏感和把握，靠的是对商战的运筹帷幄，总之，靠的是一种充满灵性的商业智慧。正是由于灵性飞扬，所以浙商在商业实践中自主意识特别强，个性显得特别张扬。正因为这份人格力量，使浙商能够敢为人先，不断创新，并遵循商业规律，"逐市场而居"，成为"中国的犹太人"。

6. 开拓创新

在中国经济史上，浙江商人南征北战，挥洒自如，创造了一个又一个商业奇迹。神经

---
① 1公里=1 000米。

敏感、性情温和的浙江人，有所为有所不为，在经济领域内具有开拓创新的天赋。

在19世纪末至20世纪初，以宁波商人为代表的浙商，心态开放，通脱旷达，不固步自封，不墨守成规，善于应对新事物，善于在社会急变中捕捉商机。他们以冒险之天性，披荆斩棘，筚路蓝缕，创造了当时上海(中国)经济领域内的许多个"第一"。中国第一家华人自办银行，中国第一家日用化工制造厂，中国第一家民族机器染整企业，中国第一家灯泡厂，中国第一家仪表制造企业……。

浙商具有"足迹遍履天下"的经商传统，他们习于广采博纳，善于临机应变，惯于流动变化，宁肯到广阔的外部世界拼搏闯荡，也耻于安守家业，碌碌无为。浙江青田人，肩背小件石雕，顺瓯江而下，漂洋过海，在五大洲艰辛创业，至今小小一个青田县，有18万华侨分布世界各地。

浙商特别能够顺应时势，因时趋变。在他们心目中，哪里有变革，哪里就有商机。浙商"有胆识，具敏活之手腕，特别之眼光"，在上海开埠后，适时抓住机遇，及时变换创业和投资的重点，从而在近代中国经济史上创造了诸多辉煌。

7. 团结合作

浙江人注重乡谊、亲邻相帮、团结协作。外地人说浙江人"爱扎堆"，在南京有"温州街"，在北京有"浙江村"，这都是浙江人团结合作精神的体现。在20世纪初，旅沪的浙江商人在上海"之所以能事必成，功效显著者，则系于团结之坚，组织之备，一遇有事，即能互相呼应，踊跃争先，以收其合作之效"。这种团结合作之精神，在全国各地的浙商，在世界各地的浙商，都得到了很好的继承和发扬。

浙商之间存在着一个"圈子主义"。在浙商群体内部，存在以私人资金拆借为表现形式的民间金融。在原始积累阶段，浙商一般要么向亲戚朋友借，要么入商会。浙江商人融资80%是靠民间借贷，说明了浙商"团结合作"的力量。

8. 乐善好施

浙商是一群"赚钱的动物"，但也具有急公好义、轻财乐施的品性。这一方面成就了浙商群体的道德人格，另一方面也为浙商的可持续发展营造了良好的道德环境。影视巨子邵逸夫是浙商群体中乐善好施的杰出代表。他于1973年在香港设立"邵氏基金会"，四十多年来，在大陆不遗余力地兴办教育、卫生和文化事业，造福炎黄子孙。几乎在全国各大城市，都有"邵氏基金会"兴建的"邵逸夫医院""邵逸夫图书馆""邵逸夫科技馆"等。不仅仅邵逸夫，像包玉刚、董浩云等海外浙商，都具有乐善好施的品德。

浙江人有悠久的经商传统，但浙江是一方"仁义之乡"。浙商尽管遵循"在商言商"的商业法则，但浙商群体里较少有"唯利是图"之徒。对浙商而言，钱并不代表一切，它只是一种生存的工具，是实现自我价值和进取精神的有效途径。于是，乐善好施，善待社会，成了浙商的共识。

9.爱国爱乡

浙江人的家乡意识相当浓厚和执着。浙商出击全国和全世界，操着别人难以听懂的方言，所到之处，必集合同乡，组织商会，以谋互助发展。现在全国各地，"温州商会""浙江商会"等组织纷纷建立。这些同乡组织，是浙商"团聚精神的表现"，是浙商群体的凝聚中心，也是在外地的浙商的利益代表机构。

爱乡是爱国的基础；而爱国就更能爱乡。在南斯拉夫，当我使馆被美军轰炸后，浙江华侨就自发组织起来，给使馆予物质上和精神上的支持；当"九八洪灾"时，一位富阳企业家，一次捐赠了100万元，还连名字也不愿向媒体透露；当"非典"猖獗时，许多浙江商人自发地向医务工作者和灾区人民捐钱捐物。浙商在"家、乡、国家、民族"几个结点上，始终秉承"爱国方能爱乡"的旨归，使乡土观念、民族意识、爱国情感得到完美的统一。国家强盛，家乡富足，是浙商在商海中搏击的力量源泉。

（二）浙江商人的特点

第一，他们有经商的历史传统。

第二，他们有一种披荆斩棘不言输，做不大就不做的精神。

第三，他们具有江浙地区轻盈而灵秀的文化底蕴。浙商的聪明和灵敏是其他商帮不可比拟的。

"敢为天下先，勇争天下强"的浙商创业精神是浙江精神的集中体现，也是重商的地域传统文化在现代市场经济环境下的生动表述，这是浙江民营经济大面积活跃的"文化基因"。

"三无"起步，"五低"起飞。即所谓"无资金、无技术、无市场"，"起点低，知名度低，文化程度低，企业组织形式低，产业层次也低"的浙商，却比跨国公司效率更高，只是因为他们与环境和发展阶段更"匹配"。企业组织无所谓优劣，产业层次也没有高下之分，关键看匹配。因此，并非草根们的"低级和落后"成就了他们，只是他们更贴近中国这个市场的文化和国情，也更了解这个新兴市场的水土和脉搏。这就是"落后的低级的"草根企业管理比跨国公司更有效率的原因。

有关浙商最著名的描述："有浙商的地方就有市场"和"有市场的地方就有浙商"。

二、龙游商帮

龙游历史上有一个当年堪称国家级的大"帮派"，这个大"帮派"就是明清时列全国十大商帮之一的龙游商帮。它是以原衢州府龙游县为中心，今浙江境内金丽衢地区商人的集合。其经商手段最为高明，故冠以龙游商帮。由于当时商品经济的发展，商品流通领域扩大，商人十分活跃。当徽商、晋商在商场争雄之时，龙游商帮在浙江中西南部崛起。龙游商帮虽以龙游命名，但并非单指龙游一县的商人，而是指浙江衢州府所属龙游、常山、西安（今衢江区）、开化和江山五县的商人，其中以龙游商人人数最多，经商手段最为高明，故冠以龙游商帮之名，简称"龙游帮"。

在明嘉靖、万历年间，龙游商是十大商帮中最活跃的商帮之一。"钻天洞庭遍地徽""遍地龙游商"。这反映了洞庭商人、徽州商人、龙游商人遍布全国并雄踞商界的事实。龙游人农耕之外，借交通之便，经商乃成谋生重要手段，加之龙游社会上素不贱商，头脑活络之人多选经商之路。龙游有丰富的资源，这也为他们经商提供了物质条件。龙游多山林竹木和茶、漆、粮、油等，为龙游商最重要的外贸商品。

（一）"穷二代"的突围

龙游商帮的形成有一个漫长的过程。它发轫于南宋，活跃于明中叶，至清乾隆年间为鼎盛。南宋官府修建了东起京城杭州，西接湘赣的官道，在龙游和寿昌交界的梅岭关入龙游境，龙游商视此为大好商机，就把木材运到杭州销售。也有大商人到浙江以外经商致富。龙游韦塘人朱世荣，"流寓常州致巨富，置产亘常州三县之半，后归衢江古码里，复大置产，当时以为财雄衢常二府"。到了明朝，一个以龙游商人为中心，带动整个衢州地区商人的流域性商业团体响亮登场，他们在金衢盆地崛起，逐鹿中原，远征边关，漂洋出海，以"遍地龙游"的气势被人们称为"龙游帮"。据史料记载：明万历年间，"龙丘之民，往往糊口于四方，诵读之外，农贾相半"。明天启年间，"龙游之民，多向天涯海角，远行商贾，几空县之半"。如商人童巨川在嘉靖年间至宣府大同做边贸生意，"一往返旬月，获利必倍，岁得数万金，自是兄弟更相往来，垂20余年，遂成大贾"。至清乾隆年间，童氏家族"多行贾四方，其居家土著者，不过十之三四耳"。

龙游商人不排斥外地商帮对本乡的渗透，并且与他们相处友善，吸收外地商人于己帮，推进了龙游商帮的发展。龙游商人敢为天下先的精神和海纳百川的肚量，是他们良好的经商心态的反映。他们虽然是出自一个偏僻之地，既无官府支持，又无强大的宗族势力做后盾，但他们却能在强手如林的各大商帮中崛起，自立于商帮之林。

（二）经营之道

龙游商帮不像晋商手握巨资，经营票号，在金融市场上显山露水；也不像徽商垄断盐醝，声名显赫。龙游商帮的显著特点是，埋头苦干，不露声色，却在珠宝古董业中独占鳌头，又在印书刻书贩书业中从事文化传播，还在海外贸易中插上一手，成为颇具实力的一大商帮。

龙游商帮虽地处偏僻，却有着开放的心态，在观念上也比较新潮。主要表现在两个方面上，即投资上的"敢为天下先"精神和"海纳百川"的肚量。明清时期，许多商人将经营商业所赚得的资金用来购买土地或者经营典当、借贷业，以求有稳定的收入。而龙游商敏锐地意识到，要获得更大的利润，必须转向手工业生产和工矿产业上。他们果断地投入纸业、矿业的商品生产，或者直接参与商品生产，使商业资本转化为产业资本，给当时封建社会注入了带有雇佣关系的新生产关系。

龙游商帮之所以能在与实力雄厚的徽商、晋商等的竞争中独树一帜，在珠宝业、垦拓业、造纸业和印书业中立于不败之地，除了它有开拓进取、不怕艰苦的精神和善于经营管理之外，与它具有较高的文化素养和诚实守信的职业道德密切相关。

1. 诚信经营

儒家教化学说的一个最为明显的特点，就在于在实施教化的过程中，把社会的道德规范内化为人们的自觉行动。在这方面，龙游商帮自觉地以儒家道德观念规范自己的商业行动，把信、诚作为待人接物的基本原则，为现代商人树立了极好的榜样。

龙游商人在营商活动中，历来看重"财自道生，利缘义取""以儒术饰贾事"。主张诚信为本，坚守以义取利，是龙游商帮一以贯之的儒商品格，也使其获得了良好的市场信誉。将诚信作为经商从贾的道德规范，正是龙游商帮获得成功的要诀。

龙游商帮声誉良好，赢得了人们的信任。龙游商人傅家来开设傅立宗纸号，非常注重产品的质量，精益求精，所造之纸，坚韧白净，均匀齐整，比其他家的纸在同一件纸号中重十多斤。他为了保证质量，层层把关，严格检验，次品决不出售。傅立宗纸号的产品畅销大江南北，经久不衰。为了表示对用户负责和维持良好的信誉，他的产品都统一加印"西山傅立宗"印记。

姜益大棉布店以信誉著称，冠为金（华）衢（州）严（州）三府第一家。自从胡筱渔接管以来，非常重视信誉，以诚实守信教育每一位职工，多次提出要薄利多销，童叟无欺，决不二价。为了防止流通中有银元掺假损害顾客利益，特聘请了三位有经验的验银工，严格检验，凡经过他店的银币加以"姜益大"印记，让顾客放心。在经营中目光远大，不以短期行为来赚钱。为了信誉，宁愿承担暂时的损失。有一次，他在海宁订购了7 500匹石门布，价值6万银元，在运输过程中遭劫，这本不关姜益大店的事，海宁布商亦立即派人来龙游处理此事，主动承担损失，胡筱渔重义疏财，当场偿付了对方6万元布款，还再订购了7 500匹棉布，并热情款待海宁布商。由于这一义举，姜益大布店信誉大增，遐迩闻名，在以后的经商活动中，凡碰到货物紧俏时，海宁等地布商都首先满足他的货源需求，全力支持他渡过难关。他对职工也以礼相待，以诚相待，从不刻薄，职工中年长者，以叔伯相称，同辈以兄弟、晚辈以弟侄相呼，平等待人。年终还发"红利压岁钱"，春节赏每一职工一匹布代价的奖励金。以心比心，诚挚待人，职工受感动，工作就更负责，保证了姜益大的良好运作。

龙游素有重文化的传统，诗书礼乐传家，耕读遵礼，弦歌不绝，就是为贾也不忘读书，故首选造纸刻书籍为业。龙游新造之纸在明代已具名气。明著名刻书家余象斗刻印书籍尤注重用纸，他品评全国著名纸品有徽歙纸、江西纸、铅山纸等，而浙江衢纸尤胜，龙游县溪口镇是庞大的造纸中心兼销售市场，纸商麇集。乾隆间闽商林琼茂来龙择地上塘设坊造纸，传至其孙林巨伦，已"积赀巨万"。书商童佩，名噪一时，刻书贩书大江南北，其父彦清，"最称儒雅，不寝然诺"。幼时从父贩书吴越间，"喜读书，手一帙，坐船间，日夜不辍，历岁久，流览既富，所为诗风格清越，不失古音。为他文亦工善，尤善考证书画金石彝敦之属"。王世贞称其"藏书万卷，皆其手所自校者"，是著名藏书家、刻书家。所刻之书质量上乘，深受学者欢迎，时之名流硕儒王世贞、王穉登、归有光引之座客，并为他作序作传。他本人有《童子鸣集》《佩荽杂录》《九华游记》《南狱东岱诗》与余湘合纂《龙游县志》等。刻印过《徐侍郎集》《文房四谱》《杨盈川集》等。他的学问深得名儒称赞，胡应麟见其书目曰："所胪列经史子集，皆挈然会心，令人手舞足蹈。"引为"子期"好友，王世贞更称之为"千古是知音"。龙游童氏是书香门第，业书贾者众。如童富，"为书贾，往来闽粤吴中贸迁，……为人坦夷朴茂，乐善好施，……湖海之士，多啧啧称之"。另一位书贾胡贸，承父兄书业，"往来贾书肆及士人家"，也是有名的书贾。明代大学问家唐顺之荆川谦曰："非贸，则予事无与成。"与唐深交，胡死后唐曾赠棺以殓。龙游望族余氏也是世代营印书业，曾在江苏太仓州娄县开设书肆，"清初，龙游余氏开书肆于娄县，刊读本四书字画无伪，远近购买"。

龙游商人深受中华传统文化的熏陶，亦贾亦儒，保持着良好的节操，以人品为重，注重自身修养，有社会责任感，诚信为本，终于事业有成。

2. 开拓进取、不畏艰辛、不恋家土的敬业精神

驰骋于商界的龙游商帮，其经营区域甚广，足迹遍及全国各地。龙游商帮商人"挟资以出守为恒业，即秦、晋、滇、蜀，万里视若比舍，俗有遍地龙游之谚"。龙游商帮大多从事长途贩销活动，"龙游之民多向天涯海角，远行商贾"，不仅活跃在江南、北京、湖南、湖北和闽粤诸地，而且还一直深入西北、西南等偏远省份。明成化年间，仅云南楚雄彝族自治州西部的姚安府，就聚集了龙游商人和江西安福商人三五万人。龙游商帮这种开拓进取、不畏艰辛、不恋家土的敬业精神，和当代温台地区的企业家精神本质上是一致的。但龙游商帮的创业冲动却未能上升为浙西地区的区域人文精神，其可贵的商业精神最终仍淹没于强势农耕文化中。到民国时期，连龙游本地商业也几乎全落入外地商人手中，"遍地龙游之说"也渐成绝唱。

3. 龙游人胸襟开放

明清时期，有许多外籍商人纷纷奔赴龙游经商，有的还寓居于龙游，加入龙游商帮的行列，并把各自的经商经验带入了龙游商帮中，推进了龙游商帮的发展。如徽商程廷柱在康熙年间曾率众在龙游经营有典当业和田庄；汪文俊在龙游经营有盐业。又如赣商周学锦在康熙年间从江西抚州趋利业商于龙游，并定居于此。还如闽商三元戴冯氏、黄静斋、池明英等都先后经商于龙游。清末至民国时期，龙游县籍商人渐少，客籍居多，他们大多来自浙江的遂昌、兰溪、义乌、处州、绍兴、宁波和徽州府所属各县，以及江西、福建等省。由此可见，龙游商帮商人群体融合了徽商、粤商、苏商、浙商、闽商和赣商等外地商帮商人。龙游商帮的形成基于血缘地缘关系，本质上具有排他性，但他们却能容纳其他商帮的商人的融入，足可见其胸襟的宽大。

4. 贾而好儒

区域经济的长远发展归根到底靠的是源远流长的文化传统和底蕴。儒学氛围中崛起的龙游商帮，有着较高的文化水准，这是与当时众多商帮的最大区别。明代与唐寅（伯虎）、

文徵明齐名的一代名士李维桢,即专为龙游商人李汝衡立传,题为《赠李汝衡序》;龙游商人童佩、胡贸也与一代名士王世贞、归有光等成莫逆之交。龙游商人能与这些清高自许的名士结交,若非气质相近是很难解释的。龙游商人"贾而好儒"之风可见一斑。文化优势能助龙游商帮成就一个个奇迹,但传统文化的桎梏却注定龙游商帮走不了太远。浙西人从内心深处鄙视商业和商人,主要表现在重农抑商、重仕轻商两个方面。在这种具有很强宗法色彩的儒文化观念支配下,龙游商人缺乏对商业的忠心。从商而终的极少,多数人最终还是叶落归根,返回到以农为本的老路上来。一些富有的商人或把精力和财产投入官场竞逐;或如龙游叶氏家族将经商所得巨资悉数投入叶氏建筑群,而很少有人去投资产业扩大再生产。在龙游商帮中,不仅未能产生充满活力的重商文化,反而使那里的人们承受了太多儒家思想中庸保守文化传统的沉重负荷,使思想和行动受到了限制,以至几次与经济腾飞的契机错失交臂。

三、宁波商帮

宁波地处东海之滨,位于全国大陆海岸线中段,长江三角洲东南部,海道辐辏,通过甬江、姚江和浙东运河,连接上钱塘江,然后进入京杭大运河,水陆交通都很发达,可把货物运销全国各地,从事经商活动,有着得天独厚的地理优势。宁波地狭人稠,岛屿众多,多岩礁而少耕地。宁波人为了生存和发展,不得不闯荡世界,从而铸就了宁波帮商人不畏辛劳、顽强开拓、敢于冒险、善于经营的性格。

甬商是中国近代最大的商帮,为中国民族工商业的发展做出了贡献,推动了中国工商业的近代化,如第一家近代意义的中资银行,第一家中资轮船航运公司,第一家中资机器厂,等等,都是宁波商人所创办。宁波商帮对清末大上海的崛起和"二战"后香港的繁荣都做出了贡献。宁波商人遍布世界各地,其中不乏世界级的工商巨子。

宁波商帮形成于明末清初,属近代十大商帮的后起之秀。19世纪中后期宁波开埠以来,"宁波商帮"迅速壮大,以其雄厚的经济实力和经营才能称雄于中国工商界、金融界达大半个世纪,特别是在上海,势力遍布金融、航运、商业、工业等主要行业,以至蜚声中外,为世人瞩目。

(一)宁波商帮的儒商精神

1. 开拓创新、敢为人先的开拓精神

一方水土育一方人,宁波地处商品经济较为发达的东南沿海,宁波人世世代代面对大海的挑战,艰险的环境养成了他们开阔的视野,他们善于不断吸纳、应用外来先进科学文化技术来发展壮大自己。在"宁波帮"的创业经历中,始终都贯穿着宁波商人强烈的开放意识和开拓精神。宁波人坚毅的冒险精神和开拓精神,在于相率奔向海外,走向世界。19世纪末和20世纪40年代,宁波人曾两次大规模地漂洋过海,前往日本和欧美等地以及我国的港澳地区创业，其中不少人成为当地工商界或金融界的巨子。如"世界船王"董浩云和包玉刚，以及王宽诚、邵逸夫、厉树雄等人都有此经历。如今分布于海外各地的宁波人，始终保持经商传统。老一辈的宁波商人的后代又成为新一代的商人，在海外商界形成"宁波风"。

2. 克勤克俭、务实进取的创业精神

在中国传统文化中，勤俭是古老的训诫，所谓"克勤于邦，克俭于家"，"历览前贤国与家，成由勤俭败由奢"。宁波商人继承了中华民族的这一传统美德，他们勤奋工作，艰苦创业，以此作为同困难环境做斗争并求得生存和发展的有力武器。"天行健，君子自强不息"，正是这种刚健有为、自强不息的奋斗精神孕育了宁波商人强烈的开拓进取意识。近代宁波人耻于安守家业，他们宁愿背井离乡，到广阔的外部世界拼搏创业，而不愿在狭小的家园抱残守缺，碌碌无为；他们敢于冒险犯难，到处为家，勇于在外省外域创业落地生根，从而为自己的发展开拓了广阔的空间。

3. 以德立业、诚信为本的商业道德

讲诚实、重信用、求质量，是宁波人经营最基本的原则。在生意活动中，宁波有句俗语叫"天下之主，不如买主"。宁波商人在经营实践中视顾客为"衣食父母"，处处尊重买主。宁波的商业传统是待人如宾，顾客上门，不管新老，笑脸相迎，端凳请坐，敬烟献茶。宁波人做生意很重视自己的服务，满足顾客，以诚以信赚钱。

4. 团结互助、讲求联合的合作精神

宁波帮企业家深谙"得人心者得天下"的哲理，在企业内部注重融合劳资关系，增强凝聚力。由于宁波人素有重乡谊、乐互助，肯在"帮"字上下功夫、"助"字上做文章的共济精神，从而使同乡成了宁波帮经济发展的强大后盾。宁波人注重乡谊，亲邻相帮，团结协作，在上海乃至全国传为佳话。正如宁波人自己评价的：吾甬人"所以能事必有成，功效显著者，则系于团结之坚，组织之备，一遇有事，即能互相呼应，踊跃争先，以收其合作之效"，此语可谓一语中的。

5. 爱国爱乡、回报社会的爱国情怀

宁波帮素有报效祖国、造福桑梓的传统和美德。海外宁波帮人士大都少小离家，历尽千辛万苦，克服艰难险阻，才在各个领域创造出辉煌业绩。宁波人在"家、乡、国家、民族"几个方面，始终秉承"爱国方能爱乡"的旨归，使乡土观念、民族意识、爱国情感得到完美统一。我国在改革开放以后，就以宁波帮人士在宁波家乡的捐赠事业来说，无论是人数，地区分布，还是捐赠数额，都达到前所未有的程度。据不完全统计，自1982年至今，已有600多位华侨华人，港、澳、台同胞向宁波市捐赠2 000多个项目，折合人民币已超过12亿元，为宁波的经济发展做出了重要贡献。

（二）宁波商帮的经营之道

宁波商帮在十大商帮中属于后来者。可以毫不夸张地说，宁波帮在工商业、金融业等领域不但影响了江浙、上海的进程，甚至影响了中国的进程。

鸦片战争后，尤其是民国时期，宁波商帮中新一代商业资本家脱颖而出，把商业与金融业紧密结合起来，从而使宁波商帮以新兴的近代商人群体的姿态跻身于全国著名商帮之列。他们所经营的银楼业、药材业、成衣业、海味业以及保险业名闻遐迩。

宁波商帮后来者居上，活动区域不断拓展，形成四出营生，商旅遍于天下的局面。他们善于开拓活动地域，还善于因时制宜地开拓经营项目。他们的致富之道就是：以传统行业经营安身立命，以支柱行业经营为依托，新兴行业经营为方向，而往往一家经营数业，互为补充，使自己的商业经营在全国商界中居于优势地位。

宁波商帮的代表人物有：虞洽卿（旧上海）、叶澄衷（旧上海）、方液仙（旧上海，国货大王）、张尊三（日本，鱼翅大王）、吴锦堂（日本，关西财阀）、胡嘉烈（新加坡，南洋巨商）、包玉刚（中国香港，世界船王）、董浩云（中国香港，世界船王）、邵逸夫（中国香港，影业巨子）、邱德根（中国香港，娱乐业）、曹光彪（中国香港，毛纺大王）、陈廷骅（中国香港，棉纱大王）、张忠谋（中国台湾，芯片大王）、丁磊，等等。

另外，作为中国最为活跃的第一大商帮，浙商中还有台州商帮、温州商帮、义乌商帮。这些浙江商人，追逐市场就像"逐水草而生"的"游牧部落"，哪里有市场，哪里就有浙商的身影。

第六节 江右商帮

一、江右商帮概况

江右商帮最早兴于北宋时期，当时江西地区人口已达446万，位居全国首位。历元至明，江西人口一直保持地窄人稠的局面，故民多弃农经商。由于得天独厚的地理位置优势，人杰地灵，成为全国经济文化的先进地区。从江西出去闯的商人，为了能在当地生存，他们必须团结，共同抵御外部的侵害。"客商之携货远行者，咸以同乡或同业之关系，结成团体，俗称客帮"。这里所说的"客帮"，是指明清时期地域性商人的组织结构和经营方式。在江右商帮中，有三种不同的形式：一是垄断性行业；二是同一行业的同乡或同族小团体；三是因同乡或同业关系结伴而成的个体商贩的临时性结合体。

江右商帮以其人数之众、操业之广、实力和渗透力之强称雄中华工商业，对当时社会经济产生了巨大影响，1 500多座江西会馆和万寿宫遍布全国。

江西明代的移民运动实质上就是一种经济扩张，使江右商帮在以后的几百年称雄中华工商业。江右商帮的兴起，推动全国和江西经济的繁荣，贸易的繁荣造就了江右商帮的辉煌："瓷都"景德镇名扬万里；樟树无药，却成为"药都"，有"药不过樟树不灵"之说；九江雄踞长江之滨成为当时极具影响的商埠，在当时江苏一带，市传三日不见赣粮船，市上就要闹粮荒。后来九江商业繁荣，引起外国列强垂涎。

江右商帮称雄于明清两朝有其深刻的历史背景和社会原因：此地水运发达，交通便利；商人吃苦耐劳，艰苦创业；物产丰富，技艺精湛；科举盛行，官宦支撑；讲究"贾德"，注重诚信。

（一）江右商帮渗透闽粤

江右商帮利用地理之便，同样活跃于福建、两广地区。福建、广东本地也有商帮，不过他们的贸易重点是在海上，而省内的山区地带，基本上都是江右商人活动其间。明代学者王世懋发现，福建建阳、邵武、长汀等地的居民口音与江西口音相似，一经询问，原来与大量江西商人的活动及入籍有关。

广东的主要城市广州、佛山，江右商贾亦"人数殷繁"。广东潮州、惠州等地棉纺业所需棉花，有一半左右靠江右商人从饶州、南昌等地运来。吉安布商有在广州、佛山等地设立"粤庄"。

稍远一点的广西桂林、柳州、浔州、太平、镇安等地，来自江西的盐商、茶商、木材商、药材商也活动频繁。尤其是梧州，地处左、右江会合要津，百货往来，帆樯林立，其繁荣程度在清前期几乎与汉口、湘潭比肩，江右商人在这里所开设的商号林立。

（二）江右商帮纵横长三角

江右商人经赣江、过九江东下，或经玉山抵浙江，频繁往来于江浙皖，将江西出产的稻米、大豆、瓷器、夏布、纸张、木材、烟叶、桐油、茶油、靛青等贩卖过去，再将那里的食盐和丝、棉织品销往江西。江西商人活跃于金华、杭州、宁波、绍兴、衢州、湖州、严州、台州等地，较富裕的商人从事盐业经营。

（三）雄踞京城

元代江右行商的足迹遍及大江南北、幽燕关陕、八闽两广、荆楚川蜀。江西的著名墨工南昌朱万初、清江潘云谷携墨售于京师。贵溪倪文宝、鄱阳童某也以制毛笔为业，所制之笔也都远销至京城。到了明代，"天下财货聚于京师，而半产于东南，故百工技艺之人亦多出于东南，江右为夥，浙（江）（南）直次之，闽粤又次之"。在京江右商以瓷器商、茶商、纸商、布商、书商、药材商为多。北京故宫、圆明园、颐和园等中华古建筑的设计建造者为江西雷氏家族。各地在北京的会馆大概有41所，其中江西有14所，居各省之首。这些会馆，有相当数量为商人所建或士、商合资共建。

二、江右商帮经营之道

江右商人绝大多数是因家境所迫而负贩经商的，因此，小本经营，借贷起家。江西布商一个包袱一把伞，跑到湖南当老板。他们的经商活动一般是以贩卖本地土特产品为起点，资本分散，小商小贾众多，商业资本的积累极为有限。只有少数行业如瓷业比较出众。江右商人的传统观念、小农意识影响到他们的资本投向，只求广度，不求深度。尽管江右商人人数众多，涉及的行业甚广、经营灵活，但往往在竞争中容易丧失市场。

江右商帮讲究贾德，注重诚信。江右商人质朴、做事认真。这是江右商人传统儒家思想的自然流露。他们草根起家，善于揣摩消费者心理，迎合不同主顾的要求。以销售尽手中的商品和捕捉商机为原则，这是江右商人发财致富的经验总结。

江右商人在长期的经营活动中逐渐地形成了自己的活动准则，有一些初看起来是成功商人共同的特点，但是如果仔细分析起来，又可以感觉到这些东西在江右商人身上体现得特别明显。

① 讲究忠孝。
② 讲究信用。
③ 讲究和气生财。
④ 把握市场行情。
⑤ 讲究白手起家，从小业做起。
⑥ 讲究团结互助，带有一定的垄断性。
⑦ 讲究回报家族、家乡。

三、江西会馆万寿宫

江右商人只要具备了一定的财力，就会建造万寿宫，它也就是"江西会馆""江西庙""江西同乡馆""豫章会馆"。这是江右商帮独有的标志。万寿宫是为纪念江西的地方保护神许真君而建。江右商人无论是大富还是小康，无论是抱团还是独行，都忘不了江西人祖先的文化偶像——许真君。古时江右商帮受儒家文化的影响，敬仰那些为民除害、清正廉洁的英雄，而生性聪颖、治病救人、为官清廉的许真君，便受到百姓的爱戴。当时有民谣称"人无盗窃，吏无奸欺。我君（指许真君）活人，病无能为"。许真君死后，江西人为了纪念他，便在他的故居建立了"许仙祠"，南北朝时改名"游帷观"，宋真宗赐名并亲笔提"玉隆万寿宫"。自明初以来，在各省省会以及京都几乎都建有万寿宫，在全国城乡可说是星罗棋布。万寿宫是江右商帮的标志，也是江右商帮财富与实力的象征。万寿宫既为旅外乡人开展亲善友好交往和举行祭祀活动的场所，又是商人、待仕之人或者下台文人们议事与暂住的地方，壮观、雄伟的万寿宫建筑显示了江右商帮的辉煌。

第七节　洞庭商帮

一、洞庭商帮概况

洞庭商帮又叫"洞庭帮""洞庭山帮""山上帮"或"洞庭山人",这些几乎成了"苏商"的主体。这个商帮不以苏州、也不以吴县(今为苏州市吴中区)为名,而是以一两个乡命名,就是苏州属县吴县下辖的洞庭东西山的山名为名称。洞庭东山因伸入太湖之半岛,即古胥母山,亦名莫蕊山。西山在太湖中,即古包山。现在分别为吴县市东山镇和西山镇。就是在这样一个狭小的太湖两山的行政区域内,自明清以来,却形成了一个极著名的商人资本集团——洞庭商帮。冯梦龙在《醒世恒言》中写道:两山之人,善于货殖,八方四路,去为商为贾,所以江湖上有个口号叫作"钻天洞庭"。这似是赞叹其精明能干,无物不营,无地不去,然而也带着一种嘲讽和揶揄,嘲笑其惯于削尖脑袋地去钻营,连无路可上的天庭,都有办法去钻营。洞庭商帮能与徽商分庭而抗礼,钻天洞庭遍地徽,一天一地,平分江南秋色。

审时度势,把握时机,这是聪明的商人的做法,而洞庭商人就是这样聪明的商帮。洞庭商人扬长避短,稳中求胜,利用得天独厚的经商条件贩运起米粮和丝绸布匹。

他们还不断更新观念,开拓经营新局面,向外部世界发展着。鸦片战争后,在作为金融中心的上海,洞庭商人利用自己的"钻天"之术,开辟了买办业、银行业、钱庄业等金融实体和丝绸、棉纱等实业,产生了一批民族资本家,走上了由商业资本向工业资本发展的道路。

二、洞庭商帮的经营之道

洞庭商帮是个聪明的商帮,他们非常注意市场信息,时常预测行情,在经商过程中,洞庭商人会根据市场行情与商品交换的情况变化而变化自己的经营策略,不拘于成见,只要有利就行。洞庭商人还会根据当地实际情况,比如商人资金和民风特点,因地制宜地采取独特的经营方式,经营手段非常符合现代经商的要求。

第八节　广东商帮

一、广东商帮概况

粤商又称为广东商帮,它是现代中国经济尤其是商贸流通经济中的最主要的企业群体。

狭义的粤商指广府商帮，广义的粤商则包括广府帮（广州帮）、潮汕商帮（潮商）、客家帮、海陆丰帮以及其余广东各地的商帮。

粤商文化历史渊源深远，商业氛围浓厚。广东地理位置特殊，毗邻东南亚、我国的香港和台湾，国外的先进技术和设备最早由广东进入，然后辐射全国。敏感、勤劳、刻苦、务实、低调，这些都可以在粤商身上体现。粤商在近现代来讲，起到了一个引导潮流的作用。粤商与徽商、晋商、浙商、苏商一道，在历史上被合称为"五大商帮"。特别是近代以来，粤商在推动中国和世界工商业发展中扮演着重要角色。

二、粤商精神

广东的发展离不开人和。这"人和"便是中国人少有的自由、开放、冒险、开拓、务实、创新的商业精神。这是广东人的灵魂，更是广东人富起来的深层奥秘。

从汇聚融合到合作发展。表现出区域筑巢引凤、本土自主生长、外来自主生长、产业引进移植等多种形式并存，又相互独立的特点。

从先行一步到领先领跑。先行一步，是粤商的特性之一，但要步步先行就很难。

从灵活善变到创新创造。不受传统思维禁锢，遇到问题会变通，这就是粤商的灵活善变。灵活善变也是创新，但它侧重的是尝试和变通。

从精明务实到战略思考。粤商的精明务实表现在关注实际利益，不张扬，不关心政治。早期的精明务实为粤商的发展奠定了基础，赢得了空间。

从"只干不说"到广泛对话。在政策不明朗的条件下，只干不说，可以避免争论，减少不必要的损失。粤商坚守"不干不说，干了也不说，别人怎么干坚决不说"的理念，"闷声发大财"，赢得利益，也赢得了良好的口碑。

从小富即安到和谐安详。勤奋创业，但生活考究，从容而安详，构成粤商的显著特征。

早期粤商的代表在广州，其中以十三行最为突出，主要从事贸易和运输。粤商的勤奋以及诚信品质是促进十三行经贸迅速发展的基础。几乎所有亚洲、欧洲、美洲的主要国家和地区都与广州十三行发生过直接的贸易关系。粤商早有向外拓展的传统，据史载，早在唐代就有广东人到海外做生意；到了近代，广东商人更是足迹遍天下，广东成为中国著名的侨乡。

（一）人人都是商人

广东人言必称商，人人皆商，全名皆商。几千年来，中国商人的形象都是奸诈，贪婪。这样的社会环境当然不可能造就一支强大的乐商、重商的商人队伍。但岭南的广东人则不然。广东人从秦代开发以来，就一直承担着与世界交往的重任，开创了"海上丝绸之路"。经商带来的丰厚利润，诱使人们不断投入商海，广东人一世奋斗在商海里。

（二）敢为天下先

敢为天下先，其精义在于"敢"和"先"二字。襟山带海的地理环境培育了岭南人强悍坚韧、敢于冒险、勇于任事、大胆革新、追求自由的精神特质。广东人早已认准，只要有利于提高生产力水平，有利于提高人民生活水平，就要干，先干了再说。一个敢字，一个先字，既让广东人饱尝了开拓者的艰辛，更让广东人品尝了成功者的喜悦。

（三）精明实干

"精神创造经济奇迹"。一种充满活力和创新的精神，在创造经济奇迹方面，比资本、劳动、技术、制度所有这些因素，都起着更为本质的作用。在广东商人的意识中，机不可失、时不我待的观念特别强。白手起家的务实耐劳、拼搏创新的精神，在粤商群体中普遍表现。

（四）勇于创新

就像文化与经济的互动作用一样，地方文化对商业精神具有潜在的影响。"行街"、购物和生意是广东人的一种生活方式，是岭南文化的一种表现；讲求平等、等价交换的价值观念渗透在市民生活及岭南社会的各个层面，也反映了岭南文化的一个侧面。

（五）抓住老鼠就是好猫

广东人在行动上大都注重实际，很实在，很现实。他们不喜欢不切实际的幻想，也不太喜欢奢谈什么大道理。他们感兴趣的是事物本身是否具有实用价值。在对待新事物上，北方人大多数总是先从道义、原则和义理上做审慎的选择与吸收；广东人则是先大胆学习、引进、吸收和为我所用，以他物为我物。先思考后行动、重经验、讲原则、重道义，是北方人的习性；先行动后思考、重实干、讲效益、求实用、重感觉、轻理论，是广东人的特点。

三、粤商文化

岭南是我国汉民系分布最广、情况最复杂的地区，包括广府系全部、客家和福佬系大部，都以岭南为居地。在历史发展长河中，他们创造了独具一格的岭南文化及各个亚文化，即广府文化、客家文化和福佬文化，各有自己文化特质和风格，在各个层面上表现出鲜明的文化区域差异，使所在地区形成不同社会经济面貌。粤商文化包括广府文化、客家文化、潮汕文化三块。

（一）精明开放广府人

广府人精明开放，勇于冒险，接受新事物快，商业头脑发达。广府民系，指口语中的"广府人"即以珠江三角洲为中心分，布于广东、广西、香港、澳门及欧美、大洋洲、东南亚等地区的华人，以粤语（广东话或称广府话，俗称白话）为母语，以珠玑巷同迁的汉人为民系认同，有着自己独特文化——岭南文化、广府文化、粤式饮食、语言、风俗和建筑风格的汉族民系。广义的广府民系则包括全广东及世界所有地区，世代以粤语为母语的汉语民系。他们具有性格开放，乐于接受新事物，商品意识重，务实、精明、敢干、敢于创新等特点。

（二）天赋商才潮汕人

潮汕人是指在广东最东端，包括潮州、汕头、揭阳地区的人。潮汕临海，大多从事商贸活动，其乔居地区分布40多个国家和地区，主要集中在东南亚，被称为"中国的犹太人"，他们特别善于经营，富有创业精神，老乡认同感极强。潮汕不单指潮汕地区，有潮水的地方就有潮人，潮汕人爱行闯天下的个性使潮人遍及五湖四海，故有本土一个潮汕，海外一个潮汕，海内又一潮汕之说，本土潮汕始终是数千万潮人根的所在，梦的归宿，海内外难以计数的潮州会馆（同乡会）是联结这一血浓于水的亲情的驿站。

（三）吃苦耐劳客家人

客家人尊师重文，宗族观念强，其经商以吃苦耐劳著称。客家人分布于广东、江西、福建、台湾、广西、湖南、四川、海南、贵州等地。客家先民来自中原，为逃避战乱迁徙过来。客家人最重群体精神，无论走到哪里，都有会馆一类团体组织，用来保护客家人的安全和群体利益。

四、经营之道

粤商深受岭南文化的影响，远离政治中心，不受所谓"正统""权威"观念的束缚。粤商为了赚钱，天不怕，地不怕，擅打擦边球、有冒险精神是其最为突出的特性。他们永远敢做"吃螃蟹"的第一人，喜欢"头啖汤"。粤商以快制胜，出击迅速。粤商从不将自己的生产经营局限于某一固定的框架之中，注重灵活变通，"上得快，转得快，变得快"。粤商文化水平往往不高，自有资金不多，技术力量也不雄厚，但他们会"借"。一是借钱发挥；二是借才发挥。粤商文化信奉"开放包容不排外"，"不搞独食、有钱大家赚"。

近代粤商发扬了古代广东商人的冒险开拓、独立进取的商业精神，而在参与国际商业贸易的过程中，近代潮商又具有了某种开放的心态。在近代广东商人身上，我们看到传统文化与近代商业文化的某种有效的结合与融合。而正是这种文化的发展与融合，也许才是粤商继晋商、徽商衰落之后仍能发展，并进一步成长的原因。

第九节 福建商帮

一、福建商帮概况

福建商帮的兴起，一开始就与封建政府的官方朝贡贸易和禁海政策针锋相对。他们走私进行商业贸易，不能贸易时就进行抢劫，他们具有海盗和商人的双重性格。盗亦有道，"内外勾结"的贸易方式是福建海商最常见的经商方式，他们广泛联络沿海居民，建立了许多据点，利用据点收购出海货物，囤积国外走私商品，以利销售。他们不仅在海上营商，还有许多也是陆地商，水陆两栖，海上贸易也做，陆地贸易也做。明清福建商人，把国内与国外的贸易紧密地结合起来，努力经营，进行多种形式贸易，从而形成了中国封建社会晚期一个很有影响的地方商帮。

随着封建社会的消亡，福建商帮却在海外南洋、台湾等地开辟出新的商业场地。福建商帮中的许多商人，正是以自由商人的身份，大无畏地开拓海外市场，终于在福建帮这棵枯树上开出了新枝，使福建商帮的商业精神在海外华人和台湾的福建籍人身上得到延续。

闽商是在经济领域具有共同的思想、语言、行为，以福建、浙南、粤东潮汕地区和海外闽民系从事商业的人们。他们是中国十大商帮之一，亦是传统三大商帮中唯一一个延续至今的商帮，被誉为"华商第一族"，因"开放、拓展"的精神闻名。闽商社会价值观，明显表现出与内地的差异。闽人主体是从中原移民的后代，比如今北方更大程度上保留并发展了中华文明，宗族乡土观念很重。诚信为先且义利兼得是他们经商的基本理念。

二、闽商精神

闽商具有"爱拼敢赢"的性格。翻开历史的篇章，当我们探寻闽商足迹的时候，我们深深地感受到了一种"善观时变、顺势而为；敢冒风险、爱拼会赢；合群团结、豪爽义气；恋祖爱乡、回馈桑梓"的闽商精神。

三、闽商文化

福建是块美丽而不富饶的土地。正是因为不富饶而美丽，才形成了福建人的独特文化性格。中国历代政治中心都远离福建，历代的政治动荡都没能对福建产生直接的、快速的影响。这让福建人有点不鸣则已、一鸣惊人的精神。历史上与福建有关的历史事件与人物无不突显出这一特有的文化内涵。朱熹、林则徐、严复、萨镇冰、林觉民、林祥谦以及马江海战等，都证明了福建人的个性特征。所谓不富饶，是指人多地少、土地贫瘠。在这块贫瘠的土地上，福建人善于挖掘出最大的价值，来发挥其养育自己的作用。

地理位置决定了福建的政治地位与经济地位，乃至文化地位。这一切决定了闽文化的形成，也就是今天所谈的闽商文化。历史上，作为中国边缘省份，福建在中国的经济也因此被边缘化。福建人的历史只有靠福建人自己的勤劳来创造。但福建人没有放弃自己的努力，让自己成为自己的历史责任人。

为了解决自身的生存，他们自发地进行长时间的拼搏，以各种不同的形式来解决自己生存与发展的问题。福州人管着"三把刀"（剪刀、菜刀、剃头刀），莆田人做着首饰加工，泉州人做买卖。他们依靠自己的手工艺来维系生存。这些标志着福建农耕时代的商业意识在福建历史上保持着很强的生命力。即便是在动荡的年代里，这些手工业者也冒着种种危险，穿梭在福建各大城市中。

即便是中国经济最闭塞的年代，福建人还是敢于走出自己的家门，求得一线的生存机会。这个生命力极其旺盛的群体正是闽商的文化之本。农业经济地区自然产生的生存方式不自觉地为闽商奠定了文化基础。

福建人传统观念中非常有代表性的是敢于背井离乡。这来自传统文化中的自爱，福建人对自己的尊严视为生命，仿佛面子比什么都重要。在福建人的俗语中，有句话是具有代表性的："这个人连自己的面子都不要了，你还能跟他说些什么？没什么好说的。"这对闽商敢于选择自己命运、勇于拼搏起着重要的作用。

闽商观念的形成，离不开他们生活过的土地和人文，离不开整个中华文化。这是他们生存的精神土壤。这块土壤潜移默化地告诉这些生活在贫困中的孩子，生活的路只能靠自己走，要继承先人的性格，要学会坚信与坚强。

第八章 中国古今著名儒商

进入21世纪，中国社会从计划经济向市场经济转变，科技进步，经济繁荣，思想转变，观念更新。一大批现代儒商应运而生，他们依然传承古代经济伦理的价值观念，以仁义为本，守信用，讲道德，凭才干智慧和艰苦劳动获取财富。当今世界，越来越多的学者、领导人、企业家和商人认识到儒家道德理论所构建的儒商经济伦理，是净化人类思想灵魂的一剂良药。日本的商业巨子涩泽荣一在《孔子的管理之道》一书中说："如果要问这种财富最根本要靠什么的话，那应是仁义道德，否则所创造的财富就不能保持长久。我认为在这里，将以相背离的《论语》与算盘一致起来，这是我们今天最重要的奋斗目标。"日本丰田汽车公司的创业者丰田佐吉的座右铭是"天、地、人"，是从孟子的"天时不如地利，地利不如人和"名句中得到的启示。原新加坡总理李光耀以儒家思想治理新加坡，使新加坡经济繁荣，成为腾飞的亚洲四小龙之一。他说："从治理新加坡的经验，特别是1959年到1969年的那段艰辛日子，使我深深相信，要不是新加坡的大部分人民都受过儒家价值观的熏陶，我们是无法克服那些困难和挫折的。"

第一节 先秦时期的儒商

春秋战国时期，铁器和牛耕的普及便于农民深耕细作，大型水利工程的兴建也促进了农业生产的发展，如都江堰、郑国渠等。农业生产的不断发展，为社会提供了丰富的物质基础。"废井田，开阡陌"，土地私有制逐步确立，大量山林池泽逐步开放，生产范围逐渐扩大，也为手工业的发展提供了丰富的资源。至于战事的频繁也刺激了诸如兵器、造车等手工业及商业往来的发展，道路的开通为其提供了方便。都市兴起、平民解放等都为这一时期商业的第一次繁荣奠定基础。随着商业的发展，逐渐涌现出中国乃至世界的第一批大商人——范蠡、白圭等，并出现以计然为代表的大商业理论家，构成了这一时期商界的主体，其经营之道也必有值得探究之处，值得现代人学习、借鉴，从而针对企业自身问题得到相应启示。

一、儒商鼻祖——子贡

（一）子贡生平概述

端木赐（公元前520—公元前456年），字子贡，春秋末年卫国(今河南鹤壁市浚县)人，孔子的得意门生，孔门十哲之一，"受业身通"的弟子之一，孔子曾称其为"瑚琏之器"。他利口巧辞，善于雄辩，办事通达，曾任鲁、卫两国之相。他还善于经商之道，曾经商于曹、鲁两国之间，富致千金，为孔子弟子中首富。

（二）子贡的主要业绩

《史记·货殖列传》写道："子贡结驷连骑，束帛之币以聘享诸侯，所至，国君无不与之分庭抗礼。"可见其钱财之多，声望之高。《史记·仲尼弟子列传》云："子贡好废举，与时转货资，家累千金，卒终于齐。"《论衡》也云："白圭、子贡转货致富，与时转货，积累千金，人谓术善学明。"《论语·先进》云："赐不受命，而货殖焉，亿则屡中。"这都说明子贡学识深厚，聪明干练，他能看准商机，果断决策，抓住时机转运货物，赚到大钱。所以，孔子称他是大有用处的人才(瑚琏)，而其思想品德与人格也是纯洁而高尚的。正如他自己说的"贫而无谄，富而无骄"（《学而》），"博施于民而能济众"（《雍也》），"我不欲人之加诸我也，吾亦欲无加诸人"（《公冶长》）。他不仅这样说，而且也是这样做的。他做生意赚了大钱，乐善好施，常常慷慨解囊，济助别人。孔子后半生的费用开支，多得力于他的资助。他经商所获得的钱财，也多散发给急需接济的人。子贡这一商业道德与经商之道，给后世的商人树立了榜样。当代有些比较大的商行，在客厅中还挂着"端木遗风"的匾额，由此可见其影响之深远。

子贡出生于富商贵族，在孔门三千弟子中，他还是"身通六艺"的七十二贤人之一。与众多贤人相比，他之所以学而优则商，不仅因为他出生商业世家，对经商有先天优势，或许还因为他受孔子学说的影响，要在书生明"义"和商人求"利"这两种不同的价值观之间进行学以致用的实践，他想通过经商来打开学行合一的沟通渠道。

端木赐性格活泼，交往甚广，不安于现状，即便跟老师孔子周游列国，也没有停下经商活动。有一年冬天，当他获知吴国军队将远征北方作战时，便准备往吴国贩运丝棉。他知道，此时的北方正值冰天雪地，御寒丝棉是必备军需，他料定吴王夫差肯定会强征丝棉保证将士顺利远行，如此一来，吴国丝棉必会紧缺，丝棉价自然走高。及时掌握行情，善于把握商机，便有赚大钱的机会。端木赐迅速组织人马，到鲁国各地采购丝棉，然后安排快车运往吴国。果然不出所料，啼冷号寒的吴国百姓很快将丝棉抢购一空，端木赐大赚了一笔。

从孔子门下完成学业以后，子贡先是回到卫国当了几年官。不久，就辞官不做，重操旧业，成了影响更大的贸易商人。子贡所到之处，国君们也都与他行平等的礼节，说明子贡这一介儒商做到了何等显贵的地步。顶着孔门高徒的招牌，他在商业竞争中的软实力和无形资产,也是一般的商人无法比拟的。子贡的儒商美誉来自诚信。他虽做买卖,却不忘儒家学说;他家财万贯,却富而不骄、富而有仁。《吕氏春秋》记述了子贡自己出巨资赎回一批鲁国奴隶的善举,可谓千古流芳。他积极牢记孔子"己所不欲,勿施于人"的教诲,坚持以诚待人、诚信交易。

《论语》多处记载子贡与孔子探讨"信"的问题,他深知"信"乃立足之本,没有"信"一切就荡然无存,更遑论发财乎?是"言必信,行必果"使子贡立于不败之地,达到"亿则屡中""义利双赢"的最高经商境界。

《史记·仲尼弟子列传》说:"子贡益处,存鲁,乱齐,破吴,强晋,而霸越。子贡一使,使势相破,十年之中,五国各有变。"可以这么说,从他开创了中国的儒商这个特殊群体以来,还没有人能够在建功立业上,达到他这样登峰造极的程度。

(三)子贡的经商特点

子贡的经商之道处处体现儒家的风范:

1. 善于学习

在端木赐之前,商人早就存在若干年了,但如何经商,如何做个成功的商人,从来没有贤人做个总结。端木赐拜孔子为师,为以后如何经商打下了深厚的理论基础。孔子是儒家的鼻祖,精通"六术",他对经商是有自己的看法的,主张"君子爱财,取之有道""义以求利"。他说"因民之所利而利之""富与贵是人所欲也,不以其道得之,不处也""义然后取,人不厌其取"。端木赐遵循老师的教导,在儒士的明"义"和商人的求"利"这两种不同的价值观之间打开了沟通的渠道。

2. 善于沟通

子贡擅长语言表达与沟通,《史记·仲尼弟子列传》曾说:"子贡利口巧辩,孔子常黜其辩",连孔子也称"赐敏贤于我",可见他的语言表达能力之强。如此善辩,做买卖、搞宣传、打广告、讨价还价肯定没问题了。跑业务全靠一张嘴,酒香也怕巷子深,商品好再加口才好,宣传好,生意也才能做好。

3. 了解市场行情

端木赐跟着孔子周游列国时,注意了解各国货物的市场行情,为以后商业做大做强打下了深厚的基础。

4. 重情重义,讲究诚信

史书记载,子贡在终身侍奉孔子的学友子路过世以后,便承担起侍奉孔子的责任来。孔子弟子三千,而子贡有幸成为陪伴老师走完生命旅程的人。可见,他对孔子的真诚。特别令人感动的是,孔子过世三年之后,守灵的弟子们收拾行囊向子贡揖礼道别,而子贡则回到灵地,在孔子墓旁搭起茅屋,独居守灵达三年,才依依不舍地离开。孔子推崇三代之礼,即父母过世，守灵三年，而子贡守孝六年，不可谓不重情重义也。他这种重情重义的精神也贯彻到经商之中，坚持"义以求利""己所不欲，勿施于人"，讲求价格公道，诚信为先，展示了儒商的大家风范。

5. 经营有道

子贡擅长预测市场，囤积居奇，坚持人弃我取，贱买贵卖，低入高出的经营策略，加之他能精确地料定市场行情，善于掌握各地的货物差价，及时随着市场供需情况转手而谋取利润，以致富累千金，这就是子贡的"经营诀窍"。

（四）人物评价

子贡所独有的才能不但使他成为儒商鼻祖，更使他成为中国历史上的第一个"通人"，从而达到了亦官亦商，亦儒亦商的最高境界，可以说子贡是我国历史上最早的儒、官一体的儒商。《论语》中对其言行记录较多，《史记》对其评价颇高。子贡死于齐国，死后至唐开元二十七年（739年）追封其为"黎侯"；宋大中祥符二年（1009年）加封为"黎公"，明嘉靖九年改称"先贤端木子"。

历史上"为富不仁"的富贾屡见不鲜，但子贡不同，他坚守"为富当仁"，从不取不义之财，靠自己的勤奋与智慧富甲一方，并且讲究诚信、义利双赢，受人敬仰。

二、第一代儒商中的慈善商圣——范蠡

（一）范蠡生平

范蠡（公元前536—公元前448），字少伯，春秋末年楚国人，春秋末著名的政治家、军事家和实业家，后人尊称"商圣"。他曾辅佐越王勾践二十余年，"卧薪尝胆"灭吴兴越，勾践封范蠡为上将军。但范蠡知道越王勾践为人可共患难不能共富贵，于是功成身退，辞书一封，放弃高官厚禄，北上经商，一去不复返。

范蠡浮海来到齐国，更名改姓为鸱夷子皮，苦身戮力，耕于海畔，父子治产，没有几年就积产数十万。他仗义疏财，施善乡梓，齐国人仰慕他的贤能，请他做宰相。范蠡感叹道："居家则至千金，居官则至卿相，此布衣之极也。久受尊名，不祥。"于是就归还宰相印，散尽其财，分给朋友和乡邻，带着重宝，闲行而去。

行至于陶，范蠡以其智能，观察此地为贸易的要道，经营贸易可以致富。于是，他自称陶朱公，留在此地，从父子耕畜开始，根据时机做物品贸易，取薄利。时间不长，就累积巨万。后来，范蠡次子因杀人而被囚禁在楚国。范蠡说："杀人偿命，该是如此，但我的儿子不该死于大庭广众之下。"于是欲派少子前去探视，并带上一牛车的黄金。可是长子坚持要替少子去，并以自杀相威胁。范蠡只好同意。过了一段时间，长子带着次子死讯回家。家人都感到悲哀，唯有范蠡独笑说："我早知道次子会被杀，不是长子不爱弟弟，是有所不

能忍也！他从小与我在一起，知道为生艰难，不忍舍弃钱财。而少子生在家道富裕之时，不知财富来之不易，很易弃财。我先前决定派少子去，因他能舍弃钱财，而长子不能。次子被杀是情理中的事，无足悲哀。"《史记》中载"累十九年三致金，财聚巨万"。讲的就是范蠡对财富三聚三散的传奇故事。

范蠡具有很多经商理论，致富后，肯于帮助别人，声名远播，堪称"中华自古商之祖"。他的行为使他获得"富而行其德"的美名，成为几千年来我国商业的楷模。范蠡最后老死在陶地，享年88岁。范蠡死后，族人将他葬于陶山主峰西麓（今山东省肥城市湖屯镇幽栖寺村），后世很多人来此凭吊他，缅怀他的业绩及人品，汲取他的思想和智慧。

（二）范蠡业绩

在越国，范蠡在勾践一人之下，百官之上。此时范蠡并没有因此被冲昏头脑，而是冷静地分析了局势：能对越国构成威胁的吴国已经灭亡，其他诸侯国根本对越国构不成威胁，天下已经太平，功高盖主就很危险了。范蠡在政治生涯达到顶峰的时候急流勇退，向勾践辞官，携妻儿悄然离去。

范蠡逃到有山有海、有林有田的齐国海畔，隐姓埋名，购买了一些土地，还亲自饲养贩卖五畜。等有了一定的积蓄之后，就利用天时、地利之便雇人开盐田，搞渔业捕捞，还兼营杂粮等生意。范蠡开始经营核桃、木耳、山珍野味、肉类皮毛、粮食药材等土特产，范蠡对收购来的山货开始分门别类进行放置，每种货物还分有等次。根据各地商贾的需求，他先将各类上等货用牲口运往各个要货的地点进行出售，收款后，他再购买食盐、葛麻布衣等各类日用杂货运回到镇上。这样，他不仅解决了当地人日用品缺乏的问题，自己也赚到了钱。同时范蠡还善于捕捉市场信息，他经常跟雇工及当地的百姓、镇上的商贾在一起高谈养畜经，阔论市场行情。他以这样的行事风格，在齐地种养经商，勤勤恳恳，在与家人的齐心合力之下，很快就积累了高达数十万的财产。

齐王听说范蠡擅长搞经济，又仗义疏财，施善乡梓，是个贤能之人，便力邀范蠡进宫，请他进都临淄做主持政务的相国，范蠡欣然答应。在任相国期间，他大力发展经济，不仅促进了齐国与其他诸侯国之间的贸易往来，冲抵灾年对齐国物资短缺的困扰，也奠定了齐国经济与文化繁荣的基础。当相同三年后，齐国民富国强之时，范蠡向齐王归还了相印，决定散尽家财再次远走他乡。他说："官高招怨，财多招忌，这都是惹祸的根苗。人贫我富，人无我有，如果只取不施，为富不仁，钱财再多也无益，还不如趁早放弃！"他把财产分散给知交和那些贫苦的老乡，携家带贵重财宝再一次抽身离去。

范蠡举家风餐露宿，辗转来到齐国西南接近宋、卫的曹国的陶邑安顿下来。初到陶邑，范蠡自觉逍遥自在，便给自己再次改姓更名为朱公。没过多久，不甘清闲的他又开始考虑治业大计。在陶邑，他重新创立家业。由于当时本钱不多，他的生意并不大，就像刚到齐地那样，平日里只做一些当地的粮盐买卖。由于陶邑四通八达，是商贾往来的必经之地，范蠡依靠自己的经营理念，没过多久，他又在陶邑发家致富了。后来，范蠡又散尽家财，周济那些贫困的同乡老友，他说："在我看来，经商只不过是生活中的一种乐趣。钱财是身外之物，贪得无厌往往会适得其反。懂得用钱才能得到钱，这也是生财之道！"

（三）范蠡经商过程中的儒家思想

商圣范蠡在经商过程中充分运用了儒家的思想，这也可以从他的经济思想中看出。他能预测市场行情，窥其先机，这一点在范蠡的商人生涯中是相当重要的，主要体现在他对谷物价格的把握上。范蠡认为，生产经营要讲求节令，劝农桑，务积谷，所以谷物收成的好坏要依规可循，农业的丰歉自然也会直接影响到谷物价格的涨跌。同时，在农业社会，谷物价格的波动必然引起其他各类商品的价格波动，因此，掌握了谷物价格的规律也等于掌握了天下商品价格变化的规律，顺应这种变化规律来进行贸易，自然是有章可循，制敌先机，获取巨利。

范蠡对商品在市场上价格上扬或下跌的趋势也有着精到的见地。他在《计然》一文中说："积著之理，务完物，无息币。以物相贸易，腐败而食之货勿留，无敢居贵。论其有余不足，则知贵贱，贵上极则反贱，贱下极则反贵。贵出如粪土，贱取如珠玉，财币欲其行如流水。"范蠡真可谓当之无愧的"商圣"。

此外，范蠡每次搬迁选择的地方都眼光独到。齐物产丰富，范蠡根据儒家齐家的教条率家人勤恳耕作，励精治业，不久就积累了数十万家产，其贤能盛名也逐渐传遍了齐国。陶交通便利，居于"天下之中"（陶地东邻齐、鲁；西接秦、郑；北通晋、燕；南连楚、越），是最佳经商之地，操其师计然之术（根据时节、气候、民情、风俗等，人弃我取、人取我予，顺其自然、待机而动）以治产，没出几年，经商积资又成巨富，当地民众皆尊陶朱公为财神。

在人和方面，范蠡经商"依于仁"，以忠信为本，从不负人，富而好德。主要表现为以下三点：一是很好地处理了义利关系，在经营中薄利多销，价格定得合宜，做到了"义然后取"。二是"能择人而任时"，也就是善于处理雇主和雇员之间的关系，充分信任雇员，保证他们应得的利益。三是助人为乐，他在离开齐国前"尽散其财，以分与知友乡党"；在陶地"三致千金"以后，再"分散与贫交疏昆弟，此所谓富而好行其德也"。仗义疏财、周济贫困历来是儒家所推崇的仁德之举，范蠡身体力行。他还毫无保留地把经商的秘诀传授给猗顿，使猗顿发家致富，这也是儒家"己欲立而立人，己欲达而达人"的表现。

（四）人物评价

范蠡"十九年中，三致千金"，他把钱又分给贫穷人和远房兄弟，受到人们的高度赞扬。范蠡富有，凭借的是自己的勤奋和智慧，不搞官商勾结，没有假冒伪劣，他又能够慷慨地回报社会，是中国有记载的最早的慈善家。司马迁深为范蠡这种超然物外的境界所折服，称赞其经商思想中最可贵的是"富好行其德"。世人誉之"忠以为国，智以保身，商以致富，成名天下"。

范蠡商业经营的最主要目标是"人取我予"，即满足人们生活与生产的需求，这种需求不仅是多方面、多层次的，而且与时令、季节的关系也很密切。他能把握时机，能提供市场最需要的东西，当然就会立于不败之地。

范蠡经商不仅善于抓住时机，并且不追求暴利。《史记》记载，范蠡"候时转物，逐什一之利"。这是非常人性化的主张，符合中国传统思想中经商求"诚信"、求"义"的原则，而且薄利多销，不求暴利，细水长流，日积月累，必成大富，这是范蠡成功的秘诀之一。

在商业经营中，他又使用其师计然"论其有余不足，则知贵贱"的市场预测理论来预测市场供需的变化，得以"候时转物"而"致赀累巨万"。在地利方面，范蠡最初在齐国经商，后来离开齐国到陶地。除了政治上的原因以外，很重要的一点就是他觉得齐国偏远，交易有所不便；而贸易的首要条件，就是交通便利。这就是他迁徙陶地发了大财的原因。范蠡充分利用齐地的资源和环境，带领全家人艰苦奋斗。他从越国的上将军变成普通劳动者，在官为本的时代，多少人仰慕高官厚禄，而范蠡坦然改变身份，埋头苦干，劳动致富，对传统观念做出了大胆的挑战，仅此一点对后人的启迪是极其深刻的。

在《陶朱公理财十二则》中，一些内容对解决现代企业存在的问题仍然有很大的价值。

第一，能知机，售贮随时，可称名哲。宜兴之陶业，相传为范蠡所创，蜀山之西有地名蠡墅者，即为范蠡别墅之故址。范蠡看到宜兴鼎蜀山区附近的泥土黏力强，耐火烧，宜做陶器，便发动当地群众从事生产。从这里可以看出，宜兴可制陶不是范蠡到那里时才有的，也许有很多人都知道宜兴的泥土可制陶，但只有他意识到了这里的商机。他用商人的头脑，看到了财源，并以实际行动把有利的条件转变为现实。所以，能够把握机会，抢占先机是商界人士的首要必备的内在素质，在激烈的商品竞争中，商人能时刻把握商机便是时刻把握住金钱。

第二，能敏捷行动，避免犹豫不决。范蠡能够及时且果断地确定自己的想法，并且正确地进行决策。范蠡经商之地的选择是对其最好的诠释。抛开范蠡是否为了躲避勾践这个政治因素不说，单从经济学角度来分析，地理位置、交通及资源的分布对企业发展、对商业企业的经营至关重要。从定陶的地理位置来说，定陶地处东西南北交通中枢和济水、洛水的交汇点，水上交通十分便利。东可入海，西可逆流而上，南可达宋，北可入晋、卫，位置优越，货物的运转十分便利；从定陶的政治、经济地位上说，定陶是曹国的都会，是一方的政治经济中心。可以看出，根据商业经营的内容，选择那些资源丰富、交通便利、人流集中的地方经商，是商界人士必须考虑的外界因素。

第三，能接纳，礼文相待，交关者众。能爱人，回报社会，德行在首。在经营过程中，待人接物以礼，交往人数众多，从而可以为自己商业的发展避免不必要的麻烦，并得到支持。范蠡既作为儒商，儒家核心"仁德"的思想便是其道德标准。这不仅体现于待人接物温文尔雅，更多地体现在他的"富好行其德"，这也是他作为商界成功人士的魅力所在。从古至今，商人尤其是富商在人们的印象中总容易与"为富不仁""唯利是图"相联系。但范蠡作为中国商人的鼻祖，却做到了富而有德。经济利益不是他追求的唯一目标，行德济众才体现了他的人生意义。他三致千金，一再分散与贫交昆弟的做法，在别人眼里似乎不可思议，但这正是他成功的重要因素。在他看来，富是仁德的物质基础，仁德是富的精神寄托。商业交易不仅是物质的流通，更是人性的体现。他散去的是金钱，收获的是众人对他个人与事业的支持，这才是智慧的做法。

三、治生之祖——白圭

（一）白圭生平

白圭（公元前370—公元前300年），名丹，战国时期洛阳著名商人。梁（魏）惠王时在魏国为相，其间施展治水才能，解除了魏都城大梁的黄河水患，后因魏政治腐败，游历了中山国和齐国后，弃政从商，成为一名著名的经济谋略家和理财家，有"治生之祖"（经商致富之祖）之美誉。

《史记·货殖列传》写道："白圭乐观时变，故人弃我取，人取我予。夫岁熟取谷，予之丝漆；茧出取帛絮，予之食。……能薄饮食，忍嗜欲，节衣服，与用事僮仆同苦乐，趋时若猛兽挚鸟之发。故曰：吾治生产，犹伊尹、吕尚之谋，孙吴用兵，商鞅行法是也。是故，其智不足与权变，勇不足以决断，仁不能以取予，强不能有所守，虽欲学吾术，终不告之矣。"可见，白圭是一个很有头脑的精明商人。他用"人弃我取，人取我予"的办法，遇到丰收年景，大量收买谷物，销售丝漆；遇到荒年饥岁，售出粮食，收购帛絮，尽管赚了大钱，也不奢侈淫乐，仍节约衣食，与佣人同苦乐，过着简朴的生活。白圭能随着商业市场不断发展变化的情势，如同猛兽疾跑，挚鸟迅飞一样，及时地抓住时机经营。他认为自己经商如同政治家用谋、军事家用兵和改革家变法一样，灵活善变，妙不可测。

（二）白圭的主要业绩

《汉书》中说白圭是经营贸易发展生产的理论鼻祖，是先秦时商业经营思想家，同时他也是一位著名的经济谋略家和理财家。其师傅为鬼谷子，相传鬼谷子得一"金书"，鬼谷子将里面的致富之计（"将欲取之必先予之"，"世无可抵则深隐以待时"）传于白圭。商场如战场，只有随机应变，巧用计谋，方可立于不败之地。

在今天激烈的商战中，商界仍以司马迁的《史记·货殖列传》为经典，奉"治生之祖"白圭为高人。

洛阳原是周朝建立的一个军事和政治重镇，周公征服殷人后，为防止亡殷贵族策动遗民重起反叛，便把他们以"顽民"称号统一安置在洛阳，以便加强监督管理。这些所谓的"顽民"不能参与政治活动，因而多数去经商。到了战国时期，经商已经成为洛阳人的重要职业。洛商层出不穷，队伍非常庞大，他们扎堆地做珠宝生意——这是当时最赚钱的行当。白圭没有跟风去做当时最能赚钱的珠宝生意，而是另辟蹊径，从事农副产品的大宗贸易，包括农产品、农村手工业原料和产品等。他的这个经营策略，主要是从李悝的"变法改革"中得到启示：农业生产迅速发展，农副产品的经营将会成为利润丰厚的行业。白圭认为，"欲长钱，取下谷"。"下谷"等生活必需品，虽然利润较低，但是消费弹性小，成交量大，以多取胜，一样可以获取大利。

白圭也曾苦心研究过陶朱公和计然之策，总结出一套适应时节变化的经营办法，即人弃我取，人取我予。言外之意是，当别人不太需要某种货物时，这种货物的价格一定会十分低廉，这是买进的时机；当人们急需某种货物时，其价格一定会上涨，这时就应该卖出。在收获季节或遇到粮食丰收，农民就会大量出售谷物，这时便可大量收购，然后将丝绸、漆器等生活必需品卖给这些比较宽裕的农民；在年景不好或青黄不接时，可以适时出售粮食，同时购进滞销的手工业原料和产品。为更准确地把握市场行情和变化规律，白圭经常深入市场，了解具体情况，所以，他对城乡谷价了如指掌。而实际上，他经商总会从大处着眼，通观全局，予人实惠。

白圭不同于那些囤积居奇、在荒年以储存的粮食牟取暴利的商人。他反对在粮食紧缺时蓄意哄抬物价。他认为"薄利多销，积累长远"才是商人经营的基本原则，那些只注重眼前利益的商人肯定赚不了大钱。比如说，当某些商品积压滞销时，一些奸商会坐待价格贬得更低时才大量购进，而白圭则用比别家高的价格来收购；等市场粮食匮乏时，奸商们又囤积居奇，白圭就以比别家低廉的价格及时销售，以此来满足百姓的需求。

白圭的这种经营方法，既保证了自己取得经营的主动权，获得丰厚的利润，又在客观上调节了商品的供求和价格，在一定程度上保护了农民、个体手工业者以及一般消费者的利益。白圭为民着想，诚信经营，很快就积累了大量财富，一举成名。

（三）白圭的经营之道

白圭经商不盲目跟风，不人云亦云，他对市场信息极为重视，反应也极快，一旦出现机遇，就像凶猛的鹰扑向猎物一般果断，毫不犹豫地行动起来，绝不错过任何一次良机。同时，他克勤克俭，身体力行，与雇工同甘共苦，精心创业，是一个自制力极强的人，他绝不会赚了钱就去挥霍浪费。白圭还强调商人要有丰富的知识，同时具备"智""勇""仁""强"等素质，这四个字高度概括了他经营的要诀。所谓"智"，就是要有很高的智商，善于权变；所谓"勇"，就是要有过人的胆识，勇于决断；所谓"仁"，就是要有仁德之心，在经营中要讲信义；所谓"强"，就是要有坚韧不拔的毅力与信心，不达目的决不罢休。要求商人既要有姜子牙的谋略，又要有孙子用兵的韬略，更要有商鞅那一套严厉的团队管理制度，否则，经商很难有大成就，就是靠这些经商理论，白圭成为后世商人效法和借鉴的榜样。商人不仅把他奉为祖师爷，宋真宗还封了他"商圣"的称号。

白圭的经商之道主要包括以下几个方面：

①预测市场行情。白圭商业思想的中心内容是"乐观时变"，即预测市场行情变化并据以进行理财决策。他提出了"人弃我取，人取我予"的经营决策思想。这就是"贵上极则反贱"的道理。

②决策必须加以贯彻，不可迟疑观望，坐失良机。《史记·货殖列传》说白圭"趁时若

猛兽鸷鸟之发",极为生动地描述了他经商决策中雷厉风行的精神。

③要善于用人。他提出了选人的四项要求——智、勇、仁、强。管理者与被管理者共事要"能薄饮食,忍嗜欲,节衣服,与用事同苦乐",用"同甘共苦"引起内心的"激发动机"。

④处理好财务关系。仁就是"能以取予",利润是从交易对手和帮助经商者身上赚来的,这是"取"。但是要"予"以其利益,买卖双方关系改善了,自身的利益才更容易实现。

⑤要薄利多销。白圭追求大利,但他认为大利不一定要靠经营昂贵商品或靠在交易中卖高价来实现。昂贵的商品非一般人购买力所能及,销量有限;低廉的商品反而是大众必需品,需求量大,照样有利可图。因此,白圭在理财实践中提出"欲长钱,取下谷"的观点。

(四)人物评价

白圭的商业经营思想,对后世产生了极大的影响。一直到明清,徽商还保留了许多两千年前白圭的遗风。司马迁高度评价白圭说:"天下言治生祖白圭。"被商人奉为行业祖师爷。"人弃我取"和"知进知守"的商业思想对现代人经营管理也有指导意义,以至于在现代,"白圭"仍然是财富的代名词。

第二节　古代中后期的儒商

唐代是中国古代商业发展的黄金时期,而宋代则是继承并发展商业的顶峰时期。在这个阶段,城乡经济和商品流通十分活跃,加之宋朝是中国古代唯一一个长期不"抑商"的王朝,经商风气空前盛行,商业活动深入社会各阶层。在此基础上,商人阶层的规模不断壮大,经营思想和方法也呈现出一系列的新特点。

一、"窦家店"的建立者——窦乂

窦乂,是唐朝著名商人,十三岁开始经商,白手起家,不到三十岁便成为一方巨富。他生财有道,名下商铺上千间,每间商铺价值上百万文银,分布于长安城的繁华闹市,人称"窦家店"。能取得如此成就,其经营之道可归纳为如下三点:

第一,先谋后事,稳健发展。纵观窦乂行事,无不经过深思熟虑。就拿种植榆树来讲,窦乂初涉商海,非常小心谨慎,充分利用一切可以利用的资源,来降低自己投资的成本与风险:空地是伯父免费提供的,种子是树上掉下来的榆钱;耕种、灌溉、砍伐,事事亲力亲为。由于榆钱长成木材,需要经过好几年的培植和投资,为了保证自己在榆树成材前的生活所需,窦乂先砍下榆树条子,贱价出售,出售所得钱财也解决了其资金周转问题。五年之后,树苗长大成材,可供盖房子用的榆材就有千余棵,可以造车用的木料则不计其数。一个十几岁的少年,凭着成人尚难拥有的毅力与智慧完成了资本的原始积累,生活富足有余。

第二，熟悉环境，善察商机。他知道长安盛夏多雨，用于燃料的干柴短缺，便采购原材料和设备，雇人制作了法烛。由于柴薪价格暴涨且严重缺货，法烛销售一空。由此成功地完成了从个体户到实业家的转型，赚得盆满钵溢。他能一眼看出长安西南角小海池那处卑污之地所处的得天独厚的地理位置，发掘其潜在价值，在那里开发建商铺，充分体现了"人弃我取"的精神。他也能把握朝廷中一些大人物的喜好，投其所需，为自己的事业打造了坚实的背景。对市场和商机的敏感度，也是窦乂成功的关键。

第三，其他经营之道。一是品牌广告，吸引顾客。品牌作为经营活动的魅力点，唐宋商人对此已具有较成熟的理念和成功的实践，表现为商标的出现和使用。北宋时期济南刘家功夫针商标，中心画一只白兔抱着一根针，两边以文字提醒顾客"认门前白兔为记"。由于当时人们已有"多趋有名之家"的购物心理和风尚，商人就将打造商铺名号作为提高品牌知名度的重要手段。许多商铺的名号往往取得吉祥、响亮且富有文学色彩。如"清风楼"可能出于苏轼的名句"清风徐来"，表示该店环境幽雅；"状元楼"是专门接待进京举子的。此时期的广告宣传的形式已注意对店铺经营范围和经营特点的介绍。如《清明上河图》中描绘的"赵太丞家"医药铺，除了门首所悬挂"赵太丞家"的医药铺字号横牌外，尚有四块竖牌，分别写有"治酒所伤良方集香丸""五劳七伤回春丸""赵太丞统理妇儿科"等字样，使人们对该医药铺的特点一目了然。具体的广告形式多种多样，如牌匾、灯笼、旗帜、彩欢门、传单等。除此之外，商人也非常注重门面包装，这有助于吸引顾客，促销商品。如临安城的许多酒肆，"店门首彩画欢门，设红绿杈子，绯绿帘幕，贴金红纱栀子灯，装饰厅院廊庑，花木森茂，酒座潇洒"，给人以富丽气派之感，适合于客人饮酒作乐。茶肆的装饰则注重清新雅致之感，"插四时花，挂名人画"。

二、明清时期的儒商

中国社会发展到明清时代，社会生产力已经有了较高的发展，农业和手工业已十分发达，商品流通范围日益扩大，商品经济进一步发展和商品流通的日益扩大，商人资本变得日益活跃起来，诸多的商人集团——徽商、晋商、陕商、闽商、粤商、浙西龙游商等商帮逐渐凸显，其中又以徽商最具代表性、最为著名。戢斗勇先生曾指出，徽商所以能在激烈的商业竞争中独占鳌头，是跟他们在商业活动中自觉地、严格地遵守中国传统文化尤其是儒家的思想道德分不开的。我们都知道，公平守信、诚实不欺等是儒家的传统思想，许多徽商就把它变成了自己的道德伦理与经营原则。据出身新安巨贾家庭的徽商代表汪道昆所撰《太函集》记载，大盐商吴时英某"章计"，曾借用吴的名义向别人借了 16 000 缗钱，到期后无力偿还。事发后，吴时英自己还了这笔债务。有人不解，对吴时英说："他的债他还，你何必这样呢？"吴解释说，"借给他债的人在不认识这人的情况下，就借钱给他，无非是信任我的名号。我手下人借用我的名号干这种事，归根结底我也有过失，背离德行是不行的，也是不吉祥的。"由于中国传统文化的熏陶，徽商普遍看不上那些腰缠万贯而又唯利是图的人。他们尊奉"见利思义""以义制利"的信条。《太函集》还记述了一位"长公"，他既不囤积居奇，也不在谷价踊贵时投机获利。这种做法，实际上也使得徽商广揽了声誉，提高了社会地位，推动了商业经营。

中国古代商人的商业道德：第一，强调诚实守信，市不豫贾，买卖公平，童叟无欺，严禁以假充真，以劣充优；第二，肯定勤俭经营，开源节流，精通商术，知人善任；第三，倡导和气生财，以礼相待，敦睦亲邻，疏财济世。晋商票号业曾经风行天下，它的理念都是儒家理念。乔家大院的主人乔守庸是儒家理念的践行者。他用《朱子治家格言》等书来教育子弟。一些老字号，如北京的"同仁堂"，长期以来善于吸取中国传统文化的优秀遗产。"同仁堂"创建于1669年，即康熙八年，它在长达300多年的历史中长盛不衰，日益兴盛，很重要的一点就是坚持继承发扬中华民族的传统美德。创始人乐显扬曾说："可以济世，可以养生者，唯医药为最。"他以济世养生为办企业宗旨，对顾客一视同仁，童叟无欺。对待店内职员，也一视同仁，以诚以礼相待。直到现在，"同仁堂"老职工还记得两句话："修合无人见，存心有天知。"就是说，制药谁也看不见，但是我们要以良心对待制药工作。"同仁堂"还有一个规矩，就是不许说"不"字，要什么药，店里没有，请顾客写下来，他们去帮助买，对顾客总是有求必应。先前，"同仁堂"还热衷办粥厂、办义学、施义财、办水会等公益事业。积德行善，济世养生，才使得"同仁堂"取得了企业的长远经济效益和社会效益。

（一）状元实业家——张謇

1. 人物简介

张謇（1853—1926年），字季直，号啬庵，汉族，祖籍江苏常熟人。生于江苏省海门市长乐镇（今海门市常乐镇），张謇兄弟五人，他排行第四，后被称"四先生"。张謇是清末状元，中国近代实业家、政治家、教育家，主张"实业救国"。他是中国棉纺织领域早期的开拓者，上海海洋大学创始人。

张謇创办中国第一所纺织专业学校，开中国纺织高等教育之先河；首次建立棉纺织原料供应基地，进行棉花改良和推广种植工作；以家乡为基地，努力进行发展近代纺织工业的实践，为中国民族纺织业的发展壮大做出了重要贡献。他一生创办了

张謇照片

20多个企业，370多所学校，为中国近代民族工业的兴起、教育事业的发展做出了宝贵贡献，被称为"状元实业家"。

张謇幼年从海门邱大璋先生读书，但是张家是所谓"冷籍"。"冷籍不得入试"。为了取得应试资格，张謇15岁时由他的一位老师宋琛安排，结识了如皋县（今为如皋市）的张家，同意张謇冒充自家的子嗣报名获得学籍，并冒用丰利大户张铨的儿子张育才的名义报名注籍，经县、州、院三试胜出，得隶名如皋县学为生员，第二年在如皋考中秀才。然后张謇每两年就去江宁参加一次乡试，先后5次都未得中。但是从此如皋县张家开始用冒名一事来要挟张謇，连续索要钱物，最后索性将张謇告上了公堂，说"张育才忤逆不孝"，将他软

禁在学宫居仁斋里，要革去他的秀才，还要下狱问罪。这场诉讼延续数年，令张謇十分狼狈，家道也因此困顿。

1874年，张謇前往南京投奔孙云锦。后来与袁世凯两人构成吴长庆的文武两大幕僚，参与了庆军机要、重要决策和军事行动。张謇为吴长庆起草《条陈朝鲜事宜疏》，并撰写《壬午事略》《善后六策》等政论文章，主张强硬政策，受到赏识。翁同龢、李鸿章和张之洞争相礼聘，但张謇一概婉拒，回到通州故里攻读应试。1885年，张謇终于在乡试中考中了第二名举人。1894年，张謇第五次进京应试，中了一等第十一名，在翁同龢的帮助下，张謇得中一甲第一名状元，授以六品的翰林院修撰官职。

1898年张謇目睹了翁同龢被罢官的遭遇，借故请假南归，开始了实业救国的征程。同年，大生纱厂正式在通州城西的唐家闸陶朱坝破土动工，次年大生纱厂建成投产。到1899年开车试生产时，运营资金仅有数万两，没有资金购买棉花等原料。张謇情急之下以每月1.2分的高利向钱庄借贷，向股东告急，无人响应，而打算将厂房出租却又遭到恶意杀价。最后作为张謇多年挚友和忠实助手的沈敬夫提议破釜沉舟，全面投产，用棉纱的收入来购买棉花，维持运转。幸而随后几个月里，棉纱的行情看好，纱厂的资金不断扩展，使工厂得以正常生产还略有结余，大生纱厂终于生存了下来。

1901年起在两江总督刘坤一的支持下，张謇组织人在吕泗、海门交界处围垦沿海荒滩，建成了纱厂的原棉基地——拥有10多万亩耕地的通海垦牧公司。随着资本的不断积累，张謇又在唐闸创办了广生油厂、复新面粉厂、资生冶厂等，逐渐形成唐闸镇工业区。同时，为了便于器材、机器和货物的运输，在唐闸西面沿江兴建了港口——天生港，又在天生港兴建了发电厂，在城镇之间、镇镇之间修通了公路，使天生港逐步成为当时南通的主要长江港口。

张謇除在通海、盐阜等地区围垦大片土地、开办盐垦公司外，在东台县（今为东台市）境曾和他的哥哥张詧（号退庵）共同办过大赉（民国6年设于角斜）、大丰（民国7年设于西团）、通遂（民国8年设于沈灶）、中孚（又称通济，民国8年设于潘家）等5所公司。这些公司投资多的超过百万元，少的数十万元，垦地数十万亩，废灶兴垦，发展棉植，解决了办纱厂所需要的原料。

发展民族工业需要科学技术，这又促使张謇去努力兴办学堂，并首先致力于师范教育。1902年7月9日通州师范择定南通城东南千佛寺为校址开工建设，翌年正式开学，这是我国第一所师范学校。大生纱厂经过数年的惨淡经营，逐渐壮大，到1911年，大生纱厂已经获利约370余万两。1904年，张謇创办了南通大达轮步（步即局），先开辟了外江航线，以后又组成了大达轮船公司，在苏北内河开辟航线。1904年，清政府授予他三品官衔。1909年被推为江苏咨议局议长。1910年，发起国会请愿活动。1911年任中央教育会长，江苏议会临时议长，江苏两淮盐总理。1912年起草退位诏书。在南京政府成立后，任实业总长，1912年任北洋政府农商总长兼全国水利总长，1914年兼任全国水利局总裁。后因目睹列强入侵，国事日非，毅然弃官，走上实业教育救国之路，他曾是立宪派主要生力军。1914年，张謇以他的俸金，在台城南门口河南创办了泰属贫民工场一所，雇工进行毛巾、藤器等商品的生产。民国八年张謇还将上海人招股筹建的东台荣泰电气公司承购下来，改名为东明电气公司，并增加股金，添置机件，于当年秋开始发电，解决了大街与一些用户照明的困难。

张謇所处的时代是清末民初，缺乏有利的融资环境和渠道，国家的经济政策仍未走出小农时代的框架，商业活动处处受到牵制。大生驻沪事务所几乎成了整个大生系统的神经中枢、金融调剂中心。大生鼎盛之时，上海等地的银行、钱庄争相给大生上海事务所提供贷款。由于借贷便利，大生进入了快速扩张期。到1921年，大生对外负债已经400万两，危机开始出现。持续走红的市场突然走黑，棉贵纱贱。1922年成为大生由盛转衰的转折点。1924年，大生因债台高筑，无可挽回地走向衰落。

张謇常常以企业家之力，办社会化之事，严重拖累了大生。1926年8月24日，张謇在南通病逝。出殡之日，南通万人空巷，近乎全城民众都赶来为张謇送行。

2. 张謇的经营理念

企业的商品只能通过顾客或用户的购买行为才能实现其价值，但顾客或用户都是独立的利益主体，对商品有选购的自由。这样，企业的生产经营就要确立顾客就是目的而不是手段的观念。在这方面，张謇主张要从产品的品牌质量和设计入手。

（1）以质取胜

为了与质优价廉的洋纱洋布竞争，保证产品质量、创立企业品牌对于大生纱厂尤为重要。张謇首先注重原料质量，要求保障原料来源。原料的好坏直接影响着产品质量的优劣，所谓"熟货之良楛，视乎生货之优劣"。为了确保大生纱厂的优质棉花来源，张謇创办了通海垦牧公司，每年为其提供质优价廉的原料。

其次是规章建制，严格按制度办事。张謇亲自制定了《厂约》，并动手修改了《厂章》。前者六条，规定各级管理机构和人员的职责及奖励办法；后者二十类一百九十四条，规定工人的职责及奖惩事项，并坚决执行。严格的规章制度不仅增强了企业的竞争能力，降低了生产成本，而且提高了产品的质量。大生初期生产的棉纱"纱色光洁调匀，冠于苏沪锡浙鄂十五厂"，创立了以"魁星"为商标的名牌棉纱，魁星纱当时在土布织户中享有盛誉，曾一度出现纱未产出即已被用户定购一空的良好势头。

最后，引进先进设备和技术，聘请外国技术人员，创办职工培训学校，提高产品质量。

除了注重质量之外，大生纱厂在产品的设计上十分注重迎合顾客的需求。张謇根据通海地区的市场特点，制定了适销的产品结构，通过调查他了解到通海农村家庭手织户普遍采用10支、12支粗支纱作为原料来织制土布，14支、16支纱用量很少，16支以上的中细支纱则基本不用。因为12支纱线条长，出布多，而且好织，深受用户欢迎，故而选定10支、12支粗支纱作为大生纱厂的主打产品，其中尤以12支纱为大宗。这样一来，大生纱厂的棉纱产品往往是供不应求。

（2）诚信为本

诚信是企业经营最基本的道德原则，其实质是企业对顾客、用户和履行市场契约的责任心，也是企业之间建立信任、实现交往的基本保证。诚信是企业的一种无形资产，中国商界自古以来就有"以诚立业，以信取人"的传统，"诚招天下客，誉从信中来"，也是被许多企业写在门上、贴在墙上的条幅。诚信之所以是企业经营伦理的核心，就在于它是以等价交换为基本规律的市场经济得以运行的基本条件，诚信对于市场经济这只大船，是载舟之水，须臾不可或缺。企业的诚信品质体现在企业与消费者、企业与合作者、企业与社会的关系中。

张謇自幼接受儒家伦理教育，对诚信笃信不移并推崇备至、躬身笃行。张謇认为，所谓"重义"即是讲诚信、重信用。他说，一个人如果"示人以信用"，人们就会信任他，跟随他，事业也可以成功。他认为："重利轻义，每多不法行为，不知苟得之财，纵能逃法律上之惩罚，断不能免道德上之制裁。""与其贪诈虚伪地成功，不如光明磊落地失败。"他强调"诚敬"为"立身处世之道"，提出"修身之道固多端也，即就不说谎不骗人做去亦可矣"，多次表示个人的进退"自当权之义理"，说自己平生"不为浮浪轻薄之言"，"一生止是不说谎，不蹈空"，"与人坦怀而处，审己而行"，"坦怀相与，不事机诈"。

在实业经营中，张謇注重诚实经营，十分注意维护企业的信用。一则忠实、守信是融资、资本集结的要津。"社会人心理上之旧习惯，固结难破，然苟示人以信用，使人乐从，即绝无资本之人，总可吸取人之资本。信用者，即忠信笃敬之意。我本一穷人，廿年前我之信用，不过一二千元；更前言之，不过百元而已。现余各实业机关之资本，几二千万元，然非一时可以致之，盖有效果使人信从。非然者，徒自苦而已。盖天下事不信则民勿从。故余对于农学生，时时以忠信笃敬为训。"二则忠实、守信还是实业发展的坚实路径。"中国商人之道德，素不讲求，信用堕落，弊窦丛生，破产停业，层见叠出……非有优美之道德，不足以恢宏信用，扩张营业，守法宜坚，不可假借；营业宜敏，极忌呆钝，如履行契约，所有条件，稍有欺诈，则信用难以保持，何以招徕主顾？便宜不过一时，损失终无尽期。"

（3）双赢互惠

双赢互惠是指企业在经营活动中应建立在顾及他人利益的条件下追求自我利益并达到双方利益平衡的道德原则，让交易双方都得到理想的效益，如果可能，通过利益共享来达到诸方利益的平衡。也就是说，一种符合道德要求的交易，不仅要使己方获得最大收益，还要使他方同样获得最大利益，而且还要对非当事者承担起起码的道德义务。这一道德原则承认每一位利益相关者都有追求自己利益的权利，其中包括自我利益，同时要求各自的收益达到基本的平衡。每一方都获得自己的最大利益就是"双赢"，各方利益达到基本平衡就是"互惠"。张謇在企业经营过程中，重视与合作方的双赢互利，主要表现在以下方面：

一是坚持供求相济原则，制定"土产土销"政策。为了扩大市场，张謇坚持薄利多销，坚决反对损人利己的奸商作风。

二是尽力维护股东利益，吸引投资，把企业做大。张謇提出"以大利广招徕"，力图以高利润吸引有钱人入股。厚利对于投资者有很强的吸引力，企业遂得以不断扩充。

（4）以人为本

张謇强调人以"德行"为重，是以"人人成一种有人格人，士轨于士，农轨于农，工轨于工，商轨于商"。如果人人成为一种有人格的人，国家就能成为有礼教有学问之国，这样的话，国家就有希望。"秦并天下而鲁后亡者，以有礼教也。有礼教有学问之国，即亡亦必能复兴。"

张謇选用人才不分地区和国籍，也不分年龄大小。他说："只要这个人有才学，品行好，不问贫贱，不问年龄，不问所操何也，不问男女。""用人一端，无论教育事业，不但打破地方观念，并且打破国家界限……只要那个人能担任，无论中国人、外国人都行。"大生纱厂初创时，技术力量基本上是空白。张謇聘用英国工程师汤姆斯和机匠忒特处理厂中一切技术事务。后来，同仁泰盐业公司又聘用日本技师制盐，南通保坍会聘用了荷兰工程师特莱克建闸，勘探铁矿聘用法国的梭尔格博士，等等。

"有才学，品行好"，即德才兼备，是张謇的用人标准。他认为从事实业活动的人要取得事业的成功，必须具备"德行艺"。"德"就是道德，"行"就是正派的行为，"艺"就是知识，强调既要有相关的专业知识，又要有理论联系实际、解决实际问题的能力。即"注重实效，以科学方法应用实业经济之研究"。在"德行艺"三者当中，尤以"德行"为重。他说："科学者，艺之事。艺非德行，体薄而不立；德行非艺，用狭而不行。惟不德无行，为人所不齿，为社会所不容，故德行为重……自謇有知识以来，未见智能之士言行不顾而能见信于社会者也。"

与众不同的是张謇不仅注重德才兼备的人才的任用，更注重德才兼备的人才的培养。他筹资兴办了各种专门学校，如河海工程、纺织、农业、医学、商业、银行等，培养了一大批各种不同的专门人才，同时还从学校选拔高才生送至国外留学深造，然后招聘回企业任职。这些说明，张謇已充分认识到要提高企业的活力，必须大力进行智力开发，并将其纳入创业实践中。

此外，张謇还在唐闸兴建了一批医疗文教事业。大生企业鉴于职工有生病的现象，因而临时在公园内创办职工疗所，解决职工看病难的问题。后来在此基础上建设职工医院，又称劳工医院，为工人防病治病。为了发展事业所需要的技术工人，张謇于1905年筹办唐闸实业公立艺徒预教学校，自任校长。这所学校的性质是职业学校，是张謇所办的最早的职业学校，目的在于提高工人的劳动技能。张謇甚至还举办免费的工人夜课（即工人夜校），让青年工人吸取新东西，学习先进的科技文化。以上种种足以说明，张謇具有强烈的以人为本的人文精神。更为令人赞叹的是1920年夏天，南通地区"时疫发生，大生纱厂以爱惜劳工生命，故忍痛停车一星期"。企业家一向是以经济效益至上的，能顾及劳工的生命安危而停产，充分体现了张謇的人本观念，即"以人本位"的人文关怀。

3. 张謇的社会贡献

（1）实业救国

张謇在南通所做的实业众多，大多是与民生相关的各类工厂，逐渐形成工业区，还建了码头、发电厂、公路，成为中国早期民族资本主义的基地之一。

张謇一生创办了20多个企业、370多所学校，许多学校与事业单位的兴办在当时都是全国第一。他为民族工业和教育事业的贡献，被人们称为"状元实业家"。

张謇在当时对南通的建设已经有很清晰而前卫的规划理念，包括与西方建筑理念相结合的花园城市。这些理念的实践使得南通被现代建筑学家、清华大学教授吴良镛誉为"中国近代第一城"。

《南通县图志》记载，1920年，唐闸人口近万户，已接近5万人。通扬运河沿岸工厂林立，商业繁荣。有人看到过当年国外发行的世界地图，中国许多大城市都没有标出，却在南通方位赫然印着"唐家闸"三个字。一个弹丸小镇因为张謇进入了世界的视野。

（2）教育为民

张謇1911年任中央教育会长，江苏议会临时议会长，江苏两淮盐总理。1912年南京政府成立，任实业总长，1912年任北洋政府农商总长兼全国水利总长。后因目睹列强入侵，国事日非，毅然弃官，全力投入实业教育救国之路。1918年10月23日与熊希龄、蔡元培等人发起组织了"和平期成会"。

1905年，张謇与马相伯在吴淞创办了复旦公学，这就是复旦大学的前身。1907年，创办了农业学校和女子师范学校。1909年，倡建通海五属公立中学（即今南通中学）。1912年，创办了医学专门学校和纺织专门学校（扬州大学，南通大学前身）、河海工程专门学校（河海大学前身），还有江苏省立水产学校（今上海海洋大学），并陆续兴办一批小学和中学。1909年，张謇创办邮传部上海高等实业学堂船政科，因地处吴淞，曾一度称"吴淞商船专科学校"。1912年，张謇在老西门创办江苏省立水产学校，1913年全校迁往吴淞，故称"吴淞水产专科学校"，是今天上海海洋大学的前身。

1917年，在张謇的支持下，同济医工学堂（同济大学的前身）在吴淞复校。1921年，上海商科大学在上海成立。上海商科大学前身是南京师范高等学校，后南京高等师范学校扩展为国立东南大学，后更名为国立中央大学（1949年更名南京大学），张謇是国立东南大学主要创建人之一。

1905年，张謇在通州建立了中国第一所博物馆——南通博物苑。1909年，创办了南通电灯厂，城市开始用电灯照明；1913年，建立大聪电话公司，创办南通城乡邮政和电话业务；1916年，设立气象台，为生产和生活服务；1919年，建成南通更俗剧场，丰富群众文化生活，树立新风。

4. 人物评价

很少有人简单地把张謇称为"商人"，他似官而非官，似商而非商，既无大权，也无巨富，但政治和社会声望极高，所以被称为"绅商"。用今天的视角来看，他是一个具有强烈社会责任感和理想主义色彩的职业经理人兼公益家。

毛泽东主席在谈到中国民族工业时曾说："轻工业不能忘记海门的张謇。"

当代学者章开沅先生也指出："在中国近代史上，我们很难发现另外一个人在另外一个县办成这么多事业，产生这么深远的影响。"由于张謇在南通的特殊地位，他的名字与南通已经紧紧联系在一起。

胡适这样评价张謇：张季直先生在近代中国史上是一个很伟大的失败的英雄，这是谁都不能否认的。他独立开辟了无数新路，做了三十年的开路先锋，养活了几万人，造福于一方，而影响及于全国。

丁文江在张謇追悼会上演说时曾指出:"数年前余在美时,美前总统罗斯福死后,凡反对之者,无不交口称誉。今张先生死,平日不赞成他的人,亦无不同声交誉。"张謇在民国时期有着较高的声誉,这与他在中国实业、教育等方面的突出成就是分不开的。

(二)汇通天下——乔致庸

1. 人物简介

乔致庸(1818—1907),字仲登,号晓池,祁县乔家第三代人。他出身商贾世家,幼年父母双亡,由兄长乔致广抚育长大。本欲走入仕途,刚考中秀才,兄长故去,只得弃文从商。一生有6妻6子11孙。当国家危亡之际,他耗费重金扩建祖宅乔家大院,使乔家大院成为"清代北方民居建筑的一颗明珠"。

乔致庸大手笔经营,使乔家成为商业巨族,人称"亮财主"。他雄才大略,多谋善断,是位商场高手。他在包头的复盛公商号,基本上垄断着包头商业市场。1884年,他创立了汇通天下的大德通、大德恒票号。乔氏商业遍及全国各大商埠及水陆码头,业务繁荣,财多势旺,成为商场巨贾。至清末,乔氏家族已经在中国各地有票号、钱庄、当铺、粮店200多处,资产达到数千万两白银。

乔致庸待人随和,讲究诚信为本、"以德经商",善行众多。光绪三年大旱,开粮仓赈济灾民。光绪三十二年,乔致庸去世,终年89岁。

2. 乔致庸的经商之道

(1)坚持儒家大道

乔致庸的经商理念是一信、二义、三利。即以信誉徕客,以义待人,信义为先,利取正途。他经常告诫儿孙,经商处世要以"信"为重,其次是"义",不哄人不骗人,第三才是"利",不能把利放在首位。"人弃我取,薄利广销,维护信誉,不弄虚伪",乔致庸以儒术指导商业经营,十数年后,其祖业包头商号获利倍增,于"复盛公"之外,又增设"复盛全""复盛西"等多处,左右着包头整个市场,因此有"先有复盛公,后有包头城"之说。除商业外,兼营钱庄、当铺,相辅相成,资本愈见盈厚。但他并不沾沾自喜,反而急流勇退,商务全权委任长孙,自己则休闲家居,闭门课子,"肆力史册,广购图书,效法燕山窦氏,严饬子孙无少懈"。

(2)知人善任

乔致庸尤善于用人,这是他经商成功的一个重要原因。如礼遇聘请阎维藩。阎维藩原为平遥蔚长厚票号福州分庄经理,阎维藩与年轻武官恩寿交往密切,当恩寿为升迁需银两时,阎维藩自行做主曾为恩寿垫支银10万两。为此阎维藩被人告发,并受到总号斥责。后恩寿擢升汉口将军,不几年恩寿已归还了所借蔚长厚之银,并为票号开拓了业务。但阎维藩因曾经受到排挤和总号斥责丧失了对蔚长厚的感情，决计离开蔚长厚返乡另谋他就。乔致庸知道阎维藩是个商界难得的人才，便派其子备了八抬大轿、两班人马在阎维藩返乡必经路口迎接。一班人马在路口一连等了数日，终于见到阎维藩，致庸之子说明来意和父亲的殷切之情，使阎维藩大为感动，便应允加入乔家票号经理。乔致庸之子又让阎维藩坐八乘大轿，自己骑马驱驰左右，并说明此乃家父特地嘱咐，这更使阎维藩感动不已。二人相让不已，最后只好让八乘大轿抬着阎维藩衣帽，算是代阎维藩坐轿，而二人则并马而行。

阎维藩来到乔家，受到了乔致庸盛情款待。乔致庸见阎维藩举止有度，精明稳健，精通业务，而阎维藩时仅36岁，乔致庸更是感叹其年轻有为，是难得之经济人才，当即聘请阎维藩出任乔家大德恒票号经理。阎维藩对照在蔚长厚的境况，深感乔家对他之器重，知遇之恩，当即表示愿殚精竭虑，效犬马之劳。阎维藩自主持大德恒票号以来的二十六年间，使票号日益兴隆，逢账期按股分红均在八千到一万两之间，阎维藩为乔家的商业发展立下了卓越功劳。

（3）广行善举

光绪三年(1877)县遭饥馑，乔致庸出巨资助赈。渠本翘创设中学堂，孟步云创设女子学校，乔致庸均以重金襄助，其盛德广为人所传诵。因赈灾义举，受到清廷"举悌弟加五级"，并赏戴花翎的嘉奖。乔致庸的二子乔景仪、孙子乔映霞均沿袭祖业，使商业、金融又有开拓与发展，成为省内外商界闻人。

3. 人物评价

100年后的今天，我们再回头看，乔家的辉煌似乎离我们已经太遥远。可是乔致庸的经商之道，在当今的商场上，仍然有许多值得我们学习的地方。司马迁说："天下熙熙，皆为利来；天下攘攘，皆为利往。"白居易说："商人重利轻别离。"似乎自古以来的传统观念里，商人都是重利轻义。乔致庸的出现使得我们需要重新审视这个问题。"仁、义、礼、智、信"的儒家思想精髓始终贯穿在乔致庸的经营管理之中，他一生秉承以儒治商的思想，将儒家的精粹融入经商之中，以诚信为本、勤俭自律、开拓进取、谋求"多赢"，是儒商的杰出典范。弃笔从商的乔致庸骨子里渗透着儒家的忧国忧民的情怀，他经商的出发点不是为自己聚财，而是为天下人聚财，为苍生造福。乔致庸有许多义行善举，他宅心仁厚、乐善好施、扶危济困，他的言行不仅为当时的百姓所敬仰，同时也感染了商铺上上下下的掌柜伙计们。大家深深地感受到了乔致庸内心对于国家、对于人民的责任感和使命感，逐渐塑造了独特的乔家商业文化，并且代代延续下来。

乔致庸作为一代儒商，他的经商之道、处世哲学、用人之术在现代商场上都是值得我们借鉴的，我们应该清楚地认识自己，继续在为振兴中华民族企业的道路上奋勇前行。

（三）红顶商人——胡雪岩

1. 胡雪岩生平

胡雪岩，即胡光墉，一代商圣，绩溪人，幼名顺官，字雪岩，著名徽商。他1823年出生于安徽省徽州绩溪县湖里村,幼年时候,家境十分贫困,以帮人放牛为生。稍长,由人荐往杭州于姓钱肆当学徒,从扫地、倒尿壶等杂役干起,三年师满后,就因勤劳、踏实成了钱庄正式的伙计,得肆主赏识,擢为跑街。19岁时被杭州阜康钱庄于掌柜收为学徒,于掌柜没有后代,把办事灵活的胡雪岩当作亲生儿子。于掌柜弥留之际,把钱庄悉数托付给胡雪岩。这所价值5 000两银子的钱庄,堪称胡雪岩在商海中的第一桶金。初在杭州设银号,后入浙江巡抚幕,为清军筹运饷械,1866年协助左宗棠创办福州船政局。在王有龄的帮助下乃开阜康钱庄,并与官场中人往来,成为杭城一大商绅。

在左宗棠调任陕甘总督后,主持上海采运局局务,胡雪岩为左宗棠大借外债,筹供军饷和订购军火,又依仗湘军权势,在各省设立阜康银号20余处,并经营中药、丝茶业务,操纵江浙商业,资金最高达二千万两以上,田地万亩,并开办胡庆余堂中药店,是当时的"中国首富"。

(1)依靠官僚

1848年,胡雪岩结识"候补浙江盐大使"王有龄,挪借钱庄银票500两银钱,帮王有龄补实官位,事发,被赶出钱庄。1851年,王有龄奉旨署理湖州知府一职,不久后调任杭州知府。在王有龄任湖州知府期间,胡雪岩开始代理湖州公库,在湖州办丝行,用湖州公库的现银扶助农民养蚕,再就地收购湖丝运往杭州、上海,脱手变现,再解交浙江省"藩库",从中不需要付任何利息。接着说服浙江巡抚黄宗汉入股开办药店,在各路运粮人员中安排承接供药业务,将药店快速发展起来。

王有龄升迁后感恩图报,鼎力相助胡氏的"阜康钱庄"。胡雪岩的生意也越做越大,除钱庄外,还开起了许多的店铺。在庚申之变中,胡雪岩暗中与军界搭上了钩,大量的募兵经费存于胡的钱庄中,后又被王有龄委以办粮械、综理漕运等重任,几乎掌握了浙江一半以上的战时财经。

1861年11月,太平军攻打杭州时,胡雪岩从上海、宁波购运军火、粮食接济清军。王有龄因丧失城池而自缢身亡,胡氏顿失依靠。1862年,胡雪岩获得新任闽浙总督左宗棠的信赖,被委任为总管,主持杭州城解围后的善后事宜及浙江全省的钱粮、军饷,使阜康钱庄大获其利,也由此走上官商之路。

在深得左宗棠信任后,胡雪岩常以亦官亦商的身份往来于宁波、上海等洋人聚集的通商口岸间。在经办粮台转运、接济军需物资的同时,让外国军人为左宗棠训练上千能用洋枪洋炮的常捷军。1864年,清军攻取浙江,大小将官将所掠之物不论大小,全数存在胡雪岩的钱庄中。胡雪岩以此为资本,从事贸易活动,在各市镇设立商号,利润颇丰,短短几年,家产已超过千万。

太平军被消灭后,胡雪岩的银号开进杭州,专门为左宗棠筹办军饷和军火。依靠湘军的权势,在各省设立阜康银号二十余处,同时兼营药材、丝茶,开办了至今仍在营业的胡庆余堂中药店。在左宗棠任职期间,胡雪岩管理赈抚局事务。他设立粥厂、善堂、义塾,修复名寺古刹,收殓了数十万具暴骸;恢复了因战乱而一度终止的牛车,方便了百姓;向官绅大户劝捐，以解决战后财政危机等事务。胡雪岩因此名声大振，信誉度也大大提高。

（2）协办船政

1866年，胡雪岩协助左宗棠在福州开办"福州船政局"，成立中国史上第一家新式造船厂。左宗棠赴任陕甘总督之前，推荐江西巡抚沈葆桢任船政大臣，胡雪岩协助料理船政的一切具体事务。1869年秋，第一艘轮船"万年清"号下水成功。这是中国首次自己制造的轮船。1871年年初，"镇海"号兵轮又下水成功。

（3）功成名就

1872年，阜康钱庄支店达20多处，布及大江南北。资金2 000万余两，田地万亩。由于辅助左宗棠有功，曾授江西候补道，赐穿黄马褂，成为典型的官商。

1873年11月，胡雪岩以江苏、浙江、广东海关收入做担保，先后六次出面借外债1 870万两白银，解决了左宗棠西征军的经费问题。他还给西征将士送了"诸葛行军散""胡氏避瘟丹"等大批药材，免去了水土不服之虞。1876年，胡雪岩于杭州涌金门外购地10余亩建成胶厂。1877年，胡雪岩帮左宗棠创建中国近代最早的官办轻工企业"兰州织呢总局"。

1874年，胡雪岩筹设胡庆余堂雪记国药号，1878年正式营业。胡庆余堂推出了十四大类成药，并免费赠送辟瘟丹、痧药等民家必备的太平药，在《申报》上大做广告，使胡庆余堂在尚未开始营业前就已名声远播，这正是胡雪岩放长线钓大鱼的经营策略。他将救死扶伤的对象范围扩大到全天下所有的百姓，巨额耗费换来成倍的利润。

到1880年，胡庆余堂资本达到二百八十万两银子，与北京的百年老字号同仁堂南北相辉映，有"北有同仁堂，南有庆余堂"之称。

（4）惨然离世

1881年，胡雪岩因协助左宗棠收复新疆有功，被授予布政使衔（三品），赏穿黄马褂，官帽上可带二品红色顶戴，并总办"四省公库"。

1882年，胡雪岩在上海开办蚕丝厂，耗银2 000万两，生丝价格日跌，企图垄断丝茧贸易，却引起外商联合抵制。百年企业史上，第一场中外大商战开始了。开始的时候，胡氏高价尽收国内新丝数百万担，占据上风。但欧洲意大利生丝丰收，中法战争爆发，金融危机发生。胡雪岩已无回天之力，被迫贱卖生丝，亏耗1 000万两，家资去半，周转不灵，风声四播。各地官僚竞提存款，群起敲诈勒索。清廷得知阜康商号陷入窘境，让闽浙总督何璟、浙江巡抚刘秉璋密查胡雪岩资产，以备抵债。并将胡雪岩革职，让左宗棠追剿胡雪岩欠款。左宗棠派人查封杭州胡雪岩的当铺、商号等。1885年11月，胡雪岩在贫恨交加中郁郁而终。

2. 胡雪岩的主要业绩

（1）协助复疆

1876年，为收复被阿古柏匪帮窃据达十年之久的新疆，清廷陕甘总督左宗棠挥师西进。请胡雪岩出面筹得巨额军费。这被左宗棠称赞为："雪岩之功，实一时无两。"这场战争的胜利，让左宗棠从此名垂青史。左宗棠向朝廷报告，为胡雪岩请功。清廷因此赏赐胡雪岩一件黄马褂，官帽上可带二品红色顶戴，让其就此成为著名的"红顶商人"。

（2）商业理财

胡雪岩的生意，一类是借助政商关系的"特殊"生意，如：为政府采购军火、机器、筹措外资贷款等；另一类则是"正常"生意，如：钱庄、当铺、生丝、药局等。"阜康钱庄"是胡雪岩的金融平台，也是其核心产业。与一般钱庄不同的是，"阜康钱庄"拥有两大特殊资金来源：一是数额庞大的委托理财，主要为官商的利益输送服务。二是巨额公款，包括："西征借款""西征借款还款"以及其他公款存款。胡雪岩利用时间差对这笔巨款进行腾移挪用，形成低成本甚至免费的资金库。胡雪岩所编织的庞大政府关系网，也为他输送了各种其他名目的公款存款。

（3）创建胡庆余堂

胡雪岩开设的胡庆余堂，地处杭州吴山脚下。在中医药漫长的发展源流中，以其精湛的制药技艺和独特的人文价值，赢得了"江南药王"的美誉。

胡雪岩亲笔写就的"戒欺匾"挂在营业厅的背后，它告诫内部员工，"凡百贸易均着不得欺字，药业关系性命，尤为万不可欺。余存心济世，誓不以劣品弋取厚利，惟愿诸君心余之心，采办务真，修制务精"。"局方紫雪丹"，是一味镇惊通窍的急救药，按古方制作要求最后一道工序不宜用铜铁锅熬药，胡雪岩请来能工巧匠铸成一套金铲银锅，专门制作紫雪丹。他的金铲银锅如今被列为国家一级文物，并被誉为中华药业第一国宝。胡庆余堂成为全国重点文物保护单位，上榜中国驰名商标，胡庆余堂中药文化入围首批国家级非物质文化遗产名录、国药号成为首批中华老字号。

（4）热心慈善

胡雪岩功成名就之后未忘记他的发迹之地——杭州，为杭州百姓做了许多好事。他开设钱塘江义渡，方便了上八府与下三府的联系，并设船屋，为候渡乘客提供方便，并因此博得了"胡大善人"的美名。他极其热心于慈善事业，乐善好施，多次向直隶、陕西、河南、山西等涝旱地区捐款赈灾。在杨乃武与小白菜一案中，他利用自己的声誉活动京官，赞助钱财，为此案最终昭雪立下了汗马功劳。他还两度赴日本，高价购回流失在日本的中国文物。这些举动昭示他行侠仗义的仁厚之心和一颗拳拳爱国之心。

3. 人物评价

左宗棠在奏折中评价胡雪岩："道员胡光墉，素敢任事，不避嫌怨。从前在浙历办军粮、军火，实为缓急可恃……臣入浙以后，委任益专，卒得其力。实属深明大义不多得之员。"鲁迅评价胡雪岩："中国封建社会的最后一位商人。"二月河评价胡雪岩："智信仁勇，堪称华商中民族英雄的典范，而不仅仅是个有钱的商人。"台湾曾仕强教授认为胡雪岩是徽商的杰出代表人物，身上有着徽商讲求诚信、为人着想、精明强干等共性。

一代豪商胡雪岩的胡庆余堂，至今仍以其"戒欺"和"真不二价"的优良传统矗立在杭州河坊街上。胡雪岩应该是中国商人的偶像。胡雪岩从钱庄一个小伙计开始，通过结交权贵显要，纳粟助赈，为朝廷效犬马之劳；洋务运动中，他聘洋匠、引设备，颇有劳绩；左宗棠出关西征,他筹粮械、借洋款,立下汗马功劳。几经折腾,他便由钱庄伙计一跃成为显赫一时的红顶商人。他构筑了以钱庄、当铺为依托的金融网,开了药店、丝栈,既与洋人做生意也与洋人打商战。他的经历充满了传奇色彩。

胡雪岩所处的年代恰好是中国传统社会向近代转变的重要时期。他不仅经常与洋人打交道,还曾参与举办过一些洋务活动,对近代西方先进的机器生产并不陌生。但是,他的商业活动始终停留在中国传统的钱庄、丝、茶业务上,对近代化的商业甚少从事,直到后期与洋人争利时才开始创办机器生产的近代企业,最终未能完成从传统向近代的转型。

(四)一孟皆善——孟洛川

1. 孟洛川生平

孟洛川(1851—1939.9.7),名继笙,字雒川,亚圣第六十九代孙,山东省济南市章丘区刁镇旧军人,著名商人,祖辈为地主兼商人,被誉为"一孟皆善"。是庆祥、瑞蚨祥掌门人。孟洛川的商业天赋从小就显露了出来。18岁那年,孟洛川开始掌管家业。

1869年,孟洛川开始负责北京瑞庆祥、瑞生祥等企业的经营。从此一生掌管孟家企业。孟家企业遍布京、沪、津、济、青、烟等大中城市,至1934年,已分别在北平、天津、济南、青岛、烟台、上海等地设立商号达24处,有员工1 000余人,房产3 000余间。

在孟洛川长达60年掌管瑞蚨祥大权的时间里,对内部各层人员的管理又是严格有序、铁面无私的。他在同经理掌柜闲谈时,常告诫说:"生财有大道,生之者众,食之者寡,为之者急,用之者舒,则财恒足矣。"用生、食、为、用作为治店宗旨。

1891—1894年,福润任山东巡抚期间,为孟洛川奏准江苏即用候补道之职;1899年山东受灾,巡抚毓贤委孟洛川为平粜局总办,孟洛川与其兄孟继箴认赈巨款,毓贤为其奏准知府补用道二品顶戴;1905年参与组建济南商务总会。1908年山东劝业道成立后,被任为济南商务总会协理;1906—1909年端方任两江总督期间,为其奏准头品顶戴;朝廷还诰封其为奉直大夫、诰授为光禄大夫。孟洛川善于结交权贵,其中最著名者为袁世凯。袁父死后,他作"三多九如"贡席,亲往路祭;袁母出殡,他担任治丧总管。袁世凯于1914年7月18日任命孟洛川为参政院参政。晚年孟洛川无力驾驭诸代理人,各店号走向萧条。1939年9月7日病逝于天津。

2. 孟洛川的经营之道

(1)欲治其店,先正其心

走到瑞蚨祥,上面挂着"货真价实,童叟无欺"的牌匾,这是瑞蚨祥的经营方针,孟洛川处处以传统的儒家思想经营企业,强调"忠恕"二字:主张对人忠诚厚道,恕人责己,推己及人,提出"欲治其店,先正其心"的修身践言。1930年以前机器染布还不发达,多为白布染色,瑞蚨祥采购优质白布,以当时最好的染料委托染坊加工,绝不以次充好,瑞蚨祥所售青布、蓝布与众不同，久洗不褪色，买布时予以放布、放尺优惠，这样一传十，十传百的口碑宣传起到了比广告还要深远的作用，瑞蚨祥的"诚信"口碑不胫而走，不断扩大，致使瑞蚨祥的色布无论在城市还是农村都有广大的市场。

瑞蚨祥对所有的顾客都非常热情，一进门，就能发现专为买布逛店的顾客而设立的茶座，顾客可以在这里一边歇脚、聊天，一边享用免费的茶水，茶的质量决不含糊，哪怕做的是一笔小买卖，赚不到一壶茶钱，也绝不敷衍。

在物价不稳定的年景，如果当天有顾客以 8 分一尺的价格买回了布，第二天又回来买同样的布，但是这时的价格已经涨到了 8.5 分，那么瑞蚨祥宁肯赔本儿，仍然以每尺 8 分的价格卖给这位顾客，让老主顾满意。

在瑞蚨祥各店员工多为山东老乡，孟洛川制定严格的规章制度，要求员工对待顾客态度必须谦和忍耐，要求员工注意仪表、礼貌待客，所有员工无论冬夏一律穿长衫，在柜台执勤不得吃蒜，不准吸烟，避免招致顾客反感。每个售货场地设"瞭望员"，监督员工的服务态度，如果顾客进店认真挑选商品并未购买，"瞭望员"必须了解是因为花色品种不全还是服务不周导致的，若是前者就向掌柜的汇报，研究改进，若是后者待业务结束后对此员工提出严厉的批评并以观后效。为使员工更好地为顾客服务，瑞蚨祥加大了对店员的福利，瑞蚨祥店的员工比其他同业绸布店有更好的待遇，每餐四菜一汤，逢年过节或者月初、月中的时候，更会大力改善伙食，以鱼肉等犒劳大家。

孟洛川恪守"顾客至上"的服务宗旨，同时他也很重视商战。都说"同行是冤家"，孟洛川十分清楚，在商战中要想取得胜利，除了解顾客外，更重要的是了解同行，知己知彼，百战不殆。瑞蚨祥为了了解同行的情况，经常派人以顾客身份调查同行的商品质量、行情，便于自己给商品标价。凡是一般商品，瑞蚨祥的标价都略低于市价。遇到紧俏的商品，就适当地提高。

孟洛川为了多销售，在北京首创"礼券"。这就类似于现在的购物卡，不需要扛着大包小包送礼了，只需送张礼券即可，收礼人可以拿着礼券来提货，既方便了送礼者，也方便了收礼者。

（2）公正严明

在孟洛川长达七十年掌管企业大权的时间里，对内部各层人员的管理严格有序，铁面无私。他在同经理掌柜闲谈时，常告诫大家：欲治其店先修其身，欲修其身者先正其心。要规规矩矩做人，诚诚恳恳相待。一旦有违背店规店训者，一律从严处理。济南瑞蚨祥有员工自恃是孟洛川本家又是他的亲信，不把店规放在眼里，一日与伙计打架被双双除名，任人说情也无济于事，孟洛川治店不苟私情、像阎王执法的形象在各个店号中无人不知无人不晓。

3. 孟洛川的事业成就

孟洛川在涉足企业的最初 20 余年间，生意有较大发展。1893 年和 1896 年，先后在北京大栅栏和烟台开设"瑞蚨祥"，经营绸缎、洋货、皮货、百货。

1900 年八国联军入侵北京，前门一带被焚，瑞蚨祥成为一片瓦砾，不得不迁至北京天桥设摊营业。1903 年，北京瑞蚨祥新营业楼落成。后又在北京增设瑞蚨祥鸿记绸缎店、西鸿记茶店、东鸿记茶店、鸿记新衣庄。1904年（光绪三十年），在青岛设立瑞蚨祥缎店。1905年，在天津增设瑞蚨祥鸿记缎店。

1924年，济南瑞蚨祥增设鸿记分店。所经营的瑞蚨祥、泉祥等"祥"字号商号，遍布京、沪、津、济、青、烟等大中城市。1900年资本总额约40万两银子，到1927年时，年利润即达300万两白银。他除投资于企业外，还广置田宅。在章丘有田产2 300余亩，另在山东沾化、利津、泰安、莱芜置有庄田。章丘之住宅为六进院落，前厅后楼、左右厢房共近100间。孟洛川为当时中国知名的民族商业资本家，京津及济南等城市报纸皆以"金融巨头"称。

4. 人物评价

作为儒家的后代，他并没有恪守祖先"重农轻商"的道德律令，这导致了孟洛川曾数次到邹城认祖归宗，都以违背祖训、弃读从商而被拒之门外。但是，孟洛川却深受儒家和为贵、仁爱、礼教等道德规范的浸染，并以此作为经商的准则和指导。他从商的原则是：以礼待客，才能以名得利；以德盛金，方能雄踞天下。以诚信为本，是瑞蚨祥历来取胜的法宝，瑞蚨祥能穿透历史，风格犹存，就是个最好的证明。

孟洛川一生多次举办慈善和公益事业，诸如设立社仓，积谷备荒；修文庙，建尊经阁；设义学，经理书院；捐衣施粥及捐资协修《山东通志》等。他也因此博得慈善家的称号，被誉为"一孟皆善"。

第三节　现代儒商

一、香港影视大亨——邵逸夫

（一）邵逸夫生平

邵逸夫（1907—2014年）原名邵仁楞，1907年生于浙江宁波镇海。香港电视广播有限公司荣誉主席，邵氏兄弟电影公司的创办人之一。1958年他在香港成立邵氏兄弟电影公司。邵逸夫拥有包括娱乐业大亨、TVB创办人、慈善家、爵士等在内的多重身份，这些头衔改变了许多人的命运轨迹，在娱乐业留下了浓墨重彩的一笔。

邵逸夫先生1974年获英女王颁发CBE勋衔。1977年又被册封为下级勋位爵士，成为香港娱乐业获"爵士"头衔的第一人。1990年，中国政府将中国发现的2899号行星命名为"邵逸夫星"。1991年，美国旧金山市将每年的9月8日定为"邵逸夫日"。2002年，创立有东方诺贝尔之称的邵逸夫奖，每年选出世界上在数学、生命科学与医学及天文学卓有成就的科学家进行奖励。邵逸夫先生是全球最长寿、任期时间最长的上市公司CEO。2011年正式退休。

2014年1月7日，邵逸夫先生逝世，享寿107岁。

（二）人物事迹

邵逸夫家族缔造的邵氏电影（SB）叱咤影视圈和商界八十载，对华语影视圈，邵逸夫被称为"华语影视大亨"。他旗下的电视广播有限公司主导香港的电视行业。他拍摄了中国最早的有声粤语电影《白金龙》。一生拍摄影片1 000余部，为中国所有电影制片厂之冠。拥有最多的影院，最高时期达200多家，为中国私人拥有量之首。"邵氏出品，必属佳品"的品牌在东南亚街知巷闻，旗下影城物业是亚洲最大的商业电视电影城，被称为"东方好莱坞"；邵氏家族入股香港无线电视（TVB），制作的节目蜚声国际。邵逸夫除了拥有邵氏兄弟和TVB两家上市公司，在新加坡也持有大量物业，私人资产超过一百亿港元。

邵逸夫是商业奇才，他的思维、策略、胆识在电影界没人比得上。他以实际行动来要求自己成为精通电影的专家。他每天至少看一部电影，几十年来坚持不辍。他要看好的电影好在哪里、坏的电影怎样坏。他对电影的剪辑、摄影、化妆、剧本、导演，样样内行，是中国最精通业务的电影企业家。他做事认真，对制片相当严谨，为了保证影片质量，他对影片严格把关，出现劣片，宁愿烧掉。

邵逸夫认定，搞电影事业必须生产与发行结合，方有出路。邵氏影院坚持"每月一院"，在香港和东南亚星罗棋布，形成一张巨大的发行网络。20世纪70年代，邵氏影院开始闯入世界影片市场，使中国影片在世界影坛崭露头角。这不仅娱乐了各国观众，对传播中华文化亦有莫大之功。

邵逸夫晚年开始着手慈善事业，自1985年以来，邵逸夫先生通过邵逸夫基金与教育部合作，连年向内地教育捐赠巨款建设教育教学设施。20多年间，他赠款金额近47.5亿港元，建设教育和医疗项目6 013个。历年捐助社会公益、慈善事务超过100亿港元。全国各地的逸夫楼见证着他的卓越功勋。他对于慈善事业的付出和努力功德无量，他的人生在世人眼中堪称传奇。

（三）人物评价

中国国务院副总理刘延东：邵逸夫一生爱国爱港，艰苦创业，慈善济世，令人敬佩。他曾担任港事顾问，为香港顺利回归和繁荣稳定发挥了积极作用。作为一位卓越的实业家，他在创造商业奇迹的同时，为香港乃至中国影视事业的繁荣、走向世界做出了贡献。作为一位著名的慈善家，邵逸夫多年来致力于支持教育等社会公益事业，为促进祖国内地的教育和科学事业发展做出了重要贡献。

新加坡总统陈庆炎评价：邵逸夫为新加坡做出了很多贡献。1985年他来新加坡参加经济委员会会议的讨论，为新加坡确定经济发展方向和制定经济政策做出贡献。总理李显龙评价：邵氏兄弟在新加坡电影界也是举足轻重的人物，一代一代的新加坡人看过他们的影视剧。邵氏基金也为新加坡的慈善事业贡献良多。前总理李光耀评价：邵氏兄弟的电影事业不仅对香港，也对东南亚以及更广泛的区域很多人的生活产生了巨大影响。

全国政协委员汪明荃评价：邵逸夫对香港的电影业及电视业发展付出很多，很值得尊敬。驻香港特别行政区联络办公室主任张晓明评价：邵老一生富有传奇，始终秉持爱国报国情怀和不懈奋斗精神。尤其关心国家发展，慷慨捐助内地教育、科技、医疗、影视、赈灾等诸多方面，贡献卓著，备受尊敬。其创建的事业长在，其垂立的风范长存。

二、实业兴国——荣氏家族

（一）荣氏家族简介

荣氏家族，是以荣毅仁为代表的中国民族资本家族。其伯父荣宗敬和父亲荣德生被称为荣氏兄弟，他们早年经营过钱庄业，从1901年起，先后在无锡、上海、汉口、济南等地创办保兴面粉厂、福兴面粉公司（一、二、三厂）、申新纺织厂（一至九厂），被誉为中国的"面粉大王""棉纱大王"。

（二）家族历史

荣家的老家在无锡荣巷，位于无锡市西郊。其祖先种稻植桑，以忠厚传家。荣氏鼻祖，荣启期(前571—前474)字昌伯，春秋时期郕国（今汶上县北）人，终年97岁。荣启期为荣叔公后人，精通音律，博学多才，思想上很有见解，曾为孔子师。在太平军打到苏南的战乱中，荣氏家族的男人只剩下了一个，这就是荣宗敬、荣德生的父亲荣熙泰先生。他很小的时候就进入铁匠铺当学徒，成年后在外给人当账房先生、师爷，勉强养家糊口。荣宗敬、荣德生兄弟俩是荣氏商业家族的第一代掌门人。

荣宗敬7岁入塾读书，14岁到上海南市区一家铁锚厂当学徒，1887年到上海源豫钱庄习业，荣德生以哥哥为榜样，15岁乘着小木船摇进大上海，进入上海通顺钱庄做学徒。1896年荣氏兄弟和父亲一起在上海开了一个广生钱庄，荣宗敬任经理，后兼营茧行。荣氏兄弟在经营上稳妥，从不投机倒把，不到两年便掘得了第一桶金。荣德生南下广东后发现了面粉行业的商机，他和荣宗敬兄弟俩一拍即合。20世纪的第一个年头建成保兴面粉厂，荣氏家族事业迈出了其决定性的一步。1914—1922年8年间，荣家的面粉产量占到全国面粉总产量的29%。到抗战前，荣家的面粉厂已飙升到14家，另外还衍生出了9家纺织厂。1949年，国民党政权倒台前夕，荣氏家族内部出现了大震荡，由此走向低潮。荣德生和荣毅仁父子经再三斟酌决定留在大陆。上海解放后，荣氏企业发展得到国家的大力扶持，实现了新的复苏。荣毅仁在1954年向上海市政府率先提出将他的产业实行公私合营，这为上海对私营工商业的改造工作起了积极带头作用，"红色资本家"的称呼由此得来。

荣尔仁、荣德生的女婿李伟国、荣鸿仁等荣氏第二代传人都曾在荣氏企业身居要职，是荣宗敬去世后荣氏企业后期发展的几个主要推动者。前国家副主席荣毅仁是荣家第二代六兄弟之一，荣智健是荣家第三代传人，荣明芳是中信泰富主席荣智健独女。

（三）主要业绩

1901年荣氏兄弟集股在无锡合办保兴面粉厂，后改名茂新一厂，任批发经理。1905年，又与张石君等7人集股在无锡创办振新纱厂，1909年任该厂董事长。1912年，荣氏兄弟与王禹卿等人集股在沪创办福新面粉厂，荣宗敬任总经理。1915年4月兄弟俩退出振新纱厂，在沪招股创建申新纺织厂，荣宗敬自任总经理。1917年3月起，荣氏兄弟又先后在上海、无锡、汉口创设申新二至九厂。并在沪设立茂新、福新、申新总公司，自任总经理。至1931年，荣氏兄弟共拥有面粉厂12家、纱厂9家，分别约占全国民族资本面粉总产量的1/3，纱布总产量的1/5。在事业有成的同时，荣氏兄弟还致力于家乡教育、公益事业。自1919年到中华人民共和国成立，荣家先后开办了无锡公益小学、竞化女子小学、公益工商中学、上海中国纺织染工程补学校、江南大学、上海中国纺织染专科学校、大公图书馆，同时增设分设校内面粉、机电、化工、数理、商业、农业等许多专业系统，约培养高级人才1 200多人。他们还在无锡和常州集资建造大小桥梁88座。1929年又在无锡小箕山购地建造锦园。1926年后，荣宗敬曾历任南京国民政府工商部参议、中央银行理事、全国经济委员会委员等职；抗战初，为维持企业生产曾参加"上海市民协会"，不久即移居香港；1938年2月10日在香港病逝。

1937年冬，日本侵略军占领上海，江南国土相继沦陷。荣氏企业，有的被日军炸毁，有的被日军占据，只有租界内的工厂维持生产。次年5月，荣德生由汉口来沪，深居简出，唯以搜购古籍、字画自遣，亟盼时局好转。1941年，日商觊觎荣氏纱厂，由汪伪实业部派员与荣德生商谈，要他将申新一、八厂卖与日本丰田纱厂，当即遭到严词拒绝。汪伪外交部部长褚民谊只得亲自来沪，假国际饭店邀请荣德生面谈。荣德生由其子尔仁代往，说明其父不变初衷，不出卖工厂和人格。褚民谊却厚颜无耻地说："中国的半壁江山都给日本人，何患小小申新两个厂。"并威胁说："不要敬酒不吃吃罚酒！"荣德生闻言，凛然言道："我宁可玉碎，不为瓦全。"

抗战胜利后，荣德生两次遭绑架，被勒索款项达百万美元。发生在高恩路（今高安路）荣德生住宅门前的一次被绑架案，是在1946年4月25日。那天，荣德生准备去总公司，离家门不远即被数名穿制服匪徒架上汽车而去。他们使用的是国民党第三方面军司令部的"逮捕证"和淞沪警备司令部的汽车。当时，舆论哗然，认为是军事机关与匪徒串通作案，上海当局被迫出动军警"侦破"。结果，荣德生被放回，并退还部分被敲诈的款项。据说还枪决匪首8人。荣家为"酬谢"军警当局和有关方面，先后付出60余万美元。

1948年，国民党统治已成土崩瓦解之势，有资产者纷纷离开大陆，荣氏家庭也面临抉择。在一片离沪声中，荣德生专程从无锡来到高恩路住所，明确表示"不离开大陆"，并阻止三子将申新三厂拆迁台湾。解放军渡江前夕，他派代表与共产党联络，迎接解放。

（四）荣毅仁事迹简介

荣毅仁（1916—2005年）早年接受中西方文化的启蒙教育。弱冠之年就开始辅佐父亲经营庞大的家族企业，先后在无锡茂新面粉公司任助理、经理，上海合丰企业公司任董事，上海三新银行任董事、经理，逐渐成为荣氏二十多个家族企业的代表。1956年，他把自己的商业帝国无偿交给国家，为新中国的工业振兴做出了卓越贡献，赢得普遍的尊重。1957年后，荣毅仁出任上海市副市长、纺织工业部副部长。

在"文化大革命"中，荣毅仁身处逆境，英雄无用武之地。十一届三中全会之后，荣毅仁为了探索国际经济合作之道，成立了国务院直属的CITIC投资机构——中国国际信托投资公司。荣毅仁当首任总裁，聘请前美国国务卿基辛格为顾问。在国际经济合作方面积累了宝贵的经验。

20世纪80年代初期，中国重点工程江苏仪征化纤工程，因投资不足准备下马。中信公司提出了向海外发行债券的办法。仪征化纤厂以突出的效益证明中信的选择是正确的，这次集资创举被称为"仪征模式"。中信公司以后数年间先后在日本、德国、新加坡等国家和中国香港等地发行了多次不同币种的债券，为中国工业化争取到了宝贵的资金援助。

在对外发行债券的同时，中信公司大胆地开拓租赁业务。租赁业务在中信发展成为其一大重要的业务系统。20世纪80年代后期，CITIC发动了收购香港之战。香港媒体一片惊呼：中国赤色资本家荣毅仁"收购香港"。投资于香港的中国资本系统企业实际已超过1 000家，其投资总额超过250亿美元。1993年，第八届全国人大选举荣毅仁为中华人民共和国国家副主席，这位76岁的红色资本家又重新扮演起政治家的角色，把自己亲手缔造的商业王国交给了他的助手魏鸣一和王军。

（五）对荣氏家族的评价

荣氏家族靠实业兴国、护国、荣国，在中国乃至世界写下了一段辉煌的历史。荣德生的立身治家之道，就是孔子儒家的"己欲立而立人，己欲达而达人"。荣德生先生说："古之圣贤，其言行不外《大学》之明德，《中庸》之明诚、正心、修身终至国治而天下平。吾辈之办事业，亦犹是也，必先正心诚意，实事求是，庶几有成。"他认为要提高生产率，除增添新设备，改进操作技术外，还要从"人工"出发，加强人事管理，视人为生产力之第一要素。他说："余在工厂所经营，所请人非专家，以有诚心，管人不严，以德服人，顾其对家对子女，使其对工作不生心存意外，即算自治有效。自信可以，教范围各厂仿行。"他坚持"以德服人"的思想原则，果然奏效。"是年茂新各厂有利，福新各厂亦有利，申新各厂有利无义者参半"。（《采农自订行年纪事》）这种运用以诚待人、以德服人的管理思想来调动人的积极性，协调管理者与被管理者之间以及被管理者内部的关系，形成一个力量集中的生产者群体的做法，与一般以单纯改进操作方法来提高劳动生产率的做法，是不能比拟的。

中国人民大学经济学院教授高德步评价说："从近代开始，荣家三代对中国经济的发展做出了巨大贡献。荣宗敬和荣德生兄弟创办的企业是中国民族企业的前驱；解放后，荣毅仁支持中国政府的三大改造，对我国经济的发展起到非常积极的作用；改革开放以后，荣家第三代荣智健等人对中国市场经济、新兴民族企业的发展做出了重大贡献"。

三、爱国大亨——霍英东

（一）霍英东生平

霍英东先生是香港知名实业家。他出生于 1923 年 5 月。原名官泰，祖籍广东番禺，生于香港。12 岁进香港皇仁英文书院。当过渡轮加煤工、机场苦力、修车学徒、铆工、糖厂的学徒等。20 世纪 40 年代，他开始帮助母亲经营杂货店，培养了坚强的意志和灵活的处事方法。

抗日战争结束后，他抓住运输业急需发展的机遇，重操父辈的驳运旧业。20 世纪 50 年代，香港人口激增、工商业兴起，对土地和楼宇的市场需求日趋旺盛。他审时度势，创立立信置业有限公司，开始经营房地产业。他首创分层预售"楼花"和分期付款的经营方式，对香港房地产业的发展贡献极大。房地产业的发展带动了建筑材料业，他又开始进军海底采沙业，成为"海沙大

霍英东先生照片

王"。为了增强实力，他收购了美国人的太平岛船厂，在香港开创了中国人收购外国公司的先河。他还投身填海造地事业，承包国际性招标工程，是最早中标国际重大工程的港人之一。1955 年起，他先后创办霍兴业堂置业有限公司、信德船务有限公司等，业务范围涉及地产、建筑、航运、建材、石油、百货、旅馆、酒楼等，在香港商界崭露头角。20 世纪 60 年代中期，香港地产业陷入低潮，关键时刻他大力倡导共同发展、共创繁荣，联合广大房地产商召开香港地产建设商会第一届会董会议，被推举为会长，并连任 20 年之久。

20 世纪 40 年代末，霍英东先生远赴东沙岛与人合股做打捞海人草生意。然后从事海上驳运业务，开始了创业生涯。1981 年起，霍英东先后任国际足球联合会执委，世界羽毛球联合会名誉主席，世界象棋联合会会长，亚洲足球联合会副会长，香港足球总会会长、永远名誉会长。1984—1988 年和 1990—1994 年，任香港中华总商会会长，后任香港中华总商会永远名誉会长。1986 年获中山大学名誉博士学位。1994 年获美国春田大学人文学名誉博士学位。1995 年分别获香港大学社会科学名誉博士学位和国际奥委会奥林匹克银质勋章。1997 年 7 月获香港特别行政区政府颁授的大紫荆勋章。

霍英东先生历任政协第五、六届全国委员会常务委员，第七届全国人大代表、全国人大常委会委员，政协第八、九、十届全国委员会副主席。在香港回归祖国的历程中，先后担任香港特别行政区基本法起草委员会委员、香港事务顾问、香港特别行政区筹备委员会预备工作委员会副主任委员、香港特别行政区筹备委员会副主任委员、香港特别行政区第一届政府推选委员会委员。

2006 年 10 月 28 日，霍英东在北京因病逝世，享年 83 岁。

（二）主要业绩

霍英东先生为国家发展和现代化建设事业做出了重大贡献。他积极投身内地经济建设，先后投资或捐赠了番禺大石大桥、洛溪大桥、沙湾大桥和广珠公路上的4座大桥等多个重大项目。他为广州南沙的开发建设呕心沥血十多年，在滩涂上建起了广州南沙海滨新城。

霍英东先生倾力支持国家的教育事业，20世纪80年代以来，他捐出巨款设立各种基金会支持内地教育，捐资建成大批教学设施。他的基金会对全国各地教育文化事业的捐赠累计达7.6亿港元，其中霍英东教育基金会捐赠1 500多万美元，共资助了2 000多名青年教师。他和香港其他爱国企业家于1982年联合发起建立的培华教育基金会，为内地培训经济管理人才和少数民族地区管理人才1万多人。

霍英东先生不遗余力地支持国家的体育事业。1974年，在他的大力奔走和积极努力下，中国恢复了在亚洲足球联合会的席位，他还积极推动中国重返羽毛球、篮球、排球、自行车等体育项目国际组织。他为北京主办第十一届亚运会和申办2008年奥运会做出了重大贡献。他多次为在奥运会和其他国际重大赛事上取得优异成绩的运动员和教练员颁发奖金。他还捐巨资建成中国体育历史博物馆和中国武术研究院，在全国许多地方和学校兴建体育设施，并设立致力于向全世界推广中国象棋的亚洲象棋基金。他为支持国内竞技体育和群众体育事业发展捐赠的款项达10多亿港元。

霍英东先生还十分关心革命老区建设，提出在广东韶关、江西赣州和湖南郴州三个革命老区之间建立优势互补的"红三角"经济区，并通过所属的基金会，为该区域的基础设施建设和各种交流活动捐助1.5亿港元，为老区经济发展做出了积极贡献。他捐巨资扶贫济困，不仅在1992年华东水灾和2003年"非典"期间捐款，还捐款支持中国残疾人联合会开展救助工作，关心和支持中医中药的推广。他的善举得到国家的充分肯定。2005年，他荣获民政部、中华慈善总会颁发的"中华慈善奖"。

霍英东先生通过自己创立的霍英东基金会、霍英东体育基金会、霍英东番禺建设基金会等机构，分别以独资、合资、捐赠、低息贷款等方式，在内地兴建了数百个项目，总支出90多亿港元。他说："我们在内地多方投资、捐赠，目的只有一个，就是希望国家兴旺、民族富强。我始终没有忘记自己是一个中国人，我愿尽我之所能，为国家的繁荣昌盛多办些实事。"

霍英东先生是杰出的社会活动家。他在担任全国政协副主席期间，热心人民政协工作，积极参与国家大政方针和重要事务的协商，为祖国现代化建设事业积极建言献策。他广交海内外朋友，利用自己的特殊身份和影响，广泛宣传中国改革开放和现代化建设的伟大成就，为祖国和平统一大业尽心竭力。他积极推动香港和内地的经济文化交流，大力倡导粤港经济合作，鼓励港人到内地投资兴业，强调香港应在内地现代化进程中发挥重要作用。他不仅向港人介绍内地改革开放的成就和到内地投资的经验，还经常协助解决港人在内地投资遇到的问题,是港人"与内地沟通的桥梁"。为推动香港体育界与内地的交流,他还一手促成了"省港杯"足球赛。

霍英东先生坚持做生意赚钱不忘回馈社会的人生准则,热心支持香港各项社会事业。通过他的基金会,向香港医学专科学院基金会、香港职业训练局、香港皇仁旧生会中学等教育机构捐赠了大额款项,对香港大学、香港科技大学、香港中文大学也都有巨额捐赠。他为发展香港足球事业不遗余力。他关心百姓疾苦,热心慈善事业。多年来,捐款资助许多医院兴建大楼、增添设备、设立研究基金等,赢得了广泛的赞誉。

(三)人物评价

霍英东先生是著名的爱国人士,中国共产党的亲密朋友。他年轻时就有为国家做事的志向、激情和胆略。抗美援朝期间,在西方国家对我国实施全面禁运、港英当局武力"缉私"的情况下,他在香港组织了颇具规模的船队,为祖国运送了大量急需物资,有力地支援了抗美援朝。

国家改革开放伊始,霍英东先生就着手筹划到内地投资。1979年,他投资兴建中山温泉宾馆,成为最早到内地投资的香港企业家之一。1983年,他与广东省有关部门合作兴建了广州白天鹅宾馆。他坚决拥护"一国两制"的伟大构想,衷心拥护中央对港方针政策,为确保香港平稳过渡、顺利回归和长期繁荣稳定殚精竭虑,做出了突出贡献。1993年7月开始,他在香港特别行政区筹委会预备工作委员会和筹委会中担任副主任委员的重要职务,频繁奔波于香港与北京之间,出席或主持有关会议活动,听取和反映香港各界人士的意见,参与制定各种方案和政策。他多次公开表示,在中央关怀和正确政策的指引下,在香港社会各阶层人士的支持下,相信未来的特别行政区政府一定会把香港建设得更好。他的真知灼见和赤诚爱国之心,感染了广大香港民众,坚定了他们对香港回归祖国的信心。

香港回归祖国后,霍英东先生一如既往地运用自己的社会影响力,积极贯彻落实"一国两制""港人治港"的高度自治方针,全力支持特别行政区行政长官和特区政府依照基本法施政,为维护香港繁荣稳定做出新的贡献。他积极投身祖国改革开放和现代化建设事业,长期致力于香港繁荣稳定发展,受到党和国家的充分肯定。

霍英东先生的一生,是爱国的一生,奋斗的一生,奉献的一生。他爱国至诚、爱港至深,坚持真理、爱憎分明,不畏邪恶、光明磊落,是爱国爱港的杰出代表;他面对逆境勇于拼搏,锲而不舍终至成功的传奇奋斗人生,是中华民族自强不息精神的典型写照;他乐善好施,热心公益慈善事业,无私奉献,是服务社会的楷模;他为人谦厚,处事低调,生活俭朴,胸襟品格令人敬佩。他将个人的命运与国家民族的兴衰融为一体,他的爱国精神和高尚品格永远值得人们尊敬和怀念。

第九章 儒商文化创新

当前，我国的市场经济体制日趋完善，融入全球市场的步伐进一步加快。然而，市场经济自身不可调和的矛盾和冲突逐渐显现，在经济制度方面，虽然我国进行了社会主义市场经济的伟大实践，但是缺乏与之对应的社会主义市场经济伦理道德内容建设。因此，近年来，不管是企业界还是学术界都在思考：是否能找到我们自己思想文化的根源和哲学作为指导，来支撑我们社会主义市场经济的伟大实践？我们传统的儒家思想是否能与企业实践结合而承担新的历史使命？

第一节 市场经济的思想基础和文化根脉

党的十八届三中全会正式提出"使市场在资源配置中起决定作用"，这是一个非常重要的重大理论观点。市场的作用从"基础性"变为"决定性"，是我国社会主义市场经济内涵的一次重大提升，是进一步推进市场化改革、全面建成小康社会提出的新指针。

中国社会主义市场经济是否有自己独特的思想基础和文化命脉？从表面上来看，传统儒家伦理与现代市场经济似乎格格不入，因为市场经济是逐利的，资本不管在哪里都一定要追求利润的最大化，都是为了追逐利润。"资本来到世间，从头到脚，每个毛孔都滴着血和肮脏的东西。"市场经济下的竞争是充分的，也是残酷的。然而，传统儒家文化却是温情脉脉的，充满了人文关怀和人性关爱。儒家思想中，是将"义"摆在比"利"更高的位置的，所以我们传统的企业或者说商人，都是以义取利、义利并举的，如果只是单纯追逐利润，见利忘义，就会被骂为"奸商"。从这一点上来说，儒家伦理道德和现代市场经济似乎背道而驰。然而，这只是市场经济初级阶段的表现。当市场经济进入了全面的、高级的阶段，全球市场形成，市场经济内部就出现了矛盾和冲突，主要表现在伦理道德方面。如果说初级阶段的市场经济，更加强调人的动物性、野蛮性，那么高级阶段的市场经济，则不可避免要恢复人的社会性。一个企业在市场经济初级阶段可以野蛮生长，但到了市场经济高级阶段，就必须考虑到社会环境，野蛮生长势必造成资源的消耗和枯竭。如果企业不能够主动认识到这一点，都不愿意主动承担社会责任，那么就只能走向共同毁灭。所以，这是市场经济的本质矛盾冲突，也是给中国儒家文化的一个机会。中国的儒家文化和西方文化的一个最大不同，就在于儒家文化并不是那种"物竞天择，适者生存"的竞争性文化，而是追求社会和谐、天人合一的竞合性文化。西方的竞争文化是建立在利己主义基础上的，东方的儒家文化却是建立在利他主义基础上的，"我为人人，人人为我"。孔子所讲的仁爱，本质上就是一种利他主义。不但人与人之间讲究追求和谐、减少矛盾和冲突，而且人与自然，人与天地万物，都是一种和平共处的关系，追求天人合一。以儒家文化为核心主导的中国传统商业文化，最大的特色就是以义制利、义利合一，承认人有逐利的本能欲望，但是更相信人有超越动物性而追求精神层次的存在，义就是超越自我利益的圈子，而自觉承担社会责任，融入社会、天下，是追求共同发展，实现和谐共赢的一种思想。

习近平总书记多次提到了传统文化的精髓——"和"，向世界传达和讲述中国的"和文化"。中国提出"一带一路"倡议，其最根本的文化支撑，也正是这种"和文化"。中国要走向世界，不单是在儒家文化圈子里，在世界范围，和文化也是有着广泛的、共同的接受基础的。中华民族要实现伟大复兴的中国梦，中国的崛起是和平崛起，是与亚洲和世界各国人民一起，构建一个个大大小小的经济共同体、文化共同体，最终与世界各国人民共建命运共同体。

儒家文化传统的民本思想值得提倡。包括法家、道家都是提倡民本思想，它在今天就是人本思想。市场经济最为人们所熟知的就是"市场化"，其实这只是一方面，市场经济的发展还有一方面，就是人本化。应该说只有"市场化＋人本化"，才是完整意义上的市场经济。中国要探寻社会主义市场经济，同样不能只注重"市场化"而忽略了"人本化"，而"人本化"人的思想根源，就在于我们的儒家、法家、道家等传统文化宝库中。

一、儒家文化在市场经济高级阶段的支撑作用

我们现在的市场经济，借鉴了很多西方社会的做法，以至于我们的市场经济伦理道德，也沿用了从西方带过来的那一套。有人提出西方的马克斯·韦伯曾从理论上阐述了儒家文化对资本主义、市场经济等的约束和阻拦，但这种观点不够全面。

马克斯·韦伯有两部重要的著作，一部是《新教伦理与资本主义精神》，该书被认为是现代市场经济伦理道德的奠基之作。韦伯在该书中论述指出，新教伦理与资本主义精神是一种生成关系，新教的"现世禁欲主义"伦理为资本主义企业家提供了一种心理驱动力和道德能量，从而成为现代理性资本主义兴起的精神动力，也是现代资本主义得以产生的重要条件之一。新教伦理所表现的现世禁欲精神，合理安排的伦理生活却无意中促进了经济活动的开展，新教伦理赋予了经商逐利行为以合理的世俗目的。新教伦理鼓励个人要勤奋挣钱，因为你挣钱越多就对社会贡献越大，而对社会贡献越大，你就越能洗干净自己的"原罪"。所以，新教伦理一方面鼓励人们勤劳致富，另一方面，又鼓励将挣来的钱"给予"社会，让财富回归社会，造福大众。这正是西方一方面产生了那么多企业家，一方面又有那么多人

争着向社会捐出财富，形成慈善文化的原因。正如德鲁克所说的那样，"企业的目的在企业之外"，企业当然要挣钱，但是挣钱的目的却是为了回报社会。

马克斯·韦伯还有一部著作，叫作《儒教与道教》，他没有来过中国，但是对中国文化的剖析非常到位。不过，他关于儒家文化束缚和阻碍了资本主义的产生这一观点，是有偏见的。不错，在他所处的时代，是资本主义和市场经济的初级阶段，这个阶段，儒家文化的确与资本主义精神和市场经济的伦理道德格格不入，基本上是反其道而行之。儒家和佛教、道教、伊斯兰教等一样，都是对资本主义和市场经济的发展起着阻碍作用的。可是，马克斯·韦伯没有意识到，一旦资本主义和市场经济发动之后，经过初期阶段，来到高级阶段，尤其随着全球化的深入，全球市场的形成，资本主义和市场经济面临的一个根本性问题就会暴露出来——过度地掠夺和破坏资源，引发了人与自然环境的恶化，例如气候变暖、雾霾等，自然开始惩罚人类，而各个国家为了在全球市场竞争中获得利润最大化，互相展开恶性竞争。曾经作为资本主义精神生成和发动的新教精神，如今却成为人类文明冲突最灾难深重的一个领域。人与人之间的不和谐，人与自然的不和谐，是全球经济一体化过程中出现的最大问题和面临的最大挑战。是共同毁灭，还是共同发展？如果说市场经济初期，需要打破平衡才能发展，正如我们改革开放初期提出来的那样，"要让一部分人先富起来"，只有这样，市场经济才能发动，而现在的问题是，如何在市场经济的高级阶段保持一种新的平衡——人与人之间的平衡，人与自然之间的平衡？这已经不是市场经济自身所能解决的了，就需要中国的儒家文化，这也是我们最好的机会。

二、共建精神家园是中国企业的新使命

企业文化基因，首先肯定企业也是一种生命，从仿生学、生态学和生物学等各方面来研究，企业虽然不是生物个体，但是对企业生命属性的认识基本是一致的。一切生命都有基因，企业作为一种生命现象，也一定有它的基因。其次，企业文化存在着文化基因，文化基因同生物基因有着某些共同的遗传规律，也有自己的特征，它是"先天遗传和后天习得"所形成，"先天遗传"部分是企业创立阶段形成的，"后天习得"部分是在成长中养成的。文化进化，是文化基因遗传和文化创新相互推动的结果。最后，企业文化基因对企业生命质量和生命周期起着决定性作用。企业的转型、创新与涅槃更生，表面是物质的转变和组合过程，本质上是中国文化基因的延续、突变与再造过程。

中国企业的文化基因，离不开中国文化的整体根脉。儒家文化是中华的主脉，因此也可以说是中国企业的文化基因主脉。理解这一点，对于我们树立文化自信，从而做到文化自觉，可以说有着重大意义。

关于创建精神家园问题，宗教信仰被认为是西方资本主义精神的一个重要支撑。据统计，在美国，有宗教信仰的人超过1.3亿，主要信仰基督教、天主教和犹太教；加拿大居民信奉基督教和天主教的人数占总人口的88.5%；澳大利亚74%的人有宗教信仰，其中信仰基督教的各教派人数占总人口的67%……但是很多人忽略了一个最基本的事实，就是西方企

业里虽然信徒众多,但是这些信徒的精神家园并不在企业,而是在教堂、教会,企业对他们来说只是一个工作的地方,是职场,是挣钱的地方,是实现个人价值的地方。西方的企业文化,主要具有企业管理的功能,不承担员工的个人信仰,也没有那么强烈的精神关注。但是,中国就不一样。中国人普遍被认为是没有信仰的,即使我们也有很多的教徒,信奉基督教、伊斯兰教等,但是由于我们传统文化强大的"实用主义"惯性,因此,我们的宗教更多的是用来被使用,而不是被信仰的,因此我们才有"临时抱佛脚"这一句话。这固然是我们的一个中国特色,但是也因此留下了一个巨大的空白。这个空白谁来填补?企业正好可以承担起这个使命。企业,是现代社会的产物,取代传统的家庭而成为社会的最基本、最具活力的生命细胞。企业不仅仅通过资本的力量将大家联系在一起,更应该通过精神的纽带,靠文化信仰、职业信仰及民族理想将大家凝聚在一起。儒家文化以血缘关系为纽带建立起来新的现代伦理关系,加上民族思想与职业信仰的建立,逐渐与文化信仰融合起来,这样的企业,就不仅仅是员工的工作场所,还可以成为员工的精神家园。

企业建立精神家园,必须注意几点:一是要根植于中华文化的根脉,宣传中华民族的伟大理想。企业必须自觉将自己的命运与国家、民族的命运密切联系在一起。二是企业必须有自己的信仰和理想。企业没有信仰和理想,仅仅是制造利润的机器,有了信仰和理想,才有事业、有方向、有动力,才能凝聚人心、汇聚人才、完成使命,承担社会责任。三是要善于发展人的精神需要、兴趣、爱好、审美观和价值观的共同点。企业要创建精神家园,必须尽可能创造条件,满足不同人的需要。四是坚持以人文为本,发挥员工的首创精神,努力实现员工价值。企业要让员工快乐地工作,极大地发挥他们的首创精神,在实现他们自我价值的同时,亦实现企业的价值、社会的价值。五是要吸收员工参与文化建设。

所以,为员工创建精神家园,就是中国企业在这个时代所应该肩负的使命,也是传统儒家文化与现代市场经济相结合,融入企业实践的一个最佳结合点。中国企业文化由此会开创出一番完全不同的新局面。

三、高科技与高文化的相互平衡

文化离不开传承。对今天的青年人来说,一提起儒家文化似乎就是落后、保守的,很容易遭到反对和抵触,新一代的企业家无疑也对儒家文化能否适应今天的互联网时代抱着怀疑态度。问题在于如果我们自己都不相信自己的文化,如何向国际传播呢?

(一)新时代年轻人需要更高的道德素养

现在的年轻人对儒家文化没有那么深厚的感情,甚至很多人都有误解,其实根本问题还是出在我们的教育上。其中一大失误,就是我们过多注重知识的传授,而忽略了素养的培养和养成。素质侧重于孩子的知识与技能,而素养则包含了孩子的人格养成部分。一个人不管取得什么样的成就,至少在人格上都应是独立的、完整的。我们应该讲要懂得感恩和敬畏,再就是有爱心、讲诚信、负责任,课程上的讲授加上日常行为的养成,二者有机结合。这些都是我们传统文化中最基本的东西。尤其是感恩和敬畏，我们传统文化很注重这一点。儒家讲"忠孝"，佛家讲"报恩"，要报国家的恩、父母的恩、师长的恩，等等，可是我们的孩子，很多人连最基本的感恩都不懂，以为上学就是交几千块钱学费那么简单，却不知道背后有父母的付出，有学校师长的付出，有社会资源的付出，有党和国家的付出。培养一个像样的人才，凝聚着多少人的心血呀，所以懂得感恩，是一个人做人最基本的道德。再就是敬畏。孔子讲，君子有三畏：畏天命、畏大人、畏圣人之言。畏天命用今天的话来说就是要敬畏自然，要爱护我们的地球家园，维护良好的生态环境。畏大人就是要尊重有道德的人，要尊重那些为国家和民族做出贡献的人，为社会道德风尚的建设做出贡献的人。畏圣人之言，实际上就是要尊重智慧，尊重人类的理性。有人说中国人没有宗教信仰，所以不懂得敬畏，这只是一方面。其实敬畏本身就是一种神秘的、高级的理性，通过教育，人人都可以获得这种智慧和体验。

（二）高科技需要高情感相平衡

现在的互联网技术的确发展很快，一日千里。但是，高科技一定要有高文化与之相平衡。这句话来自托夫勒《第三次浪潮》，"高科技需要高情感相平衡"。互联网技术很先进，但是与之相对应的先进文化是什么呢？还是儒家文化中的诚信文化，只不过这诚信文化是经过发展的。

大家都知道阿里巴巴曾经出现过诚信欺诈事件。一家以成为"持续发展102年的企业"为远大追求的互联网企业，怎么会出现诚信欺诈事件？其实诚信本身并没有问题，整个资本主义和市场经济所存在的基础——契约精神，本质上就是诚信。但问题是阿里巴巴所秉承的诚信文化，还是中国传统儒家文化中的诚信，那种诚信是建立在自然经济家族文化基础之上的，是以血缘关系作为纽带的，血缘关系越近的圈子，则诚信度越高；反之血缘关系越浅薄，则诚信程度越低。如果完全没有血缘关系，诚信就降到了零，这也是为什么中国假冒伪劣盛行的一大原因。至于现代市场经济所讲的诚信，是一种以法律为纽带的诚信，这种诚信是公平的，不会因为对象的不同而决定是否诚信。一个商人，不管跟谁做生意，只要签订了合同就必须恪守承诺。因之，阿里巴巴的问题，其实是落后的原始文化与先进的经营方式的冲突。

那么，与先进的互联网技术相适应，怎样的先进文化才能平衡呢？诚信文化是不变的，儒家的诚信文化也是没有错的，只不过需要将其脱离血缘民族关系，甚至超越法律层面，而上升到价值观层面。

价值观层面的诚信，是一种人的内心的自我约束，是将诚信视为一种非常高尚的东西，从内心进行自省、自律，并且始终自觉地主动坚守。因为法律层面的诚信，还是需要外力约束的，因此在法律顾及不到的地方，还是会有漏洞；价值观层面的诚信，则是无所不至的，是最高诚信。

（三）我国的文化交流出现严重逆差

各国文化在国际间是相互渗透和传播的。现在，要提高全球治理水平，中国融入世界的脚步进一步加快，中国企业的国际化更为加深。我们现在输出的资本，已经达到了数千亿，甚至近万亿美元；我们引入的资本，超过万亿美元，资本的输出和输入快要持平了。可是，我们在文化输出上，却远远小于文化输入，也就是说，这是一个严重的文化逆差。以孔子学院为例，这是我们国家文化输出的一个大动作，每年投入不少，孔子学院和孔子课堂在全球已经达到了700多所，可是，我们的文化被世界接受了吗？效果还是不够明显，有些国外大学的孔子学院，设施面积不大，摆放一点中国图书、字画、算盘，布置些中国元素，像样一点的安排一些培训班教授汉语，搞一些文化交流，还是缺少大学"学院"的物质条件和学科支撑，如何讲好中国故事、传播好中国文化，还需要研究和加强。文化输出不能靠单纯的硬输出，因为文化是软实力，所以要软输出。在这方面，中国企业可以大力发挥自己的作用，因为文化输出通常最好的方式是伴随着资本输出。就像当年我们引进外资，除了引进日本的企业、生产线，更在不知不觉中引进了日本的企业文化，我们引进美国、欧洲的企业资本，同时也引进了他们的文化。我们国家现在提出"一带一路"的倡议，中国企业走出去，这是中国文化输出的一个最好机会，但是我们自身也必须先解决好一系列文化认识和问题，如果自己不先想清楚了，把自己的事情做好，怎么去让人家相信和接受？

我们今天讲全球化，其实全球化大趋势无非两点：一是文化的冲突，二是文化的融合。其中融合又是终极趋势，但是全球化强调共性，也强调个性。现在，是中国文化彰显自己个性的时候到来了，要彰显个性，先要全面了解自身，通过实行文化自救达到文化自信，最后才是文化自觉。

因此，传统儒家文化如何与社会主义市场经济深度融合，全面指引中国企业在全球一体化的市场经济大潮中乘风破浪，彰显自己的中国特色并且为全球化下的市场经济提供伦理道德支撑，这是一个时代课题，也是历史赋予中国商业文化和企业文化的一个弯道超车的绝好机会。中国提出民族伟大复兴的中国梦，提出2020年实现小康，小康不光是一个人均GDP多少美元的简单概念，小康首先应该是人的思想和精神层面的富足，文化复兴与经济复兴必须相辅相成，相得益彰，到那时，中华民族在世界民族之林中才会真正崛起！

第二节　儒商文化在现代企业管理中的价值

儒家思想文化是中华民族传统文化的优秀代表。在中国几千年的历史发展过程中，儒家思想文化对民族传统文化的发展做出了巨大的贡献，它所倡导的"尊才重教的思想""仁、义、礼、智、信"的思想，"以人为本，和谐共处，""忧国忧民，自强不息"等思想，在科技高度发达的今天，在人们的政治生活、经济生活和文化生活当中都具有极其重要的现实意义。

我国正处在改革开放和进行社会主义现代化建设的伟大历史时期，社会主义的市场经济建设和企业管理水平的提高都离不开中国传统思想文化的熏陶。中国传统思想文化作为沉淀在国人思想意识和行为习惯中的固有因素，它必然对整个社会产生影响，在社会生活的各个方面都将起到一定的作用，在我国的社会主义市场经济建设中，在企业管理水平的提高，企业文化的建设方面会起到积极的或消极的作用。因此，正确认识中国传统文化尤其是儒家思想文化与现代企业管理的关系，汲取其中的积极因素并使之融入社会主义现代化建设之中，特别是融入现代企业管理之中，为提高企业管理水平服务，同时遏制和消除其消极因素对企业发展的影响，这是我们面临的重大理论问题和现实挑战。

儒家思想文化是中国传统文化的主干，研究中国传统思想文化与现代企业管理的关系问题，主要是探讨儒家思想文化与现代企业管理的关系问题，探讨儒家思想文化对现代企业管理的影响，以及在现代企业管理过程中所起的积极作用。

针对新时期提高企业管理水平的需要，结合儒家思想文化的特点，我们要提炼出一些对企业发展有用的因素。对于儒家思想文化，我们应该运用辩证唯物主义的观点和历史唯物主义的观点批判地加以吸收和继承，真正做到古为今用，去伪存真，取其精华，去其糟粕，对儒家思想文化进行现代再造，吸收和继承其中优秀的部分，把它们应用到现代企业管理之中去，从而更加适合时代发展的需要。

中国传统思想文化的主体是儒家思想，而企业是市场经济的主体，企业管理则是实现市场经济快速发展的手段。对于儒家思想文化与现代企业管理的相关问题，概括起来，大致有三种基本观点：

一、在企业管理中全面应用儒家思想的观点

持第一种观点的学者认为，儒家思想文化完全可以与现代企业管理结合起来，在企业管理活动中发挥作用。我们知道，一个民族在其长期的历史发展过程中形成的特定素质、行为方式和文化传统，都会潜移默化地影响到民族现代化的历史进程，都会通过全息再现，使一个民族的现代化进程带上传统的烙印。而企业管理作为现实生产的主要组成部分，它是通过具体的计划、组织、指挥、协调和控制，来实现生产过程的结构优化、运行有序和目标的实现，从而更加促进现实生产力的发展。一个民族所特有的思想文化理念，必将在企业管理的方式、方法上打上历史的烙印，对社会的进步和市场经济的发展，对解决当代世界的发展所面临的问题有极大的促进作用。

儒家思想文化对东亚、东南亚各国的经济发展起到了巨大的推动作用。日本在很早的时候就向中国学习，在唐代曾派多批的"遣唐使"来中国学习先进的思想文化。作为中国思想文化代表的儒家思想在日本得到极大尊崇，儒家的经典著作《论语》也在日本社会和日本的企业界获得了崇高的地位。由孔子的弟子及再传弟子辑录而成的《论语》，是各领域的领导者们极好的教科书，特别是在经济界，《论语》可以说是经营管理者们的必读之书。孔子的"仁和"思想在日本企业的经营管理活动中得到广泛应用，许多企业将"仁和"理念作为企业管理和人才培养的核心，把"仁、义、礼、智、信"作为企业管理的信条。

二、在企业管理中全面抛弃儒家思想的观点

第二种观点是长期以来在学术界起着普遍影响的传统观点。其代表事件是"文革"时期的"批林批孔"和"打倒孔家店",不但在企业管理领域,在社会生活的各个方面,儒家思想都被歪曲为腐朽反动的思想,遭到全面禁止和封杀。其代表人物是德国的著名社会学家马克斯·韦伯。他在《中国宗教——儒家和道家》《新教伦理与资本主义精神》两部著作中,比较具体地考察了儒家思想与欧洲新教伦理思想对世界资本主义经济发展的影响,认为欧洲新教伦理思想对近代资本主义的形成和促进市场经济发展起了十分巨大的作用,而儒家思想由于自身的弱点和局限性,它对社会现代化和市场经济的发展起了阻碍的作用。儒家思想所追求的"中庸和谐"和对外部世界的适应性导致它不会促进市场经济的发展和企业经营管理水平的提升。20世纪60年代,美国著名经济学家约瑟夫·列文森出版了《儒家中国及其现代命运》一书,认为儒家思想强调伦理等级名分,注重整体本位,是一种保守的思想,与现代社会所强调的个人价值、社会竞争、变化发展、注重利益,是格格不入的,儒家思想已经不能适应社会的发展,最后必将走向衰亡。

三、在企业管理中应坚持辩证分析的观点

第三种观点主张对儒家思想与现代企业的关系采取客观分析的态度,坚持一分为二的观点,认为儒家思想文化对现代企业管理既有起着积极作用的方面,也有起着消极影响的方面,至于积极作用和消极的程度如何,哪些是积极作用,哪些是消极影响,在实践中应如何扬长避短,在理论上应如何去粗取精,是广大学者和企业管理者应该着力解决的问题。我们必须清醒地认识到儒家思想究竟是当代社会发展的绊脚石,还是当代社会发展的助因,不取决于孔孟儒思想家本身,而是取决于体现、解读、研究儒家思想的我们。如果我们能应时代之需要,汲取儒家的精华,创造性地转换儒家的精神,儒家思想就会成为社会发展的助因,相反,只是一味抓住儒家思想已经过时的、与当代社会发展不相适应的只言片语不放,无论是以弘扬的面目登场,还是以批判的形式出现,都不会收到良好的效果。

我们基本上赞同第三种观点,认为应该辩证地、历史地、客观地、具体地来分析儒家的思想文化与现代企业管理,特别是与我国现代企业管理的关系,我国正处在建立社会主义市场经济和企业制度转轨以及改组、改制的关键时期。在这个过程中应该如何建立现代企业制度,形成一套具有中国特色的社会主义的企业管理模式,是学术界和企业界应该认真面对的现实问题。儒家思想本身也是多层次,多方面的,它与现代企业管理的关系也是具有多重性和复杂性的特点,同时二者之间的相互联系和相互作用还要受许多条件和因素的制约,因此,必须全面地,具体地加以考察和研究。

四、将儒家思想融入企业管理,可以化解经营管理危机

现代西方管理学之父彼得·德鲁克认为:"管理并不是同文化无关,即并不是自然世界

的一部分。管理是一种社会职能,因而既要承担社会责任,又要根植于文化之中。"将传统文化与现代管理相结合,在企业经营管理领域已经逐步成为共识。李嘉诚、霍英东、曾宪梓等儒商利用儒家思想进行企业管理,已经取得有目共睹的成绩。国内一批有眼光的企业家,也开始注重发掘儒家资源运用于企业管理,已初见成效,他们用自己的成功证明了儒家学说的现代价值。可以肯定地说,儒家思想中有着企业管理可以借鉴的内容,这些内容并没有因为时代的变化而丧失其恒常价值。我国著名学者陈寅恪先生强调指出,儒家的纲常伦理深刻地影响了中国的经济和管理体制,他说:"吾中国之文化,具于《白虎通》三纲六纪之说,其意义为抽象理想最高之境,犹希腊柏拉图所谓 idea 者。若以君臣之纲言之,君为李煜亦期之以刘秀;以朋友之纪言之,友为郦寄亦待之以鲍叔。其所殉之道,与所成之仁,均为抽象理想之通性,而非具体之一人一事。夫纲纪本理想抽象之物,然不能不有所依托,以为具体表现之用;其所依托以表现者,实为有形之社会制度,而经济制度尤其最要者。"由此可见,儒家思想对于企业管理的重要性。

五、儒商文化对于企业的价值

儒商的主体价值决定了儒商文化的价值。如果说新型儒商是当代代表中国企业家特色的时代骄子,那么,儒商文化就是经济文化的主流,必将以强劲之势汇入社会文化的大潮之中,奔涌向前。儒商文化对于企业的价值体现在如下几个方面:

(一)儒商文化是现代企业精神的重要来源

企业精神是企业文化的内在要素和本质,是企业价值标准的明晰化,是激励员工奋发向上的精神动力。儒商文化从经济、企业管理的角度弘扬、体现了中国传统文化,它可以帮助我们在建构企业精神时,使企业精神的时代性与传统性、民族个性与企业个性有机地结合起来,采取中国人喜闻乐见的具有个性化、具体化、人情味的形式,真正起到企业精神的指导、感化和鼓动作用。例如,儒商具有"仁爱、民本、民生"的传统,它可以转化为"为人民服务""最大限度地满足人民群众日益增长的物质文化需要"的社会主义企业精神,体现社会主义的生产目的和社会责任;儒商具有爱国主义传统,这是历史的主旋律,也是社会主义企业精神的时代主题;儒商具有自强不息的忧患、改革、创新、竞争精神,这是现代企业精神的主要内容;儒商具有反求诸己的内省精神,这是现代企业高标准、严要求,自我约束、苦练内功、稳进发展的有效方法。

(二)儒商文化是现代企业道德的重要内容

作为企业文化核心的企业道德,是企业行为自律的内在规范。当代企业管理理论和实践对企业道德越来越重视,视之为企业的生命,十分强调以企业的理想、态度、义务、纪律、良心、荣誉、作风等为内容的道德。儒商就是讲传统道德的商人、企业家,将道德与经济融为一体是儒商的特点。在儒商道德中,含有许多可以作为构成具有中国特色的现代企业道德"内核"的因素和原料。儒商崇扬的以义取利、诚敬就业、言信货实、和睦协调、勤俭廉洁等道德规范，可以成为构建现代企业道德的合理内核和重要内容，发挥其价值核心的作用。

（三）儒商文化是现代企业形象的设计方法

企业形象是企业文化的重要内容，是企业精神、企业道德的外在表现。企业形象设计是企业的个性、身份、形象。企业形象实际上就是文化形象，儒商文化对于塑造现代企业形象是极有帮助的。在中国人的人格认同意识中，道德形象具有极大的吸引力。特别是在目前假冒伪劣商品甚嚣尘上的社会环境下，人们痛恨奸商，以讲道德为特征的儒商形象是令顾客感到亲切的。"亲君子，远小人"，是千古名训，也是儒商形象为什么具有如此大的感染力的秘密所在。儒商形象除了具有道德性的特征外，还有"民族性"，这也是它得到全国人民普遍认同的重要原因。儒商的实践证明，企业生产和经营必须与中华民族的传统风习协调一致，才能取得成功。"品牌的背后是文化"，文化积淀着民族传统。采用儒商的形象战略建设现代企业形象，就必须注重企业形象的民族特色。

（四）儒商文化是现代企业管理的智慧宝库

首先，儒商以性善论为主的性多元论人性思想符合现代管理学的人性假说；其次，儒商以人为本的管理哲学符合现代管理理论和实践的发展趋势；再次，儒商家族结构的亲情式管理具有极大的凝聚力；最后，儒商灵活的经营战略是现代企业管理行之有效的方法。

第三节　儒商文化与现代企业管理的关系

要想辩证、客观、切实分析儒家思想文化与现代企业管理的关系，就必须全面地对儒家思想文化与现代企业管理的关系进行分析和探讨，具体从现代企业管理的逻辑体系、儒商文化与现代企业管理的三重性关系、儒商文化与经济发展等方面加以研究和考察。

一、现代企业管理的逻辑体系

首先我们必须对现代企业管理进行一些探讨和研究。企业是市场经济的主体，企业管理活动贯穿了市场经济的始终。早期的企业管理更多的是一种潜意识的活动，面对一项工作，人们自觉或不自觉地去寻找一个更高效的方法去完成它。随着社会生产力的发展，人类的生产活动日趋社会化和专业化，于是便产生了分工协作的要求以及劳动者之间如何分工协作才能提高效率和取得最佳效果的探讨。这就需要管理。企业管理作为一种人类的社会实践活动，虽然自古有之，但成为一门科学却是在工业革命之后，即从 19 世纪末到 20 世纪初才形成和发展起来。那么什么是企业管理呢？由于人们在研究时的出发点不同、角度不同，所以对管理的内容和性质的认识也存在着差异性，但一般来说，管理可以被定义为：在企业的生产实践活动中，通过计划、组织、领导、激励、控制等方式组织人力、物力和财力等资源去实现组织目标的过程。

我们可以从以下三个方面来理解它的含义：

①管理作为一个过程，是通过计划、组织、领导、激励、控制等职能来加以实现的。这也表明了管理的基本职能与管理者的工作内容。

②管理的对象是组织的各项业务性活动及其所使用的资源，包括人力、物力、财力、时间、信息等，通过运用现有的资源，经过业务性和管理性的活动来取得经济效益。

③管理的目的在于达到组织的目标，这是其特有的规定性。

自从泰罗发表《科学管理原理》一文至今，已有90多年的历史，在这期间，管理思想和管理理论均有较大的发展，它分别经过了科学管理时代、行为科学管理时代、管理丛林时代、企业文化时代，目前，已进入科技创新时代。在具体的科学实践中企业管理理论的各个发展阶段又带有各自不同的发展轨迹和时代特色。以科学文化与人文文化为源头的企业管理思想的发展，大概经历了以上五个发展阶段。在企业管理理论形成和发展的过程中无不渗透着思想文化的影响，同时为了适应企业发展的需要，根据各个阶段企业管理过程中出现的问题，形成了不同的管理思想和方法，从而促进了现代企业管理学的不断向前发展。

随着现代市场经济的发展，世界进入知识经济时代。在企业经营和管理过程中，科技创新在企业经营过程中的作用越来越大，使现代企业管理进入科技创新时代。科技创新时代，固然要克服管理科学各个阶段上的某些错误倾向，但都不是全盘否定，而是综合了以上几个阶段当中一切合理有用的东西，把它们保留下来，无论是科学管理时代所包含的科学主义思想，行为科学时代的人文主义思想，企业文化时代所推崇的儒家思想，还是科技创新时代所强调的创新思想。

从现代企业管理的发展过程中可以给我们提供如下三个重要启示：首先，现代企业管理理论的发展受一定的思想文化体系和价值观的影响；其次，企业管理的模式和理论不是唯一的；最后，任何一种企业管理形式都是为了适应本国企业发展的需要。

具体说来就是，现代企业的发展必须要有一种能够成为其动力因素和规范因素的思想文化精神和价值体系，思想文化精神和价值体系对于现代市场经济和现代企业管理都具有重要作用。这种作用不但表现在思想文化精神为其提供精神动力，还表现在对于物质利益追求的价值定位上，从而为市场经济的发展提供物质支持。而且，企业管理的模式和理论也不是唯一的，不同的国家和地区，不同的企业，由于文化历史背景的差异，对于利益追求的价值取向不同，它采用的管理模式和管理理论也是不相同的，尤其是由于进行管理的形式和性质的不同，需要有不同的思想文化精神和价值体系作为动力源泉和定向定位的机制。企业管理所采用的形式是为了适应企业发展的需要而存在的，不同的企业在不同的发展阶段会采用不同的管理形式。一般认为，一个企业的成长过程要经历初建期、发展期、成熟期、衰退期、消亡期五个阶段，在每个发展阶段，都应该采用与其发展水平相适应的有本企业特色的企业管理模式，超前或滞后都是不利于企业长远发展的。

中国的企业改革和企业管理制度的建立也必然具有中国的特点。中国是一个拥有13亿人口的发展中大国，人口多，底子薄，企业类型也千差万别，既有进入世界500强之列的大型国有企业，也有几个人组成的个体民营企业。同时，又拥有5 000年悠久历史和灿烂的文化。我们的企业管理不能照抄、照搬别人的现成模式。如果完全模仿或照搬西方或日本的模式不可能获得成功。中国要进行市场经济建设和建立现代企业管理体制，倡导爱国、敬业、诚信、友善等道德规范，这也是儒家传统思想文化精髓在现代社会的具体体现。

二、儒商文化与现代企业管理的三重性关系

总体上说，我们认为儒家思想文化与现代企业管理之间的关系是三重的。

（一）儒家思想文化与现代企业管理相互异质的关系

我们这里所谈的儒家思想文化与现代企业管理是异质的，存在着相互间的冲突。就是说儒家思想文化并不是在商品经济或市场经济条件下形成的，而是在以小农经济为主体的自然经济条件下形成和发展起来的。儒家思想首先是封建统治者维护阶级统治的工具，它要解决的主要问题是封建社会的伦理秩序以及在这种制度下为人处世的原则和态度。而企业管理在那时几乎是不存在的。尽管市场经济现象或商品经济在中国封建社会始终存在，并在有些地方，比如，在国都或沿海地区还比较发达，但它在封建社会中只是封建小农经济的组成部分。在一些小的店铺中，它的组织机构也只是由一个老板和一个或几个伙计组成，在管理上也是非常简单的。尽管有些大的商号或钱庄规模很大，组织机构比较复杂，但充其量也只能是企业管理的"雏形"。

企业管理是市场经济的重要内容，而市场经济在本质上是属于现代社会的。现代市场经济是以工业化大生产和科学技术的发展以及高度发达的商品经济为基础的。企业管理是在现代市场经济条件下进行的企业管理，它在本质上也是属于现代社会的。

显然，作为中国封建社会正统思想的儒家思想文化同样会被现代社会所排斥的，本质上属于现代市场经济体系范畴的现代企业管理是不同质的社会现象，二者在性质上是异质的。因此决定了二者在某些方面存在着冲突。这种冲突性表明，从整体上看儒家思想存在着不适应现代市场经济发展的因素，对此我们应该有清醒的认识。我们在建设社会主义市场经济过程中所遇到的阻力和障碍，其中有一些就与儒家思想的消极影响有直接或间接的关系，如人情大于法律、裙带关系、忽视经济效益等，在企业管理上的封建家长制作风、地方保护主义、竞争意识不强，等等。我们在建设社会主义市场经济的过程中，必须注意去遏制和克服儒家思想的某些负面影响，积极利用其积极因素，在实际运用上应去伪存真，去粗取精，达到古为今用，以保障企业改革的顺利进行。

（二）儒家思想与现代企业管理存在同构因素，可互相契合

儒家思想文化与现代企业管理的异质性只是二者关系的一个方面。我们还应该看到，

儒家思想与现代企业管理还存在着同构的因素，是可以互相融通形成一种互相契合的关系的。正如前面所谈到的，儒家思想文化是一个包括多层次、多方面、变化性特点的复杂体系。儒家思想文化作为几千年来中国传统文化的重要内容，既有其历史的局限性——包含着封建的糟粕，同时又在其中积淀了中华民族的群体智慧和对人生的感悟。它作为一种千百年来积淀下来的人类文明成果，又具有同现代社会互相融通、相互借鉴的因素，包含着许多真理性的成分。这些人类智慧和真理成分在现代企业管理过程中，特别是在建设有中国特色的企业发展之路上，通过去伪存真，去粗取精，定会绽放出夺目的光彩。就一般意义而言，儒家思想文化是关于人的行为及其人与人之间关系的理论。如前所述，企业管理说到底是由人类进行的一种行为。企业之间的关系表现为一种交换关系，而隐藏在背后的是人与人之间的交往的关系。因此，在人的行为及人与人之间关系这一层面上，儒家思想与现代企业管理有着某些共同性的因素，这些共同性的因素又使得二者存在着某些同构和契合的方面。

①儒家思想文化所重视的"礼法"规范与企业管理过程中所强调"秩序"规范的一致性。儒家思想文化注重规范与秩序的思想意识与现代企业管理过程中对秩序与规范的客观要求也是有其一致性的。儒家注重人与人之间的交往关系，通过交往来增强联系和了解，并且强调这种交往必须在严格的规范下进行。即在"礼"的规范下来调整人与人之间的关系以及整个社会的和谐秩序。而企业管理过程作为一种社会化的活动，它的活动主体也是复杂多样的。因而只有在统一的规范制约和调节下才能够正常进行。企业管理过程应该在一定的法制环境和行业规范内进行商业交换活动，否则就打乱了正常的经营管理秩序，从而导致正常的商业活动不能有序地进行。我们这里所谈到的规范和秩序对市场经济来说具有不可或缺性。而规范的实行又必须依赖稳定正常的社会秩序作为基础。没有良好的社会秩序就没有企业经营管理活动的正常进行。因此，在市场经济条件下，企业管理过程要求人们有自主的主体意识，又必须具有自觉的规范和秩序意识。可见，对秩序和规范的强调是儒家思想文化与企业管理活动所共同具有的因素。

②儒家思想的诚信为本与企业运行过程中信誉第一原则的一致性。讲究诚信是儒家思想所提倡的为人处世的一个根本原则。对于企业来讲，要使企业兴旺发达，树立良好的形象，必须首先从诚信入手。讲究诚信是企业经营管理的基础和根本，是企业的生命。马克斯·韦伯在《新教伦理与资本主义精神》一书中写道："切记，信用就是金钱……，影响诚信的，哪怕十分琐屑也要注意。"从以上可以看出，儒家诚信为本的思想与企业信誉至上的要求是一致的。

③儒家思想所强调的互助交往精神与企业管理所提倡的互利互惠原则是可以相互融通的。儒家以"仁爱"为核心的人际关系原则可以说是一种高尚的人与人之间互助交往的原则，儒家认为，人不是孤立存在的，而是始终处于各种社会关系之中，人只有在相互交往中才能生存和发展。儒家思想提倡人与人之间就应该多多交往，礼尚往来。而人与人之间交往的基本准则就是儒家的"仁爱"思想。儒家的这种人与人之间的相互依存，互利交往的思想与现代企业在经营管理过程中所要求的互利互惠原则是可以互相融通的。企业的互

利互惠是在市场经济基础上的交换经济，各种生产要素只有在相互交换中才能获得，商品的使用价值只有在交换中才能实现，各种利益群体的愿望只有在商品交换过程中才能实现。在这种交换经济中，生产者与生产者之间、生产者与消费者之间都处于一种相互依存的关系之中，离开对方，自己的利益和价值就不能实现。显然，企业的互利互惠原则与儒家思想的互助交往思想有着某种内在的相似性，儒家互助交往理念可以融通于市场经济的互利互惠原则之中。

④儒家的群体合作意识与企业管理过程中所提倡的"团队合作"精神之间是一致的。儒家思想对现代企业管理的促进作用，还突出表现在儒家的群体合作意识对于培养和形成市场经济条件下的企业精神、增强企业的凝聚力、提高企业的劳动生产率和经济效益方面有着重大意义。儒家思想文化重视群体价值，强调人们对于所属的群体要有归属感和责任心，把为群体做贡献当成是自己的职责和荣耀，提倡群体中个体之间相互忍让，互助合作。儒家的这种群体合作精神对企业内在的发展起着积极的作用。

⑤儒家思想所提倡的勤劳节俭、自强不息精神与企业管理过程中所提倡的艰苦奋斗、勤俭办企业精神的一致性。儒家思想所提倡的某些精神还可以成为现代企业发展的精神动力。这主要表现在儒家"自强不息"的进取精神、"节俭勿奢"的自律精神上，与现代市场经济的主体——企业所需要的精神品质是一致的。

从以上的考察中我们可以看出，儒家思想文化与现代企业管理确实存在不少融通与契合的因素，它们可以在一定的条件下融通于现代市场经济活动中，并对市场经济的发展起到积极的促进作用。我们应该积极吸收儒家思想的精华，把它应用到企业经营管理过程中去，为我国的现代市场经济建设提供精神动力和智力支持。

（三）儒家思想文化与企业管理之间互补优化

如前所述，儒家思想文化与现代企业管理不仅存在着相互融通、契合的方面，而且存在着相互异质的方面。这些相异质的因素也可以在一定条件下与市场经济形成一种互补、优化的局面，从而规范和促进企业的经营管理更加高效、更加健康地发展。

这些相异质的因素对企业管理的作用表现在两个方面：一方面，一些相异质的因素对企业管理工作的顺利进行起着消极的阻碍作用；另一方面，一些相异质的因素又可以在一定条件下与企业管理相辅相成，形成互补优化的效应，转化成起促进作用的因素。具体说，就是儒家思想文化中与现代企业管理相冲突但在性质上具有积极意义的因素，将可以遏制企业管理过程中的消极因素，补充其不足之处，从而促使企业的发展更加合理，更加完善。

它们之间的互补优化关系主要表现在以下几方面：

①情理与法制的相互补充与优化。现代企业管理是法制化的管理。常言说：没有规矩，不成方圆。在企业管理过程中，依法行事，按章办事，是现代企业管理的基本特征，也是企业追求利益最大化的内在要求。因此在企业运行的过程中，非法制化的因素受到排斥，人的情感受到抑制。应该说法制化是企业正常运行的一个根本条件，然而，片面地强调法制

化并不能实现利益的最大化，更不能实现整个市场经济的最优化。因为企业经营主体是人，企业的一切经营管理活动都是由活生生的人来完成的，离开人的活动，企业的一切物质运动都会停止。因此说，企业利益的最大化是靠人的主观能动性的发挥实现的。人的主观能动性的发挥不是光靠理性化的因素就能实现，非理性化因素，比如情感、意志等因素也在其中起着重要的作用。

在现代企业经营过程中，过分强调法制化而不顾及情感等非理性因素的存在，就不可能充分发挥行为主体的主观能动性。这种片面地强调和追求法制化而排斥和忽视人的情感、意志等感性因素存在的做法，必将形成企业管理的僵化模式，不能适应瞬息万变的市场变化，从而有损于企业利益的提高和个人主观能动性的发挥。儒家思想不仅重"礼法"，更重感情，认为"感人心者，莫先乎情"，提倡"发乎情，止于礼义"。强调"礼乐并重"，礼是理性的规范，乐是情感的陶冶。如果把儒家思想情理并重的理念引入企业法制化的运行模式中去，使企业的运行机制既合情理又合法，从而实现情与法的互补，情与理的互动，这样就可能更好地发挥人的主观能动性，充分满足企业的需要，实现企业利益的最大化和社会效益的最优化。

②重义与谋利的互补优化。企业以实现利润的最大化为企业生产和经营的出发点和落脚点。这是支配整个企业运行的根本机制。一般说来，追求利润是无可厚非的，这也是支配整个市场运行的根本机制和推动市场经济发展的根本动力。但是，这种求利情绪的过度膨胀，势必助长一些唯利是图、见利忘义、损人利己、为富不仁等歪风邪气，严重的会造成人格缺损和道德沦丧等问题。这不仅会损害企业利益，败坏社会风气，严重的会影响市场经济秩序和整个社会的和谐稳定。因此，对于企业的求利趋向应该进行正确的引导和规范，而这种引导和规范最主要的就是重"义"，即提倡"正当、适宜、高尚"的观念和行为。

③社会群体利益与个体利益的互补与优化。社会群体利益是各种个体利益的集合体。市场经济的发展不能没有个体利益的存在，但仅强调个体利益是不够的。要实现企业经营管理的良性运行和协调发展，必须注重社会群体的利益，或者说只有把个人利益的追求和社会利益有机地结合起来，才能实现市场经济的优化运行和健康发展。我们知道，在儒家思想中，群体的和谐是其重要基础和首要目标。儒家思想强调个体利益只有在群体中才有其存在的意义和价值，个体行为必须服从和服务于群体利益。重群克己是儒家思想的基本要求。儒家思想要求人们要以"公义胜私欲"，提倡"国而忘家，公而忘私"，"至公无私"。因为人毕竟是社会的个体，离开了群体，个人的利益和价值不可能得到真正的实现。同时，企业经营管理活动的正常运行，更需要人们把个人利益和社会群体意识结合起来。在市场经济条件下，如果把儒家重群克己思想的积极因素融汇于企业的经营管理中去，做到个体与群体相结合，公与私相结合，就可能促成人们在发挥个人主观能动性的同时，又抑制了利己主义思想的泛滥，从而维护市场经济的正常运行和整个社会的和谐稳定；在追求个人利益的同时又注重群体价值，促进企业内部形成团结合作的精神和整个社会经济的良性循

环和健康发展。

④和与争的互补与优化。市场经济的另一个根本机制就是竞争。竞争是实现资源有效配置和促进生产要素及其整个社会生产优化的根本条件。但是竞争是一把双刃剑，它可以对市场的发展产生推动作用，也可以对经济运行及整个社会生活的稳定带来某种负面的影响。在市场经济条件下，企业之间为了取得发展的优势，互相竞争是不可避免的，合理的竞争会促进生产的发展和效益的提高，但是如果为了达到个人或小团体的一己私利而进行不正当的、无秩序的竞争，会造成一定社会资源的无效损耗，一定程度的经济秩序的混乱，以及人心理的过分紧张，等等，这就失去了竞争应该有的意义和价值。如果把儒家的贵和思想引入现代企业管理的运行机制中去，以和的生成性来补充争的破坏性，以和的规范性来调节争的无序性，以和谐的心态来淡化竞争的紧张和冲突，达到以和济事，和争互补，就能避免竞争的破坏性和无序性。

⑤儒家"天人合一"的生态伦理思想与环保思想的互补优化。儒家的生态伦理思想就是提倡一种天人和谐共存的观点。认为天与人是同一世界的两个既相互对立又相互依存的部分，二者不能分割，缺一不可。人作为整个世界的主体，对自然界这个客体不应该是疯狂掠夺，无限制地利用和开采，不顾后果地鲸吞和蚕食，而是应该处处想到人和自然界是一体的，人如果破坏了自然，自然界就会报复人类社会。我们应当按照儒家"天人合一"思想，吸取现代科学的最新成果，动员社会力量，建立起全民参与的生态环保体系，从而向更高的生态文明过渡。

总之，儒家思想文化与现代企业管理既在一些方面存在着可以互相融通的因素，又在一些方面可以互补，相互整合。因此，从这一意义上讲，儒家思想文化在一些方面可以促进经营管理水平的提高，在市场经济发展过程中起积极作用。

三、儒商文化与经济发展

从孔子时代的子贡，明清之际的晋商、徽商到当代中国改革开放的成就，以及"亚洲四小龙"为代表的东亚经济的崛起，儒家的"经世致用"哲学在经济领域的成功运用，形成了源远流长的儒商文化。

儒商文化提倡建立在道德基础上的经济发展，它是一柄"双刃剑"，在约束儒商自身诚信经营、重义轻利的同时，也提高了儒商的信誉，降低了社会交易的成本和风险，促进了商业的繁荣和经济的发展。在中国社会主义市场经济体制已经确立之后，弘扬儒商文化具有十分重要的意义。

首先，儒商文化是公民道德建设的有机组成部分。我国实行的"以德治国"方略，深得儒家"修齐治平"思想的启迪。《公民道德建设实施纲要》中的基本道德规范，"爱国守法、明礼诚信、团结友善、勤俭自强、敬业奉献"与儒家思想一脉相传，是对几千年中华民族传统美德的继承和发扬。而根植于儒家思想沃土又融合当代经济发展经验形成的儒商文化，与

《公民道德建设实施纲要》互相印证，可以说是《公民道德建设纲要》的商业版本。把提倡儒商文化与贯彻落实《公民道德建设实施纲要》有机结合起来，重铸道德长城，才能推动经济和社会全面发展，推动民族素质全面提高。

其次，儒商文化是社会主义市场经济体制的必要补充。市场经济体制是由市场对资源配置发挥基础性作用，但是市场这只"看不见的手"也有失灵的时候，它不能解决市场中的垄断、收入不公，并带有一定盲目性、滞后性等特点。而以行政审批为核心的政府调控又难以洗净"腐败之手"，这中间必须有道德的"良知"发挥作用。由于斗争哲学对传统道德的破坏，加上市场经济体制还不够完善，假冒伪劣商品的泛滥成灾，上市公司财务数据造假，市场经济秩序还比较混乱，这些昭示着重振道德"纲常"的必要性。市场经济的道德伦理是市场经济列车的铁轨，脱离了道德之轨，市场之车就会走向失败。因此，必须大力整顿和规范市场经济秩序，逐步在全社会形成诚信为本、操守为重的良好风尚。

最后，儒商文化是加强企业管理和企业文化建设的重要手段。儒商文化是经过历代儒商的成功实践不断总结出来的，它本身就是一种企业经营管理之道。儒商文化的诸多内容对现代企业发展有十分积极的作用。如注重诚信，就是重视产品质量，信守合同，不逃废债务。重义就是守法经营，注重环保，在创造经济效益的同时，创造社会效益。仁爱就是关心职工的切身利益，实行人本管理。人和就是对内铸造团队精神，搞好协作，对外树立顾客至上的观念，建立良好的客户关系。西方的诸多管理法则也往往体现了这种管理中的道德诉求和人文关怀。如美国企业的创新精神、德国企业的质量第一观念、日本企业的团队意识等，与中国儒商的管理理念可谓殊途同归。孔孟之乡在改革开放以后涌现出一大批在国内外市场上崭露头角的企业，就是这些企业老总能够从传统文化中汲取丰厚的营养，并根据企业实际进行创新的结果。如太阳纸业集团董事长李洪信"太阳每天都是新的"的创新思想、山东山矿机械有限公司董事长马昭喜"两本（即人本、成本）"的管理法则、鲁抗集团原董事长章建辉"如临深渊、如履薄冰"的忧患意识、如意毛纺集团总经理邱亚夫的"树立国际一流品牌、建立国际一流企业"的坚定信念、心声集团原董事长韩法轩"奉忠孝诚爱心，走人间真情路"的亲情管理理念，等等，都深得儒家文化精髓而又独具特色，成为企业管理的核心和企业文化建设的重要组成部分，极大地促进了这些企业的发展，为孔孟之乡的经济发展做出了卓越的贡献。

第四节 新儒商文化

一、儒商文化的新理念

"共同体"理念在21世纪已经成为引领人类、引领时代的一个崭新理念。习总书记指出，坚持和平发展道路，推动构建人类命运共同体。那么，作为21世纪的儒商文化，同样必须接受这一崭新理念，在此基础上构筑一套崭新的价值观体系。这个体系包括：

（一）以优秀的儒家文化作为依托，构建包容性、多样性、个性化的价值观

我们说，共同体并不是一种自然而然的社会分工，而是一种人为的选择。这种选择，是建立在人们彼此拥有共同的价值取向，有着对亲密无间、守望相助的亲密人际关系的渴望基础上的，传统的血缘、地缘和文化在其中起着决定性的作用。而对于满足人们这种对亲密人际关系的渴望，儒家文化的"仁"有着得天独厚的优势。儒家认为。仁也就是爱，是人与生俱来的。每个人的本性中都有爱的情感，将这种情感以一种理性的方式表达出来，就是"礼"。这种理性的爱的情感强大到什么程度？一个人置身这种情感中，只会想到如何去帮助别人，去爱别人，甚至会出现对陌生人的关爱超过了对自己本身的关爱；而这种理性的感情与感性的情感——欲望是如此不同。欲望是只关心自己，只关注自己的利益表达而忽略了别人。感性的欲望只能带来自私自利，引发人与人之间的利益冲突。人人为己，人人都处于一种同他人的紧张关系中，那么这种关系就不是社会关系，而是丛林关系，是"狼与狼的关系"，残酷而无情；相反，理性的情感则能因情而生出义，从而将不同的人们的情感凝聚在一起，形成一种"和合"的理想局面。

（二）强调个人对社会、国家的责任和义务

儒家文化强调个人的道德修养，指出人一生有三块立足的基石：忠、孝和恕。忠，就是强调个人对社会和国家的责任和义务。一个人必须认识到，自己所以存在，不是孤立的，而是在自身之外有一个更大的系统作为支撑。这个系统就是社会和国家。一个人的人生是否有价值，一定要首先看他是否为社会和国家做出了贡献。这是一个人"成人"的真正含义。否则一味只关注自己，凡事强调以自我为中心，那就只是一个孩子，在古人看来更严重，是无父无君，"禽兽不如"。我们看到，在韩国、日本、新加坡等以儒家文化为基础的国家，以及我国的香港、台湾地区，都特别强调个人的集体责任感、荣誉感和事业心。在世界范围内，华人企业都特别具有凝聚力，都是因此缘故。孝，用今天的话来说，就是感恩。我国古代有二十四孝的说法，尽管其中有些故事过于离奇，但总体上，还是强调人要懂得感恩；佛家也说，一个人要上报四重恩：国恩、君恩、社会之恩、父母之恩，一个人如果连这基本的义务都不能尽到，即使遁入空门修行，也不会成佛。在自然界，小羊跪乳，乌鸦反哺，有人认为是自然现象，其实从感恩的角度来讲，人与自然完全一样，人要感恩自然、感恩生命、感恩天地，绝非无稽之谈。懂得感恩，我们才算懂得了生命的真谛。恕，就是包容。我们要有一颗包容的心，不但包容别人，也包容自己。我们经常在孜孜不倦地追求财富和人生幸福的过程中，迷失了初心，忘记为什么而出发，忘记自己其实只是一个普通人。包容就是承认和接受最本真的现实，将自己摆在最正确的位置。

（三）建立以"利他"为基石的义利观

人性"利他"还是"利己"，也就是人性是"善"还是"恶"，这是一个古老相传、争论不休的问题，也是东方文明和西方文明的一大分水岭。东方文明以中国儒家文化为主流，相信人性本善，于是就在此基础上建立起一套"利他"哲学。"先人后己""先天下之忧而忧，后天下之乐而乐"，利他，是一种阳光的、积极的、向上的、健康的推动力量，在每个人与社会系统之间，建立了一种正反馈系统，这个系统不断向着良性方向发展和超越。人与人之间的冲突和摩擦被降低到最小，而温情与日俱增，和谐一致成为共同追求的方向，最后必然实现共同利益的最大化。要注意，利他不是道德选择，不宜过分美化，更不能走向极端，"专门利他毫不利己"，正如中国古代的君子国一样，那样就成了荒诞。利他也要利己，只不过是将自己的个人利益控制在一个合理的范畴内。我国古代例如陶朱公经商时候就提出只取"什一之利"，后代的商人也一再提出"先义后利""以义取利""见利思义"，都是一样。

（四）坚持以中庸来化解矛盾和冲突

随着共同体的规模越来越大，不同种族、不同文化背景的人们之间，矛盾越来越尖锐，冲突越来越频发。此时，以中庸之道来调和彼此的矛盾和冲突就显得尤其必要。中庸，不是我们常说的当"和事佬"，没有原则和底线地去和稀泥，去掩盖矛盾和冲突，而是勇敢地面对矛盾和冲突，坚持"和为贵"的大方向，将冲突的双方和多方引向最后协调一致、和谐共处的大未来！

二、开放型儒商文化

构建"开放型"的儒商文化，是适应"开放的新世界"需要。

1. 互联网的出现改变了整个世界

联合网络委员会 1995 年 10 月对互联网进行定义："'互联网'指的是全球性的信息系统：

①通过全球性的唯一的地址逻辑地链接在一起。这个地址是建立在'互联网协议'（IP）或今后其他协议基础之上的。

②可以通过'传输控制协议'和'互联网协议'（TCP/IP），或者今后其他接替的协议或与'互联网协议'（IP）兼容的协议来进行通信。

③可以让公共用户或者私人用户使用高水平的服务。这种服务是建立在上述通信及相关的基础设施之上的。"

2. 互联网定义说明什么问题

（1）互联网的本质是什么

第一个问题从技术层面上讲，互联网的结构是按照"包交换"的方式连接的分布式网络，绝对不存在一个无所不能的"中央控制"的问题。这就是我们常说的互联网的"去中心化"。

那些某个国家或者某个利益集团利用某种超级技术控制一切的情形，只能出现在电影屏幕上了。第二个问题：互联网不是技术层面上的，而是将使用电脑、利用电脑技术的人连接在一起，这些人与人之间互相交流、沟通和影响。每一天每一小时每一分钟每一秒，世界各地数以亿万计的人们，都在互联网上进行信息交流和资源共享。而又有成千上万的人自愿地花费自己的时间和精力蚂蚁般辛勤工作，构造出全人类所共同拥有的互联网，并允许他人去共享自己的劳动果实。第三个问题，互联网是开放的。它向一切人敞开大门，全世界任何人，在这个地球村中的任何"村民"，不分国籍、种族、性别、年龄、贫富，只要你自己愿意，就可以加入进来，将自己的经验与知识、意见和见解加以发表。

互联网改变了一切，互联网使得全球化真正成为现实而不是可能！

互联网给这个世界带来改变的一个例子就是电子商务。过去的传统贸易，人与人之间的见面是必不可少的一环。然而，开放的互联网出现，改变了几千年来一成不变的交易模式：基于浏览器/服务器应用方式。买卖双方不需要谋面，就可以进行各种商贸活动，实现消费者的网上购物、商户之间的网上交易和在线电子支付以及各种商务活动、交易活动、金融活动和相关的综合服务活动。只需要一台电脑、一个手机加上网络，交易就会在任何时间任何地点发生，手指轻轻一点，一切搞定。

电子商务诞生之初，尽管人们已经赋予了无穷想象，但是马云和他的阿里巴巴，还是一再让人们惊喜连连，一次次超出了人类想象的极限：依托阿里巴巴旗下的一个天猫，他们愣是无中生有创造了一个"双11"！

这不是政府行为，这只是一个企业自发自主的行为，却成就了一个"不可能的奇迹"：2019年"双11"，天猫交出的成绩单是——2 684亿元！……

（2）构建开放型的儒商文化，是适应开放型的中国经济发展需要

在构建开放型的经济格局中，"一带一路"战略无疑有着举足轻重的作用。"政策沟通、设施联通、贸易畅通、资金融通、民心相通"，全方位推进与沿线国家合作，构建利益共同体、命运共同体和责任共同体。

习近平总书记在安塔利亚二十国集团领导人第十次峰会上发表了题为"创新增长路径 共享发展成果"的演讲，进一步向世界阐释了中国将构建开放型经济的战略和决心，指出"国际金融危机深层次影响还在继续，世界经济仍然处在深度调整期"，面对国际金融危机发生已过去多年，世界经济恢复仍然缓慢、增长仍然脆弱的局面，必须加强宏观经济政策沟通和协调，形成政策和行动合力，推动改革创新，增强世界经济中长期增长潜力，但最关键的还是要构建"开放型世界经济"，激发国际贸易和投资活力。再就是要落实2030年可持续发展议程，为公平、包容发展注入强劲动力。

中国构建开放型经济格局，信心有二：一是来自全面深化改革、建立新开放型经济新体制的决心和行动；二是来自中国经济强劲内生动力和中国政府坚强有力的政策引导。"未来五年，中国将按照创新、协调、绿色、开放、共享的发展理念，着力实施创新驱动发展战略，增强经济发展新动力，坚持新型工业化、信息化、城镇化、农业现代化同步发展；加快制造

大国向制造强国转变,推动移动互联网、云计算、大数据等技术创新和应用;坚持绿色低碳发展,改善环境质量,建设天蓝、地绿、水清的美丽中国;坚持深度融入全球经济,落实'一带一路'倡议,以服务业为重点放宽外资准入领域,探索推进准入前国民待遇加负面清单的外资管理模式,营造高标准国际营商环境,打造利益共同体;坚持全面保障和改善民生,构建公平公正、共建共享的包容性发展新机制,使发展成果更多更公平惠及全体人民。所有这些,将为中国经济增长提供强大动力,也为世界经济释放出巨大需求,成为新的增长源。"

(3)构建开放型的儒商文化,是新时代儒商文化自身的内在要求

新时代儒商文化的内在要求,首先是价值实现的需求。价值实现在马斯洛的需求层次理论中,是属于金字塔顶级的需求。从低级的生理需求、安全需求到高级的社交需求、尊重需求,最后才是自我实现的需求。在一个传统社会中,这样的等级划分当然是没有问题的。的确,人民必须先解决最原始、最基本的需要,如空气、水、吃饭、穿衣、性欲、住宅、医疗,等等。生存问题解决了以后,就是安全方面的需求,劳动安全、职业安全、生活稳定、希望免于灾难、希望未来有保障等。生命不仅仅要求存在,还要求自我保护。再之后是社交的需求,也叫归属与爱的需求,每个人都不是孤立的,而是生活在社会中,希望得到家庭、团体、朋友、同事的关怀、爱护、理解,除了衣食住行和生命保护,还需要友情、信任、温暖、爱情等。再之后是尊重需求。尊重包括自我尊重,也包括他人或者社会对个人的尊重,以及尊重他人。一个人只有自我尊重才能尊重他人,否则就不是真正的自我尊重。以上都是实现了之后,就来到了"自我实现"的最高等级需求。自我实现就是要求完成与自己能力相称的工作,最充分地发挥自己的潜在能力,成为所期望的人物。这是一种创造,意味着充分地、活跃地、忘我地、集中全力地、全神贯注地体验生活。但能达到这个层次的人很少。

在传统社会中,这个金字塔的需求等级是被严格遵守的。一个人很难跨越一个等级跳跃到更高的等级,多个层级的需要很难同时满足。

例如,你连最基本的温饱问题都难以解决,这时候如果谈什么自我尊重或者尊重他人,就成为一个笑话;如果你连最基本的社交能力都没有,根本不知道什么是自己应当承担的社会责任,自我实现就成为一个空想。在每一个等级之间,这种关系是循序渐进的,难以逾越的。

如今,每个人在互联网时代都拥有多重身份,甚至多个生命——真实的或者虚拟的——每个身份和生命又都处于不同的层次,这就具备了多重需求。例如你作为一个公司的普通员工,生活在社会最底层,满足于最基本的衣食住行,但是同时在网络上,你可以将自己打扮成某个领域的专家,或者你以某项特殊的专长,而博得无数人的喜欢,成为一个超级领袖。这时候,你就直接进入了自我实现的层次。你创造出了一个崭新的"我",从而实现了梦想。

不同的层次同时存在,不同的需求同时被满足,在过去是根本不可想象的。但是我们今天这种情形每一刻都在发生。一个在偏远农村,甚至在偏远非洲部落里的年轻人,在网络上可以是城市达人,也可以是网络英雄。

所以,今天的人们比任何时代都关注自己的价值,自我赋予价值,并且去实现这种价值。

价值并不一定是越大越好，关键是要适合你自己。每个人在不同的人生阶段，不同的社会环境中，其价值标准也不一样。但不管怎样，每个人的价值自我设定以后，还必须得到别人的尊重。因为这种价值不是别人强加给你的，而是你赋予自己的，所以你首先会尊重这个价值；你尊重自己的价值，就会尊重别的个体的价值，最后就会形成一种相互尊重的整体氛围。这实际上就是马斯洛多层次融合。

每个人都自我设定价值并且有实现价值的需求，每个人都秉持自己的价值观，并积极地去肯定和支持别人的价值观，这本身就是一种开放。

新时期儒商文化的内在要求，其次是创新。中国改革开放40多年来，除了经济总量已跃升为世界第二，另外一个最大的收获就是企业家精神。而且这种精神从哪里来？不是政府的刻意引导和掌控，也不来自社会的千呼万唤，而是从企业家的内心深处迸发出来的。这种精神的实质是什么？一千个人可能会有一千个答案，但最根本的只有一点，就是创新。创新是推动变革的最强大的驱动力量。

创新的力量诞生于企业家内心，但是创新对外部的环境要求也很高。在一片土地上，你只要播下一粒种子，就会长出庄稼来，但这不是创新，因为你只能"种瓜得瓜种豆得豆"，不可能种下豆子长出西瓜来。而在海洋中，一个看似简单无奇的单体细胞，经过漫长岁月的进化，却可以成为一个鲜活的生命，这才是创造和创新。为什么土地不能而海洋能？因为海洋里有水，水分子中含有大量的氧元素。在地球刚刚诞生时，大气中充满了氮气等大量无法支持生物呼吸的气体，而只有海洋中的水分子分解出氧气，可以促进细胞的进化，这就是生命诞生在海洋而不是陆地上的原因。所以说，环境是成就创新的决定要素。

企业家精神需要一个开放的环境，这也是为什么改革开放前30年，中国坚持走计划经济道路，却不能产生企业家精神的原因。在一个封闭的计划经济环境里，是无法产生企业家精神的；到了改革开放年代，我们选择走市场经济道路，企业家精神才能破土而出，创造奇迹。

在今天，创新已经不是一两个企业家的事情，而是人人创新，大众创新，每个人都既是创新的发起者又是创新的受益者。创新不一定是天翻地覆的变化，甚至只要你想到创新，本身就是一种创新。创新，是你积极拥抱未来的生活和生命态度，适用于做出改变的积极行动。正如我们对比计划经济和市场经济：计划经济时代，中国的城市是城市，农村是农村，相互之间严格禁止流动，结果经济一直上不来，效率低下；而市场经济时代，从农村到城市的人口是大量流动的，一年一度的"春运"就是一个证明。那么，从农村到城市数十亿人次的流动带来了什么？带来的是城市面貌翻天覆地的变化以及农村的改变。人还是那些人，改变却实实在在发生了，这就是创新的力量！

新时期儒商文化的内在需求，最后是超越。超越，即达到精神的灵性层次。马斯洛的五个层次需求论广为人知，但这并不是他的终点。因为他发现"自我实现"的理论容易将人引向极端的自我主义。他在去世前发表了一篇重要的文章《Z理论》，文中他重新反省自己多年来发展出的需求理论，并增加了第六个层次需求——自我超越。这种自我超越，"是以宇宙为中心，而不只注意人性需求或兴趣而已，它超越人性、自我及自我实现等观念……

缺乏超越的及超个人的层面,我们会生病、会变得残暴、空虚,或无望,或冷漠。我们需要'比我们更大的'东西,激发出敬畏之情,重新以一种自然主义的、经验性的、与教会无关的方式奉献自己。"马斯洛是用不同的字眼来描述:超个人、超越、灵性、超人性、超越自我、神秘的、有道的、超人本(不再以人类为中心,而以宇宙为中心)、天人合一……马斯洛将"高峰经验"及"高原经验"放在这一层次上。

马斯洛发现,超越者不仅存在于宗教界人士、诗人、知识界人士、音乐家中,而且也存在于企业家、事业家、经理、教育家、政界人物中。他详细访谈和观察过三四十人,对另外一两百人也进行了一般的交谈和研究。在这些超越者身上,精神生活不是由无止境的一系列强烈的、高度兴奋的"高峰体验"所构成。尽管自我超越的生活包含时而经历到的高峰体验,但它更多的是由日常生活中的神圣感所构成。对于在日常生活中体验到的神圣的和平与宁静,马斯洛称之为"高原体验"。

如何来理解这种超越?人们会很自然地想到一个人——"超人"李嘉诚。李嘉诚曾经在一次演讲中提到过两个人,一个是中国古代的范蠡,也就是陶朱公,一个是美国的富兰克林。它们的共同之处在于"建立自我,追求无我"。"从商的人,应更积极、更努力、更自律,建立公平公正、有道德感、自重和守法精神的社会,才可以为稳定、自由的原则赋予真正的意义……虽然没有人要求我们,我们要愿意发挥自己的智慧和勇气,为自己、企业和社会创造财富和机会,大家可以各适其适。"普通人很难想象,所以在世俗社会眼中"功成名就"的李嘉诚,每天还会站在电梯口,恭候一些晚辈的来访,给每个人发一张名片介绍自己"我是李嘉诚",和几桌客人吃饭,陪每一桌客人的时间都是15分钟,每天早起晚归地工作十来个小时,自信而不倨傲,谦逊中有坚持。他在追求什么?就是努力达到"无我"的最高层次。"我们要同心协力,积极、真心、决心,在这个世上散播最好的种子,并肩建立一个较平等及富有同情心的社会,亦为经济、教育及医疗做出贡献;希望大家抱慷慨宽容的胸怀,打造奉献的文化,实现我们人生最有意义的目标,为我们心爱的民族和人类创造繁荣和幸福"。"建立自我,能让个人梦想成真;追求无我,能让更大的理想成真"。

在这里需要指出,超越层次不是虚无缥缈的:一是天下有一个层次的自我实现作为支撑,只有持续发展出来健康的自我,才能探索到真我。二是追求无我,不是一个瞬间的窥见,而是要勇敢地向无我的顶峰攀登。无我,不是无所作为,而是有更大的作为,是为更多人奉献自己。

三、个性化合作影响现代儒商文化

"个性化合作"对于新时代儒家文化的影响作用表现在:

(一)提升了效率

对于从事商业活动的人们来说,不管在任何时候,效率永远是第一位的。效率,不是有多少人一起参与做一件惊天动地的事情,也不是争夺第一时间去做别人没有做过的事情,人们总是被自己无穷无尽的欲望驱使，急急忙忙地去做一些事情。实际上，效率只有一个要求：就是对有限的资源进行有效的利用。

经济学中，效率的概念是指"在不会使他人境况变坏的前提下，如果一项经济活动不再有可能增进任何人的经济福利，则该项经济活动就被认为是有效的"。相反的情况则包括："无法节制的垄断"或"恶性无度的污染"或"没有制衡的政府干预"，等等。为什么垄断、污染、失衡的政府干预，都是没有效率的？就是因为资源不能最有效配置。

资源配置在个人手里和在政府手里是不一样的。公共部门的效率，受到两个因素拖累：一是提供服务的成本，二是政府官员的个人能力或者说喜好和厌恶不一样。相反，提高效率则必须通过设立标准流程、操作规程、分工协作等规范化体系，尽量减少人为的干扰因素。

由个人来配置资源则不一样。个人配置资源只遵循一个原则，就是对资源的利用最大化原则，也就是效益最大化原则。每个人都可以对资源进行配置，但只有最有能力的人，才能对资源进行最有效的配置。因为每个人都有权力去配置资源，从而引发了良性竞争。良性和有序的竞争，确保了只有最有能力的人才会获得配置资源的优先处置权。

有一个小故事很能说明问题：一个教官被请到一个炮兵步兵部队去提高这支部队的效率。他发现整支部队都训练有素，只有一个问题：炮兵在装炮的时候，将炮弹填入炮膛，都习惯先后退一步，等上半分钟，然后再上前将后盖盖上，进行发射。他很奇怪，问为什么这么做，没有一个人能回答上来，只说从入伍以来，老兵就是这么教的。教官很是不解，后来回去查了资料，才恍然大悟：原来从前后车都是由马拉着，等到马儿将炮车拉到指定位置，装上炮弹后，先将马儿解下缰绳，牵到一边，然后才能发射炮弹。这就是原因。可是现代的炮兵早已实现了机械化，人们却还在被习惯所束缚。

集体主义经常陷入这种可笑的习惯性束缚，而个体则没有这些条条框框。

还有一个例证，就是中华人民共和国成立以后，建立了人民公社。人民公社一度被称作"跑步奔向共产主义"，人民公社模仿国际上的现代合作社，的确充满了希望和活力。可是人民公社很快遇到了一个无法解决的问题，就是效率问题。按说统一组织生产，统一分配生产资料，生产力应大幅度地提高，效率应该没有任何问题，可是恰恰相反，效率低下，人们的生产积极性很高，却一再出现大部分人饿肚子的情形。1978年，从安徽的小岗村开始，"家庭承包责任制"发轫，这一新的建立在以家庭为单位基础上的个体化合作方式，一经出现立即席卷全国，而且似乎在一夜之间，效率提高了几倍，几十倍。

那么，这个问题出现在哪里呢？说到底还是对资源的有效配置。人民公社配置资源，是根据"计划"，可是个体户配置资源，是发现"需求"，是根据市场来配置和利用资源，结果资源会产生更大的产出效益。

（二）强化了商业文化的独立性

在这个时代如何实现一个创业成功的梦想呢？马云和他的阿里巴巴做出了最好的回答：马云的一句话"梦想还是要有的，万一实现了呢"给了这个时代数以亿万的年轻人一条出路。

而马云在这个大时代里取得的成功，有三个政商关系之外的决定性因素：

第一是时代因素。中国崛起无疑将是21世纪最具有影响力的事件。根据胡润财富排行榜统计，"中国一千多位上榜企业家的财富总和，超过了西班牙或韩国整个国家的GDP。10年前中国只有一个百亿富豪，今天却有176个，其中6个都是上千亿的"。何以如此？正如马云所说："恰巧生在了这里。"每个人的成功不过是时代使然而已。

第二个因素是日新月异的互联网技术使得马云等人成功实现弯道超车。

第三个因素是马云自身的特质。马云只有一个，他一路走来绝非轻而易举。他自己说过："我一方面鼓励大家创业，另一方面我想告诉大家一个很现实的问题：100个人创业，95个人死掉，你连声音都没听见，你根本不知道这95个人存在过。还有4个人，你是看着他们死的。剩下这1个人，这个人很勤奋但未必是最勤奋的，这个人很努力很聪明，但未必是最聪明的，有很多的机缘、很多的因素使得他成功。"诚然如此，我们只看到了"这个人"而没有看到更多失败者。

那么，建立在个性化基础上的合作，如何来实现对政商关系的超越呢？

阿里巴巴上市时，不是马云亲自敲钟，而是请了八位来自各行各业的人士：奥运冠军兼淘宝店主劳丽诗、阿里巴巴"90后"客服黄碧姬、淘宝模特兼自闭症儿童教师何宁宁、农民店主王志强、海归创业者王淑娟、拥有"淘宝博物馆"的十年用户乔丽、为贫困地区建立图书馆的快递员窦立国、将加州车厘子卖到中国的农场主皮特·威尔布鲁格。这一精心选择的"阿里用户群像"，除了展示公司形象，更展示了电子商务如何改变了日常中国人的生活，从衣食住行到身份存在。市场在网络上以最直观的方式展示，无数不认识的人彼此进行与陌生人的合作，而无数闲置的劳动力及其创造力被激发，无数被禁锢在中国"单位"之中的个体获得新的身份——网店店主。

"我们奋斗了这么多年，不是为了让我们自己站在那里，而是为了让他们站在台上。"马云说，"我们不是靠某几项技术创新，或者几个神奇的创始人造就的公司，而是一个由成千上万相信未来，相信互联网能让商业社会更公平、更开放、更透明，更应该自由分享的参与者们，共同投入了大量的时间、精力和热情建立起来的一个生态系统。"

仅仅通过这么一个别开生面的仪式和奇特的举动，我们就可以得出启示：

首先，个性化合作要完成对传统政商关系的超越，必须实现由"一"到"多"。

传统政商关系，一般都是由某一个商人秘密投资某一个官员，所谓"一人得道，鸡犬升天"，这种政治献金式的合作，一荣俱荣，一损俱损。官员利用手中权力，给商人以垄断资源，商人以金钱作为丰厚回报。一旦商人违法犯罪，就会连累官员；一旦官员腐败事发，就会连累商人。这种"互相伤害"式的合作，显然违反了"君子不立危墙"的原则。

而建立在一个个性化基础上的合作，就不再是这种一对一的关系，而是多对一。什么意思？就如马云的阿里巴巴，构建的是一个生态系统。商人不再直接去与政府官员打交道，而是着力打造一个创业平台，将原来属于一个人的事业变成了一群人的事业。将原来一个人的商业梦想变成了一群人的商业梦想。并且，为了更好地帮助大家实现梦想，只要致力于将这个平台搭建好，维护好这个商业生态系统就可以了。商人只是做一个服务者，不再去直接配置市场资源，而只提供服务产品。

从制造向服务升级，这是一个重大的转变，也从根本上扭转了商人和政府官员之间的关系：政府提供公共服务，而一部分民营商人则提供服务产品，虽然都一样是提供服务，不过一个是有偿的，一个是无偿的。大家都是提供服务产品，从某种意义上来说就是真正的平起平坐了。

所以，阿里巴巴可以自己创造一个"双11"的狂欢购物节，政府也可以用行政命令来制定国家公共节日，也就是所谓"道并行而不相悖"。

其次，个性化合作对传统政商关系超越，必须从"利己"转向"利他"。

传统政商关系之所以千年难以突破自我，就在于这里面有一个私心利欲在作怪。不管是商人，还是政府官员，都想着满足自己的私人欲望。因此这种建立在私人欲望基础上的合作，必然是有违道义的，最后必然出现问题。

相反，建立在个性化基础上的合作，第一原则是你能为别人带来什么价值。一个人自身价值的大小，不单单取决于你的技能、才华和能力，而是取决于你能服务多少人，能为多少人实现梦想提供有价值的服务。这也是为什么很多互联网公司根本没有实现财务盈利，市场估值却高达几十上百亿美元，为什么？就因为他们服务的是数以亿计的市场用户。

从利己到利他的转变，无关道德，而是一种纯粹由市场决定的必然转变。

再次，个性化合作对政商关系的超越，必须从价值一元化到多元化。

在传统政商关系中，双方一拍即合的原因，除了私利驱动，还有一个原因，就是双方对于"成功"的强烈渴望。虽然双方不是同一领域，但通常都抱有出人头地、希望受人尊重甚至光宗耀祖的想法，正是这种单一的价值观，让人们在欲望之路上越行越远，最后成为不归之路。

个性化合作一个最大的好处就是价值观的多元化。每个人都有自己的梦想，有的人梦想成为世界首富，但是有的人只追求简单的快乐。知足者常乐，一个人的目标定得越低越容易实现，快乐也就唾手可得。马云登顶首富之后，就表示对此一点感觉都没有，甚至连小区首富都不愿做，最快乐的日子是一个月拿90元人民币的时候。他还回忆起2014年前与太太的一次对话，他问太太："你希望你老公成为一个有钱的富豪，还是成为一个受尊重的企业人？"她回答道："希望你受人尊重。"成为首富是自己的事情，受人尊重则意味着你对他人有用。

总之，只有建立在真正个性化基础上的合作，才能缔造崭新的商业文化！

四、儒商文化的国际化

历史上曾经出现过9个大国，都追求过全球范围的影响力：葡萄牙、西班牙、荷兰、英国、法国、德国、日本、俄罗斯、美国。其中，15世纪和16世纪称霸世界的葡萄牙、西班牙、荷兰，最早依靠出色的航海技术，进行殖民掠夺；17世纪和18世纪称霸世界的英、法、德，不再依靠航海而是凭借工业革命，取得了成功，但还是离不开走殖民地掠夺的老路。尤其是英国，号称日不落帝国，它的本土面积和殖民地面积是1∶200，不管地球如何旋转，太阳所照耀的地方，一定有它的殖民地。19世纪、20世纪是日本、俄罗斯、美国的世纪，主要是靠创新赢得了世界控制权。

进入21世纪，最有可能成为新兴大国的，一个是中国，一个是印度。中国和印度都曾经在全球化进程的历史中扮演重要角色，近几百年来也都经历了刻骨铭心的伤痛，但如今都在重新赢得应有的地位。尤其是中国，通过经济改革实现了崛起，但要真正实现伟大复兴，还必须在文化方面有所作为，全球化不仅仅是经济融合，更是文化融合。

全球性的文化大融合，在历史上有三个大的时期：

第一个时期是公元前500年到公元元年，这是人类文明的轴心时代。在中国，这一时期产生了老子、孔子、庄子、孟子等，奠基了中华文明的基础。在古希腊，产生了苏格拉底、柏拉图、亚里士多德，形成了希腊哲学的体系。在印度，诞生了释迦牟尼。人类文明在这一时期群星璀璨。而且有证据表明，各国文明之间并不是隔绝的，而是相互沟通交流的。

第二个时期是16世纪到19世纪，主要是开启了人类和物种的大交换。据统计，当时非洲有1 100多万人被卖到大洋洲和美洲，中国也有一两百万人被卖到美洲。中国劳工在市场上明显不如黑人，没有力气，个头小，而且抗疾病的能力差。这种交换的结果，就是从原来的只有红、黄、白、黑四种人，变成了今天世界上许多人种以及过渡色的人种。物种交换就更加重要，达尔文的《物种起源》揭示了自然界的物竞天择、适者生存的奥秘，这对于人类社会的改变更是巨大的，例如15世纪前的美洲，连车轮都没有，而中国早在2500多年前，孔子就已经坐着马车周游列国了。北美洲没有车轮，是因为那里没有大型的牲畜，驼羊就算个头最大的了，而现在在美洲大陆已经有了38种大型牲畜。大象、骆驼、牛、马、羊等，都是从各个地方运过去的。与之相反，从美洲运出来的著名的物种是玉米和土豆，二者改变了中国人口的结构。在清康熙年间之前，中国历史上的人口一直保持在五六千万，如果发生战争，就会降低到两三千万，然后休养生息，又会增长到五六千万。而一到了五六千万，就又会发生战争，因为中国的土地上种植的都是五谷：稻、黍、稷、麦、菽，其中南方长江流域以稻为主，北方黄河流域以黍、稷、麦、菽为主，这些作物的产量都不算高，因此土地负荷所能养活的人口，是有上限的。人口到了上限，就会发生饥饿和灾荒，从而引发战争。但当玉米和土豆等进入中国后，则改变了这一基本结构：玉米一亩地能产两千多斤，而土豆一亩可以产至七八千斤，在沙地上甚至能达到一万斤以上。再加上南瓜、番茄、洋葱、胡萝卜……这些物种的引入和补充，土地养活人口的能力上限被一再突破，中国人口在乾隆年间"盛世滋丁永不加赋"的刺激下，一下子猛增了两三倍。

全球化的第三个时期，人类历史上遭遇又一个伟大事件，就是互联网的出现。互联网和蒸汽机、电力等不一样，蒸汽机、电力所改变的只是生产方式，互联网则重塑了一种生活方式。如今，世界上每一个角落都离不开互联网，移动互联将我们每分钟都和世界联系在一起，地球变成了一个村子，每个人都是地球公民，人类从未这么密切地联系在一起过。

而互联网将如何改变人类和世界？这还只是冰山刚露出一角。

关于儒家文化如何适应全球化的问题，尤其在互联网时代，儒商文化究竟是否要做出改变，还有待观察。不过有一点可以肯定，互联网时代带来了一种崭新的理念——共享，不管是传统的实体经济还是崭新的虚拟经济，其实都是共享经济的一个组成部分。与共享经济相适应的就是共享文化，因此，儒家文化很大程度上具备了提升的可能。

五、儒商文化创新

儒商文化从传统到现代，在历史的长河中，不断发展变化。通过创新不断焕发出生机和活力。如今在全新的互联网时代，儒商文化成为新时代商业文化的大系统里，基于儒家文化的一种特质商业文化。新时代儒商文化的框架可以概括为：一个核心、两个坚持、三大改变。

（一）一个核心

一个核心即共同体。"共同体"一直是儒家文化所坚持追求的、被人们认为只存在于想象中的一种社会和谐秩序的理想状态。儒家文化从具有血缘关系的"家"出发，一直推广到社会上，在没有任何血缘关系的人之间建立一个同样充满温暖和关爱的"大家"，最终实现"天下一家"的大同。这个理想在周公、孔子那里始终局限于政治层面，充满了理想色彩，看上去很美，却一直无法实现。但是在全球经济一体化的今天，在经济层面上，"天下一家"，你中有我、我中有你的大同情形，已经实实在在地出现，成为事实。今天中国在外交中一再使用"命运共同体""利益共同体"的概念，就是以经济为基础而扩展到政治和文化层面上，已经获得了越来越多国家的认可和肯定。

（二）两个坚持

两个坚持就是坚持中庸与制衡。这是儒家文化对世界文明的独特贡献。

中庸，要注意这是一个褒义词。中庸就是不偏不倚，保持一种渐进式的战略而不能采取过于激进的方式，更不能轻易改弦易辙。中国 30 多年的改革开放，就是一个渐进的方式。这是 30 多年的改革开放能够取得成功的一个最根本保障，也是中国提供给世界其他发展中国家的借鉴。这种渐进式有一个好处，就是强调了始终保持国家的控制力。国家控制力并不是绝对控制，而是不温不火，最大限度保证有序竞争和资源的市场配置。这个思想当然绝非出自今日，而是中国古老的诸子百家中的"轻重学"。管仲的《盐铁论》就是最早的"国家宏观调控"典范。

制衡，就是以义制利，儒家思想强调"内圣外王"，"内圣"就是追求内心的均衡与和谐，主张将私心升华，弘扬利他的爱心（公心），制约与导引私心，实现"两心调谐""致中和""与天地参"。同样，"外王"就是强调建立一个和谐社会。社会不是丛林，市场思维不是一切，市场的力量不能没有约束。西方社会崇尚"物竞天择，适者生存"的赤裸裸的丛林法则，但是我们则提倡"仁爱贵和、敬业乐群",主张社会和平与人际和谐,追求民族和国家的稳定、团结及民众的安居乐业,反对国家之间的不义战争和欺凌霸道,也不赞成内部的压迫和争夺。孔子的忠恕之道就是建立和谐社会的根本准则。《易传》提出"保合太和",《礼运》追求大同世界,都是一种"天下太平、社会富足、道德优良"的理想社会状态,在今天就是用超越功利的精神追求来制约满足欲望的物质追求,达到和谐。

(三)三大改变

三大改变是改儒家文化金字塔式的等级秩序观念,变为互联网时代的平等、开放理念;改儒家文化的集体忽略个性,变为互联网时代的从单一中心到多元中心乃至互为中心,强调突出个性,满足个人的多元、全面发展、自我实现乃至自我超越的价值诉求,从而"涌现"创新;改儒家文化为少数人所推崇的圈子文化、家商文化和帮商文化,变为互联网时代的文化共享和普惠,让儒商文化成为一种普世文化。

1.改变等级秩序观念

第一个改变大家都应该能感觉到。儒家文化是一个尊卑等级分明的文化。孔子在《易经·系辞》中说:"天尊地卑,乾坤定矣。"天和地本来是一个整体性的存在,儒家却硬要将其割裂开来,尊天抑地,于是就有了"普天之下莫非王土,率土之滨莫非王臣",人为的划分一产生,上下尊卑的等级秩序就确立了。这种金字塔式的权力结构,在古代的全世界都是一样的,尤其以儒家发展到极致。然而,这并不能改变一个事实:在一个存在的系统里,这种强调人为力量的"他组织",其效率和公平以及创造能力远远没有"自组织"来得更高。所以,今天开放平等的"平行式"结构取代传统的金字塔式社会结构,成为一种必然。具体到商业文化来说,儒家文化对商业文化的这种影响,还产生了一个畸形的"怪胎",那就是解不开的死结——官商文化,在今天又被称为"政商关系",不管怎么叫,商人很容易沦落为官员人身依附的牺牲品,这是显而易见的,也是儒家文化的一大负面影响。改变传统金字塔结构为平面式结构,结构改变,规则也随之发生了改变,例如自愿和开放原则、民主管理原则、自主自立原则等,最关键的一点,是实现了对人的"解放"。当然了,建立在平等开放基础上的合作,还应该强调一点,就是必须有政府层面的参与,必须由政府来负责主导,不断引导和改善大环境,才能实现合作共赢。

2.改变过于强调集体的缺陷,突出个性

传统儒商文化所强调和提倡的集体主义精神在中国一直有很大的市场。但是集体主义有一个缺陷,就是容易抹杀甚至牺牲个性。个性不受到尊重,个人的主观能动性就不容易被激发,集体主义就会产生两个最大的弊病:效率低下和不易创新。尤其创新精神动力不足往往成为集体主义的致命伤。而对商业文化来说,其中最重要的一个内容就是企业家精神。企业家精神说到底,本质上就是一种基于尊重个性,满足个人多元全面发展、自我实现乃至实现超越的个人精神。企业家精神是创新的动力之源,这是一种自我驱动,只有无数的自我

驱动打破整体平衡，集体才会创新。

3. 将传统儒商文化变成一种普世文化

这是文化层面上的变化。儒家文化又被称为士大夫文化，用今天的话来说就是一种精英文化，是一种少数人的文化。可是这恰恰与人类追求文化与文明的理想背道而驰。文化需要最大限度地被人们所享受，在最大的范围内得到传播，从而获得更多的创新、超越的可能性。文化不能只是阳春白雪，还应该包括下里巴人。商业文化就是上至阳春白雪，下至下里巴人，鼓励所有人都参与进来的一种创富文化。进入21世纪，文化共享成为一种必然趋势。文化共享，事实上是在有着相似相近的文化价值观念、文化心理结构、思维方式和行为方式等的基础上，通过互动、合作而相互提升，共同弘扬共有的文化传统，共建具有全球视野和人类整体精神的文化。在这方面，一是坚持自身的文化特色，二是不断超越自我，融入世界，超越民族和国家的局限，在多元性和多样性基础上相互接近和彼此兼容，"道并行而不相悖，万物并育而不相害"。文化共享实现以后，文化普惠也就顺理成章。当然了，实现文化共享或者普惠，有两个基本前提是必不可少的：一是包容性。包容性就是这种文化必须为所有人提供服务，而不能排除传统难以获得文化服务的弱势群体，"文化贫困"的现象必须得到根除，不能留有死角。二是注重对个人文化的尊重和保留，并且将为个人文化服务纳入大的文化系统中。文化的个性化在这里必须得到充分尊重并且获得创新空间和机会。强调共性不是抹杀个性，相反是为了促进个性更好地发展。21世纪从事商业活动的每一个人都必须自觉担负起文化责任，成为创造、传播、共建、共享文化的社会公共知识分子！

总之，儒商文化的核心是"仁者爱人、以义制利、诚实守信、以人为本、以德为重、以和为贵"。简而言之就是"诚信为本、以义取利"。儒商精神是以义取利，以利济世，以和为贵，以儒兴商。儒商人格就是仁爱立人，见利思义，讲信修睦，乐于施善。儒商生活则是博学儒雅，亦文亦商，以商养儒，以儒促商。儒商之道在于重守诚信，谋利有度，宽厚圆融，内圣外王。21世纪儒商文化，是一个整体性的、系统性的概念。这是以一种崭新的视角和不一样的创造方式，从事一种事业的开拓与展开，集合、联通、链接每个人的力量，构建21世纪儒商文化的理论体系。

第十章　发扬新儒商精神　提升儒商文化素养

第一节　商科学生儒商文化素养形成

一、用儒商精神打造财经类学生职业文化素养

儒商是具有仁爱之心的、有道德的、有社会责任感的商人。他不同于一般商人，非常重视商业道德，不义之财不取。"儒商精神"是商人各自在自己的商业行为中自觉或不自觉地把儒家的观念运用于商业经营中而体现出来的一种商业文化精神，是儒家思想与商贾精神的有机结合。立足中华优秀传统文化，积极培育和践行社会主义核心价值观，自觉以儒家传统文化精髓为自身品格修为，积极进取、义利兼顾、与时俱进，具有强烈社会责任感，成长为具有品德高尚、志存高远、诚信为本、以义取利、以利济世、遵纪守法、爱国敬业、团结友善的新儒商精神的高素质人才，是财经类学生提高文化素养的基本追求。要内有人文情怀和科学艺术修养，外能兼济天下、经邦济世全面发展。成为能够创造财富、彰显社会责任、实现自我价值的新儒商。

新儒商文化在市场经济体制下表现为：在管理思想上，新儒商文化体现为以人为本，把人当作经营中最根本的、能动的因素，通过对人的精神上和物质上的关心和激励调动员工的积极性，实现对物的有效利用，创造出优秀的经营业绩；在工作精神上，新儒商文化体现为具有勤勉敬业的工作态度、节俭寡欲的自律准则、百折不挠的奋斗精神和重群克己的合作意识；在职业道德规范上，新儒商文化体现为以义驭利的经营原则、诚信为本的行为规范、买卖公平的交易准则以及和气生财的处世方式；在经营之道上，新儒商文化体现为开明的家族本位经营组织方式、契约与人情相结合的交换方式、薄利多销的经营方针、因名求实的经营艺术、以和济争的经营方法和趋时应变的经营策略；在处世风格上，新儒商文化体现为稳健求实的办事作风、亦贾亦儒的生活方式和君子商人的人格理想。

近年来，尽管市场经济不断成熟发展，但是在利益驱动下形成的功利主义价值观导致

商业诚信缺失现象比比皆是。培养有德有才的商贸人才是时代赋予高校的责任。从另一方面看,一部分毕业生就业进入企业,经企业调查问卷显示,企业最关注的并非毕业生的技能,而是积极主动、团队精神、执行力、责任心等道德品行和职业精神。尤其是具有德才兼备儒商精神的学生深受欢迎。毕业生在"互联网+"以及"大众创业、万众创业"背景下有的选择自主创业,这就需要坚持不懈的努力,敏锐的商业嗅觉,善于把握趋势、通人情事理又具有自我反省的能力。这些都是新儒商精神的精髓。所以,传承儒商文化,创新财经类专业人才成长模式具有深远意义。

二、商科学生儒商精神塑造

财经类学生的职业文化素质培养,要把弘扬优秀行业文化作为专业发展的重要支点,共筑中国梦、践行社会主义核心价值观,提高自身思想道德素质和职业素养。将新儒商精神作为会计、市场营销、电子商务、物流管理等财经类专业商贸文化的融合,形成专业群特色文化。

(一)多渠道渗透儒商文化,提高思想境界

传承发扬脚踏实地的务实精神、崇德敬业的奉献精神、厚德载物的兼容精神、自强不息的奋斗精神,在学习中践行儒商精神。

(二)在创新创业实践中践行儒商精神

财经类专业学生弘扬儒商精神,不能仅仅停留在思想意识上,要在实践中真正掌握儒商精神的精髓,以所属行业创业成功人士为楷模,学习他们吃苦耐劳、坚忍不拔、奋发向上的创业品质,培育创业精神和职业理想,提高创业能力。

要成为具有"新儒商"精神的高素质应用型人才,必须注重商经、商工、商法融合,学习积极进取、义利兼顾的"新儒商"文化,做到基础扎实、作风朴实、适应能力强、实践能力强。在良好的大学文化氛围中,潜移默化地接受大学文化的熏陶。

第二节 商科不同专业学生应具备的职业人文素养

一、高校商科类专业学生职业素养的一般要求

(一)良好的沟通交流能力

良好的沟通交流能力不仅体现在语言表达上,同时还包括文字表达。商科类专业的学

生在日后的工作中主要是负责处理人际管理，如销售、客服等。这些岗位要求学生需要具备良好的与人交流与沟通的能力。向顾客介绍产品、解决顾客对产品的疑问、提供售后咨询服务等。只有具备良好的沟通能力才能实现工作的顺利开展。因此，高校商科类专业学习首要具备的就是良好的交流沟通能力。

（二）良好的竞争与团队合作意识

这与商科类工作大都需要团队、个人、各部门紧密合作才能完成有很大的关系。当前社会竞争日益激烈，个人要想取得成功，需要在竞争中谋求发展，对工作而言也是如此。这也就要求学生在工作中要学会包装、表现自己。要想提升竞争实力，要求学生要不断完善自己，加强对新知识技能的学习，不畏惧困难与挑战。另外，在应对竞争的同时，学生也要养成团结协作的能力，在职场中个人的力量毕竟是有限的，需要借助团队的力量、采取分工合作的方式来实现工作效率的提升。

（三）要具备自我调节和管理能力

加班、出差、抗压、耐挫等精神的培养可有利于调整心态，直面困难和问题。在职场中，难免会遇到难题、遇到刁难，在生活中也有着各种各样的生活压力。因此，学生一定要正确评价自己，调整心态，适应社会的变化。无论是面对顾客的质疑或者工作中的压力，都需要学生积极主动调整自身的心态，以平和的心态应对所有的问题与挑战。

（四）创新思维能力

创新性思维能力不管是对个人还是对企业而言都是非常重要的。企业具备了创新能力，能够实现有效的改革，从而更好地适应时代发展的需要，进而实现企业市场的拓展；而学生养成了创新思维能力能够更好、更主动地在工作中创新工作方式，提升工作效率，不断总结工作经验，为团队与企业的发展提供有效的帮助。

二、不同专业职业素养的儒商文化个性特征

对于商科专业，其职业素养有不同于工科的特征，但商科各专业职业人文素养也有差异，这里仅就常见的几个商科专业的职业人文素养加以分析。

（一）会计专业职业素养

子贡（端木赐）主张去掉鲁国每月初一告祭祖庙的那只祭羊。孔子说："赐呀！你爱惜那只羊，我爱惜那种礼。"子贡算的是经济账，他的老师算的是礼仪账。算经济账还是算礼仪账，就看你从哪个角度考虑问题了。就商人的思维而言，该花的要花，不该花的坚决不花。其实这句话也可以反过来说：不该花的不花，该花的坚决要花！

会计专业培养的学生应当学会算账。其职业素养主要体现在从事会计职业所必须具有

的职业理想与信念、职业态度与兴趣、职业责任与纪律、职业技能与职业情感等。专业职业素养具体包括：

1. 爱岗敬业，诚实守信

会计人员应该热爱会计工作，敬重会计职业，严肃认真尽职尽责，会计人员应充分认识到会计职业在整个社会主义建设中的重要地位和作用。因此，要求会计专业学生端正专业思想，诚实守信，明确服务宗旨，树立干一行、专一行、爱一行的良好职业荣誉感和责任感，勤勤恳恳，兢兢业业，坚守岗位，以高度的事业心做好本职工作。

【案例】中国著名电影演员刘晓庆因其所办公司涉嫌偷税，在 2002 年 7 月 24 日经北京市人民检察院第二分院批准，被依法逮捕。2002 年 4 月 2 日，北京市地税局第一稽查分局对北京晓庆文化艺术有限责任公司、北京晓庆实业发展公司和北京刘晓庆实业发展公司和北京晓庆经典广告公司涉嫌偷税立案侦查。北京晓庆文化艺术有限责任公司 1996 年以来采取不列、少列收入、多列支出虚假申报等手段偷逃巨额税款，已涉嫌偷税犯罪。最后涉案责任人该公司总经理靖军（刘晓庆的妹夫）和前任会计方利被依法逮捕；责任人冉一红（又名刘晓红，刘晓庆的妹妹）被刑事拘留；同时北京市地税局将北京晓庆文化艺术有限责任公司银行存款 196 万元解缴入库。

2. 廉洁自律、客观公正

每个会计人员应该具备的职业品质，应树立的正确人生观和价值观，公私分明不贪不占，实事求是保持独立性。会计人员在办理会计事务中，必须以客观公正的态度，完整、准确、如实地反映各项经济活动情况，不隐瞒歪曲，不弄虚作假，不搞假账真算、真账假算。维护会计信息的真实性，敢于抵制揭发各种损公肥私的不良行为和不正之风，大胆维护国家的财经纪律及企业的规章制度，是会计职业道德素养最起码的要求。

【案例】德清日盛升家用电器批发部出纳与会计由张××一人担任。该批发部根据业务有时需以优惠价格销售电冰箱，以照顾关系单位及有关人员，但必须由经理批条。会计依据批条上的数量、价格开具发票，并保管以备查。在2017年的所得税汇算清缴时，审计人员抽查了该批发部2016年10月份的账目，抽查了电视机的20笔销售业务，发现有18笔业务是按优惠价销售的，审计人员对此产生了怀疑，于是询问了经理。经理证实，在10月份根本就没有批准按优惠价格销售电视机。审计人员抓住线索，对全年销售业务的原始凭证进行了审查，查出多笔没有批条却按优惠价销售的业务，共计3 806.73万元，在事实面前，张××承认了自己的贪污行为。最后张××被吊销会计从业资格。

【分析】根据《中华人民共和国刑法》第二百零一条、二百零二条规定：纳税人采取伪造、变造、隐匿、擅自销毁账簿、记账凭证，在账簿上多列支出或者不列、少列收入，经税务机关通知申报而拒不申报或者进行虚假的纳税申报的手段，不缴或者少缴应纳税款，偷税数额占应纳税额百分之十以上不满百分之三十并且偷税数额在一万元以上不满十万元的，或者因偷税被税务机关给予二次行政处罚又偷税的，处以三年以下有期徒刑或者拘役，并处偷税数额一倍以上五倍以下罚金；偷税数额占应纳税额百分之三十以上并且偷税数额在十万元以上的，处以三年以上七年以下有期徒刑，并处偷税数额一倍以上五倍以下罚金。

3. 坚持准则、提高技能

坚持准则是指会计人员在处理业务过程中，要严格按照会计法律制度办事，不为主观或他人意志左右。会计工作是一项专业性、技术性很强的工作，要求会计人员必须具备扎实的专业知识和专业技能。儒商鼻祖子贡是孔子的弟子，他跟孔子学成后到卫国做官，又利用卖出买进的方式在曹国和鲁国之间经商赚钱，他是孔子高徒之中，学以致富的典型。会计人员必须在实践中不断地学习，认真钻研业务技能，精通现代科学技术，熟练掌握会计信息化等管理技术，以适应会计工作发展的需要。

【案例】小甄从济宁职业技术学院会计专业毕业，刚刚被聘任为启明公司的会计员。他到公司上班的第一天，会计科里那些同事们忙得不可开交，一问才知道，大家正在忙于月末结账。"我能做些什么？"会计科长看他那急于投入工作的表情，也想检验一下他的工作能力，就问："试算平衡表的编制方法在学校学过了吧？""学过。"小甄很自然地回答。"那好吧，趁大家忙别的时候，你先编一下我们公司这个月的试算平衡表。"科长帮他找到了本公司所有的总账账簿，让他在早已为他准备的办公桌开始了工作。不到一个小时，一张"总分类账户发生额及余额试算平衡表"就完整地编制出来了。看到表格上那相互平衡的三组数字，小甄激动的心情很难予以言表。兴冲冲地向科长交了差。

"呀，昨天车间领材料的单据还没记到账上去呢，这也是这个月的业务啊！"会计员李媚说道。还没等小甄缓过神来，会计员小张手里又拿着一些会计凭证凑了过来，对科长说，"这笔账我核对过了，应当记入'原材料'和'生产成本'的是10 000元，而不是9 000元。已经入账的那部分数字还得改一下。"

"试算平衡表不是已经平衡了吗？怎么还有错账呢？"小甄不解地问。科长看他满脸疑惑的神情，就耐心地开导说："试算平衡表也不是万能的，像在账户中把有些业务漏记了，借贷金额记账方向彼此颠倒了，还有记账方向正确但记错了账户，这些都不会影响试算表的平衡。像小张才发现的把两个账户的金额同时记多了或记少了，也不会影响试算表的平衡。"

小甄边听边点头，心里想："会计真是要活学活用啊，活到老学到老。"经过一番调整，一张真实反映本月收支情况的试算平衡表又在小甄的手里诞生了。

4. 参与管理、强化服务

会计专业学生应努力钻研业务，提高业务技能，为今后参与单位管理打下基础；熟悉服务对象的经营活动和业务流程，使参与管理的决策更具针对性和有效性。

【案例】冯玉婷是济宁职业技术学院的学生，尽管她当时手头仅有400元，可她仍决定于2017年12月开始创办一个美术培训部。她支出了120元在一家餐厅请朋友坐一坐，帮她

出出主意，又根据她曾经在一家美术培训班服务兼讲课的经验，向她的一个师姐借款 4 000 元，以备租房等使用。她购置了一些讲课所必备的书籍、静物，并支出一部分钱用于装修画室。她为她的美术培训部取名为"周围"。冯玉婷支出 100 元印制了 500 份广告传单，用 100 元购置了信封、邮票等。8 天后她已经有了 17 名学员，规定每人每月学费 1 800 元，并且找到了一位较具能力的同学做合伙人。她与合伙人分别为"周围"的发展担当着不同的角色（合伙人兼做"周围"的会计和讲课教师）并获取一定的报酬。至 2018 年 1 月末，她们已经招收了 50 个学员，除了归还师姐的借款本金和利息计 5 000 元、抵销各项必需的费用外，各获得讲课、服务等净收入 30 000 元和 22 000 元。她们用这笔钱又继续租房，扩大了画室面积。为了扩大招收学员的数量，她们甚至聘请了非常有经验的教授、留学归国学者免费做了两次讲座，为下一步"周围"的发展奠定了非常好的基础。四个月下来，她们的"周围"平均每月招收学员 33 位，获取收入计 240 000 元。她们还以每小时 200 元的讲课报酬雇用了 4 位同学做兼职教师。至此，她们核算了一下，除去房租等各项费用共获利 67 800 元。

【分析】冯玉婷尽管只是一个学生，可她却懂得创办企业必定要有一些前期投入，如请朋友坐下来帮她出主意的花销。这就是会计中的开办费。再次，冯玉婷需要有一笔足够的资金来创办"周围"，即她需要为企业筹集资金。她将她个人的财产 400 元进行了投资，并向她的师姐借入了 4 000 元。这就是为创办企业而进行的所有者投资和负债。最后，"周围"在四个月左右的时间里，共获得 67 800 元的盈余，即在扣除了所有费用支出后，该企业获得利润 67 800 元。因此，会计在许多方面都影响着人们的日常行为，不仅是简单的核算，在企业管理和经营中也能发挥很大的作用。

5. 勇于创新、团结协作

会计人员的服务目标是为决策者的管理活动提供帮助，而管理活动的复杂性决定了会计人员能力发挥的精髓在于知识的活用，知识的活用意味着突破思维定式，创造性地解决实际问题。因此，为适应社会经济发展对会计人员的要求，会计人员应具有创新意识和行为。

【案例】济宁职业技术学院李军是会计专业应届毕业生,毕业后在任城区一家餐饮店任会计,饭店生意一直不温不火。在任城区国税的税务稽查中,发现饭店的成本大多是蔬菜和米饭,存在不合理性,要求财务给出解释,不然就要剔除这些成本,补交很多所得税。李军所在的公司财务部召开紧急会议,群策群力头脑风暴,最后讨论的结果是,蔬菜多是因为饭店主打精品素食;米饭成本高,因为用的是精选优质新米;另外再补交一定的所得税达到税赋率。最终获得了税务机关的认可。

6.职业判断、终身学习

会计职业是一个时间性很强的专业,经济的快速发展改变了会计所处的环境。每年都有新的规范出台,会计人员必须不断更新知识与技能,提高服务质量,以适应经济发展。因此,会计人员要有终身学习的意识和能力。

【案例】济宁职业技术学院03级会计专业学生陈赢在兖州东茂公司工作多年,由于工作努力踏实,从出纳做到了主办会计。2017年11月,公司因产品销售不畅,新产品研发受阻,预计公司本年度将发生800万亏损。刚刚上任的公司总经理责成主办会计陈赢千方百计实现当年盈利目标,并说:"实在不行,可以对会计报表做一些会计技术处理。"陈赢很清楚公司本年度亏损已成定局,要落实总经理的盈利目标,只能在财务会计报告上做手脚。为此他感到左右为难:如果不按总经理的意见去办,自己以后在公司不好待下去;如果照总经理意见办,对自己也有风险。为此,陈赢思想负担很重,不知如何是好。经过几天的深思熟虑,陈赢做出了判断和决定:把利害关系跟总经理阐述清楚,自己也会想办法在会计准则范围内提高利润。

(二)市场营销专业职业素养

儒商将儒家思想的坚忍不拔的进取精神,贯穿于商业活动始终,表现了高度的敬业精神、自重意识和进取意志。他们"知其不可为而为之","一贾不利再贾,再贾不利三贾,三贾不利犹未厌焉",信奉"天行健,君子自强不息",不辞辛劳,不怕失败,锐意进取,持之以恒,不但在商业经营中取得成功,同时也凭借着顽强拼搏的精神赢得社会的尊重。市场营销专业的学生尤其应当具备这种自重敬业,锐意进取的素质。其职业人文素养主要体现在从事营销职业所必须具有的职业理想与信念、职业态度与兴趣、职业责任与纪律、职业技能与职业情感等。市场营销专业职业素养具体包括:

1. 爱岗敬业

爱岗敬业作为最基本的职业道德规范,是对人们工作态度的一种普遍要求。爱岗敬业作为一种职业道德规范,是一个社会历史范畴,随着社会的不断进步,它的内涵逐渐丰富,它调节的范围不断扩展,它的具体要求也在不断充实。它包括:树立职业理想、强化职业责任、提高职业技能。

【案例】王皓,济宁职业技术学院2017届毕业生,从事电脑销售维修工作。他认为,服务的初衷不是推销某一商品,而是根据顾客的需求,为顾客推荐商品,解决顾客的实际问题。一次,一位老板带他上小学的儿子来买电脑,刚进入电脑销售区,这位顾客就说:"我要买价格最贵、档次最高的电脑。"王皓听后,主动迎上前去接待他,为他介绍国内外最好的电脑品牌,并向他解释说,电脑是高科技产品,更新换代快,没有一次到位之说,主要是看孩子需要什么配置的电脑。从孩子的需要看,既不必买过高配置的,这样多花钱还达不到实际使用和学习的目的,也不要买过低配置的,这样用起来很不方便。同时,买电脑还要考虑售后服务问题,有了问题能及时得到解决。听了王皓的介绍,这位老板最终满意地买了一台××电脑,不仅价钱不贵,又是名牌,售后服务好,今后升级也很方便。

【分析】王皓作为一名电脑销售人员,对自己所在的企业具有很强的职业责任感。他所理解的岗位职责不仅包括为企业多卖几件商品,更重要的是通过自己的优质服务为企业赢得信誉,而后者是企业的无形资本,它可以为企业创造更多的利润。

2. 诚实守信

诚实守信是人类在漫长的交往实践中总结、凝练出来的做人的基本准则,是确保社会交往,尤其是经济交往持续、稳定、有效的重要道德规范。诚实守信不仅表现在从业人员忠诚于他们的企业,也要求每个职业人员都要做自觉维护企业信誉的模范。

【案例】马钦祥,济宁职业技术学院2016届毕业生,2017年是他进入顾家工艺公司的第二年。当时公司引入美的集团高管,集团公司战略大调整,公司上下人事变动极大。他被调回总部,整天闲着没事干,他开始焦躁,耐不住寂寞,心里开始动摇,恰好原来几个帮他们做过活动的经销商,开始抛出橄榄枝,开出20万年薪要他帮其操盘整个市场,对于刚毕业不到两年的他来说,这是从来不敢想象的工资。

面对巨大的诱惑和机遇,他当时很心动,也跃跃欲试,但静下心来一想,自己现在能力还没有达到操盘的能力,为此他也专门找以前的企业老总聊了此事。在老总的开导下,他终于没有走弯路离开公司，而是在老总的推荐下从原营销中心调到总部软床经营部，但是由于调整较晚已无优质区域，仅剩西北、东北没有人愿意去的地方。他克服了西北、东北恶劣的市场环境，学会了如何搞定经销商，如何激发终端销售人员活力，如何树标杆、以点带面，如何进行区域市场管理，到年底将原来只有2 500万规模的区域打造成5 600万规模体量，销售整整提升两倍多，完成率全公司第一。一年半以后，他成为全国四个大区里最年轻、地盘最大、指标最大的大区经理。

【分析】敬业精神、合作态度、专业知识构成了大学生职业素养。诚实、敬业以及对企业的忠诚度，是一个具有良好职业素养的员工最起码应具备的基本品质。塑造良好的职业道德，具备良好的职业素养，有助于在职场中立于不败、终身受益。所以大学生在走上社会之前就应该具备良好的职业素养，只有这样才能适应社会的要求，成为对社会真正有用的人才。

3. 团结互助

团结互助是指在人与人之间的关系中，为了实现共同的利益和目标，互相帮助、互相支持、团结协作、共同发展，它要求从业人员顾全大局，友爱亲善，真诚相待，平等尊重，搞好同事之间、部门之间的团结协作，以实现共同发展。

【案例】美国加利福尼亚大学的学者做了一个实验，把6只猴子分别关在3间房子里，每间2只，房子里分别放着一定数量的食物但放的位置高度不一样。第一间房子的食物放在地上；第二间房子的食物分别从易到难悬挂在墙上；第三间房子的食物挂在高不可及的房顶。数日后他们发现第一间房子的猴子一死一伤，不是缺了耳朵就是断了腿，奄奄一息。第三间房子的猴子全死了。只有第二间房子的猴子活了下来。究其原因，第一间房子的两只猴子一进房间，看到地上的食物，为了争夺唾手可得的食物而大动干戈，结果伤的伤，死的死。第三间房子的猴子虽然也努力地去取食物，但因食物悬挂太高、难度过大而够不着，最后各自放弃，被活活饿死。只有第二间房子的两只猴子，刚开始凭着自己的本能蹦跳取食，后来随着悬挂食物高度的增加，难度增大，两只猴子就采取协作的方式取得食物。一只猴子托起另一只猴子取食，两只合作的猴子每天都能取得够吃的食物，很好地活了下来。

【分析】各行各业、各条战线，都存在着个人与集体的关系。营销人员的工作过程中更需要整个集体的精诚团结和合作，每一次成功的营销任务都少不了团队成员的密切配合，可以说，识大体、顾大局，发扬团队合作精神是营销人员具备的重要的职业素养。

4. 开拓创新

创新是指人们为了发展的需要，运用已知的信息，不断突破常规，发现或产生某种新颖、独特的有社会价值或个人价值的新事物、新思想的活动。营销人员更要有开拓创新的精神，要有创造意识和科学思维，有坚定的信心和意志。

【案例】前几年，百事可乐进军大上海的时候，有数据表明，上海市居民每秒钟可以消费八瓶百事可乐饮料，在如此之大的消费量面前，销售市场中却存在一个致命缺点：居民买瓶装汽水不方便，尤其是住在那些商业网点相对稀疏地区的居民，更不容易随时买到自己喜欢的饮料。上海百事可乐公司因此做了市场调查并经过长时间的酝酿策划，决定投资200万元，推出了"百事好运到你家"活动；一辆辆漂亮精致的三轮小车，车上的人个个穿一身百事可乐标志服，穿街走巷，上门销售。他们为消费者设计了系列的"创意优惠"，这种经营创意活动在上海一推出，很快就产生了轰动效应。在整个活动期间，百事可乐的销售量直线上升，当年利润更是成倍增长。

【分析】百事可乐公司能取得这样好的效果是因为他们有一个明确的宗旨：以主动服务的方式赢得多层次效应。他们的营销人员通过创新的方式提出了多种营销策略，不仅吸引了客户也解决了客户在购买上的困难，一举多得。因此，开拓创新思想在市场营销从业人员职业素养要求中尤其重要。

（三）电子商务专业职业素养

商业经营一般要求实现利益的最大化，而儒商虽然也重视利益的获取，但他们不把获利作为经商的唯一目的，他们倡导把经商谋利与经世济民结合起来，借经商来提高社会地位，获取功名。他们乐于慈善事业，用爱心表达对社会的关爱，努力回报社会。

电子商务专业职业素养，是结合电子商务的行业特征，通过电子商务职业人文基础知识的学习，加强学生的人文素质教育，使学生具备良好的电子商务职业人文素养和职业通用能力。包括职业操守、管理能力、学习能力、创造能力、团队建设、心理素质、服务精神等，做事思路明确、目标宏远，不断进取。

1. 坚持原则，忠于职守

职业道德的一条主要规范就是忠于职守。作为电子商务人员，忠于职守就是要忠于电子商务这个特定的工作岗位，自觉履行电子商务人员的各项职责，要有强烈的事业心和责任感，坚持原则，注重社会主义精神文明建设，反对不良思想和作风。

2. 求实务新、勤劳踏实

电子商务的工作性质决定了从业人员不仅要在理论上有一定的造诣，还要具有实干精神。能够脚踏实地、埋头苦干、任劳任怨；能够围绕电子商务开展各项活动，招之即来，来之即干。

3. 恪守信用、严守机密

"重义轻利"是儒家思想的主导倾向，主张"正其义不谋其利，明其道不计其功"。对此儒商做了变通，他们协调了义与利的关系，强调义利双全，"以义取利"，"财自道生"。"诚者，天之道也；诚之者，人之道也"。"诚信为本"成为儒商传统经营理念和重要道德信条，他们将诚信作为立身之本和经商之本，将商业活动和商业行为建立在彼此信任的基础上。电子商务人员应当以义取利，诚信不欺，维护企业的商业信用，维护自己的个人信用。要遵守诺言，遵守时间；言必信，行必果。严守机密也是电子商务人员的重要素质。

4. 提升自我、勤奋学习

电子商务人员要求有广博的知识，必须紧跟互联网时代新技术发展的脚步。子贡智勇双全，这种儒商品格，就是具有中国特色的"企业家精神"。这种品格，除了他先天聪慧，更主要的是他跟孔子刻苦读书，不耻下问，从而成就了早期的儒商大家。学成之后，他不接受命运限制，去经商营利，猜测行情，经常猜对。

作为电子商务人员，对自身素质的要求应更严格、更全面，甚至更苛刻一些。因此，电子商务人员必须勤奋学习、刻苦钻研，努力提高自身的思想素质和业务水平。

（四）物流管理专业职业素养

职业素养是物流管理职业岗位内在的规范和要求，是在从事该职业的过程中表现出来的综合品质。良好的职业素养是职业竞争力不可或缺的要素。物流管理专业学生的职业竞争力主要包括职业素养和职业技能。职业素养需要长时间的积淀才可能获得。物流管理专业学生应具备这些职业素养：

1. 具有良好的思想政治素质和职业道德

物流管理人员的思想政治素质，关乎队伍的稳定，步调的统一。作为企业的物流管理人员，必须牢固树立"国家利益至上、消费者利益至上"的行业共同价值观，讲责任、讲诚信、讲效率、讲奉献，潜心做事、低调做人，宽容开放、勇于创新，甘于奉献、自强不息，报效国家、回报社会。抵制各种诱惑和私心杂念，树立高度的事业心和责任感、顽强的工作作风、严格的组织纪律性、集体主义观念。

2. 良好的团队精神

"礼之用，和为贵"是儒商的行为之矩。儒家强调"礼"在规范社会秩序中的作用，"不学礼，无以立"，"道之以德，齐之以礼"。"礼"的积极意义在于强调人的行为方式符合"中庸"之道，具备"温、良、恭、俭、让"的品格，在于强调人与人之间的和谐关系。"君子和而不同，小人同而不和"。儒商置身商海要能够以儒者的风范来规范经营活动，要具备儒者所具备的优良品质，待人接物更要崇尚"和为贵""和气生财"。

物流管理在协调人与人之间的关系方面显得尤为重要。现代物流行业的物理特性表现为一种网状的结构，在这个网中存在着多条线，每条线上又存在着多个作业点，任何一个作业点出现问题，又没有得到及时妥善的解决，就有可能造成网络的瘫痪。所以，物流管理人员应具备一种强烈的团队合作精神。积极与电访、营销、专卖以及财务等各部门积极配合，使上下游协调一致。否则，就不可能有效完成繁杂程度较高的物流服务。

3. 组织管理和协调能力

物流的灵魂在于系统化方案设计、系统化资源整合和系统化组织管理，包括客户资源、信息资源和能力资源的整合和管理。物流从业人员需要具备较强的组织管理能力，在整合客户资源的前提下有效地贯彻企业的经营理念，充分利用设备、技术和人力等企业内部资源来满足外部客户的需求。物流管理人员在工作过程中，需要时时与生产企业沟通协商、与上下游环节协调合作，需要运用不同的工具进行各种信息的传递和反馈。因此，物流管理人员应具有相当强的沟通、协调能力和技巧。

4. 熟练的信息化应用水平

现代物流是一系列繁杂而精密的活动，要计划、组织、控制和协调这一活动，离不开信息技术的支持。物流过程同时也是一个信息流的过程，目前，信息技术已受到物流部门的广泛重视，并被广泛应用在订单处理、仓库管理、货物跟踪等各个环节。作为一个合格的物流管理人员，必须熟悉现代信息技术在物流作业中的应用状况，能够综合使用这一技术提高劳动效率，并且能够在使用的过程提出建设性、可操作性的建议。

5. 异常突发事故的处理能力

异常突发事故的处理能力是衡量物流管理人员职业素质的重要指标。在可利用资源有限的情况下，既能保证常规作业的执行，又能从容面对突发事件的处理和突如其来的附加任务的执行，就需要从业人员具备较强的处理异常事故的能力、具备随时准备应急作业的意识以及对资源、时间的合理分配和充分使用的能力。

结 束 语

　　以上内容系统阐述了儒商文化的含义、特征、历史沿革，以及儒商的道德意识、社会责任、经营策略，对历史上的儒商商帮、知名儒商的情况也做了大致的描述。同时，对现在和将来儒商文化创新也进行了探索，力求使读者充分理解和认识儒商文化的丰富内涵，在此基础上，提高读者的职业人文素养。最后落脚点在于使读者做拥有儒商文化素养的现代儒商。不同时代的儒商具有不同的风范。儒是儒雅，是有文化教养，不固陋卑鄙。儒商有文化教养，能够吸纳全世界优秀文化，包括中国传统文化。在过去，眼界狭窄，懂得以儒学为主干的传统文化就可以称为儒商。在现代中国，一头扎进自身的传统文化中，已经不可能成为合格的现代儒商。商科专业学生怎样才能具备现代儒商文化素养呢？

一、以最宽广的胸怀，继承全人类的优秀文化

　　今天的中国正处在现代化、信息化时代。现代儒商应该有空前的大气魄，把古今中外全人类的优秀文化都吸收过来，为我所用。不能光知道孔孟之道，诸子百家的学说都要有所涉猎，特别应该读读管仲、司马迁、王充的学说。与此同时，从苏格拉底、洛克到20世纪的波普尔、罗尔斯等西方思想巨人，我们也应有所了解。作为现代儒商，更应该知道西方的经济学，学习他们的经营和管理之道，方能立于不败之地。

二、有深刻的反思精神，反对狭隘民族主义

　　中西文化之间的争论已经进行了四百年。今天的中国人应该站在人类文明的制高点上，以最宽广的胸怀，进行文化清理。中国向现代社会转型历时长久，代价巨大。这不是偶然的。要敢于从源头上清理，对中国人引以为傲的春秋战国时代的文化、汉唐时代的文化，我们都要以反思的精神冷静地分析。这样做有利于彻底消除狭隘民族主义，有利于中国人重新走上世界文化的巅峰。

三、以正确的方式回馈社会

　　商人发展好自己的企业就是对社会的最大贡献。如果还有余力，去做文化事业，社会福利事业，那就更好。对待中国传统文化，要吸取精华，剔除糟粕。历史告诉我们，商人如果想为发展文化教育和社会福利事业做出贡献，要珍惜自己来之不易的财产，以最低社会成本推动社会进步。

参 考 文 献

[1] 杨朝明. 儒家文明蕴含时代正能量 [EB/OL].(2014-01-03)[2017-4-21].http://news.iqilu.com/shandong yuanchuang/2014/0103/1813044.

[2] 田天沐. 儒家文化对现代企业文化发展的影响 [J]. 市场周刊，2005(9).

[3] 杨悦 "文化对经济的影响与作用——一种交易成本理论的解释" [D]. 上海：复旦大学，2004.

[4] 任多伦. 论中国企业管理思想的起源 [J]. 商道，2011(4).

[5] 姜官颖. 儒家中庸思想对现代企业管理的重要意义 [J]. 中国商界，2010(6).

[6] 佘焕新. 试论管理思想的古为今用 [J]. 江西教育学院学报，2010(8).

[7] 邵汉明. 儒家哲学智慧 [M]. 长春：吉林人民出版社，2005.

[8] 申望. 企业文化实务 [M]. 北京：民主与建设出版社，2003.

[9] 宫达非，胡伟希. 儒商读本·外五卷 [M]. 昆明：云南人民出版社，1999.

[10] 唐凯麟，曹刚. 重释传统—儒家思想的现代价值评估 [M]. 上海：华东师范大学出版社，2000.

[11] 宫达非，胡伟希. 儒商读本·人物卷 [M]. 昆明：云南人民出版社，1999.

[12] 姜林祥，薛君度. 儒学与社会现代 [M]. 广州：广东教育出版社，2004.

[13] 游唤民，孔子思想及其现代意义 [M]. 长沙：岳麓书社，1994.

[14] 罗长海. 企业文化学 [M]. 北京：中国人民大学出版社，2001.

[15] 邢洪军. 儒家思想文化与现代企业管理 [D]. 长春：长春工业大学，2007.

[16] 周建华. 儒家"诚信"思想对当代企业信用文化建设的启示 [J]. 中共山西省直机关党校学报，2013(4).

[17] 杜振吉. 儒家的诚信思想及其现代价值 [J]. 山东社会科学，2012(3).

[18] 涂可国. 儒家诚信伦理及其价值观意蕴 [J]. 齐鲁学刊，2014(3).

[19] 张正明，张舒著. 晋商兴衰史 [M]. 太原：山西经济出版社，2010.5.

[20] 戢斗勇. 以义取利的生意经 [M]. 济南：山东教育出版社，2011.

[21] 山东省儒学研究基地，曲阜师大孔子文化学院. 孔子·儒学研究文丛（一）[M]. 济南：齐鲁书社，2001.

[22] 任中杰. 中国传统义利观的诠释学审视 [J]. 管子学刊，2005(3).

[23] 宋长琨. 儒商文化概论 [M]. 北京：高等教育出版社，2010.2.

[24] 张启伟. 传统义利观的历史发展及其当代价值 [D]. 哈尔滨：哈尔滨工业大学，2007.

[25] 张立文. 儒学的生命在于创新 [N]. 光明日报，2011-01-24.

[26] 余英时. 现代儒学的回顾与展望 [M]. 北京：三联书店，2005：2-50.

[27] 余英时.儒家伦理与商人精神 [M].桂林:广西师范大学出版社,2004:223-225.

[28] 国际儒学联合会.儒学现代性探索 [M].北京.北京图书馆出版社,2002:270.

[29] 复旦大学国际交流办公室.儒家思想与未来社会 [M].上海:上海人民出版社,1990:31-34.

[30] 杨清荣著.儒家传统理论的现代价值 [M].北京:中国财政经济出版社,2003:77.

[31] 唐力行.商人与文化的双重变奏:徽商与宗族社会的历史考察 [M].武汉:华中科技大学出版社,1997:11-14.

[32] 孙玉刚.孔子的义利观及其评价 [J].学术探索,1996(6).

[33] 黎瑛.孔子的义利观对现代管理的启示 [J].理论研讨,2001(8).

[34] 夏乃儒.孔子的义利观与当代的文化建设 [J].华东师范大学学报,2000(4).

[35] 姬长军.孔子的义利观及其现代意义 [J].商业研究,2002(3).

[36] 张炎荪,杨杏芝.儒商精神及其现代价值 [J].山西师大学报,1987(3).

[37] 黎红雷.现代儒商及其仁义之道 [J].学术研究,1995(3).

[38] 戢斗勇.儒商文化传统的现代价值 [J].孔子研究,1997(4).

[39] 张松山.儒商探析 [J].北京商学院学报,1997(3).

[40] 荆建林.现代儒商形象分析及塑造 [J].管理百科,1996(5).

[41] 孙早.家族制与中国私营企业的成长 [J].山西财经大学学报,1999(10).

[42] 张岱年.思想文化道德 [M].成都:巴蜀书社,1992:67.

[43] 潘亚暾,汪义生.儒商学 [M].广州:暨南大学出版社,1996:69.

[44] 杜维明.儒家思想新论—创造性转换的自我 [M].南京:江苏人民出版社,1995:147.

[45] 张显宏."仁治"不是"人治"析儒家管理思想在实践中的扭曲 [J].学海,1996(5).

[46] 冷成金.新资治通鉴 [M].长春:吉林文史出版社,1999(9):14.

[47] 唐凯麟,张怀承.成人与成圣 [M].长沙:湖南大学出版社,1999:45-46.

[48] 李翔海.知识与价值——中英新儒学论著辑要 [M].北京:中国广播电视出版社,1996(7):98-99.

[49] 余鑫炎主编.商业经济学 [M].北京:中国财经出版社,2003(7):12-46.

[50] 祝瑞干主编.儒学与21世纪中国 [M].北京:学林出版社,2000(2):25-29.

[51] 颜世富.东方管理学 [M].北京:中国国际广播出版社,2000(6):29-30.

[52] 王成慧.儒家文化中的关系营销思想初探 [J].山东经济,2003(12):115.

[53] 陈其田.山西票庄考略 [M].北京:华世出版社,1937:135-137.

[54] 寺田隆信.山西商人研究 [M].太原:山西人民出版社,1986:77.

[55] 黎红雷.儒家管理哲学 [M].广州:广东高等教育出版社,1993:20.

[56] 李桂荣.儒家传统价值观与西方现代企业管理理论 [J].管理世界,2001(2).

[57] 石磊.从科学主义到人道主义——企业中的人与人格价值问题 [J].复旦学报(社科

版），2004(5).

[58] 林锐．中国商业诚信观的内部发展与外部培养之辩 [J]．楚天学术，2005(2)：145.

[59] 陈秋明从"技能本位"到"文化育人"：高职教育的转型升级 [EB/OL].http：//whyr.szpt.edu.cn/index.php？m=content&c=index&a=show&catid=10&id=37.

[60] 邵作昌．王永超．儒商文化 [M]．上海：上海财经大学出版社，2017.12.

[61] 孙学农．浅谈物流管理专业及其专业群职业素养培养 [J]．物流教学，2013(06).

[62] 董恩林，简论中国传统"儒商"精神的思想内涵 [J]．社会科学家，2016(11).

[63] 肖群．传统儒商诚信伦理精神探析 [J]．科技信息(学术版)，2007(18).

[64] 张大红．儒商伦理与现代中国企业家精神 [D]．长沙：湖南师范大学．2003.

[65] 王西维．儒家思想的当代价值 [J]．人民论坛，2017(5).

[66] 郝亚松．让中国时尚引领全球——儒商大会：邱亚夫谈如意国际化战略 [EB/OL]（2018-08-31）[2019-3-2].http://www.rushangdahui.com/rwz/201808/t20180831_11340926.htm.

[67] 马帅．潘瑞艳，儒商文化与现代商贸学生综合素养体育研究 [J]．高等教育课程研究，2018（12）．

[68] 李春茹．培育具有"新儒商"精神的高素质人才 [N]．光明日报，2017-11-13(08).

[69] 刘金顺．培养"新儒商"精神的考生 [N]．齐鲁晚报，2013-09-10.